大美青海研思録

杨自沿 著

上海大学出版社

图书在版编目(CIP)数据

大美青海研思录/杨自沿著. —上海：上海大学出版社，2017.8

ISBN 978-7-5671-2890-3

Ⅰ.①大… Ⅱ.①杨… Ⅲ.①青海-地方史-文集 Ⅳ.①K294.4-53

中国版本图书馆 CIP 数据核字(2017)第 179236 号

责任编辑 傅玉芳

助理编辑 刘 强

封面设计 柯国富

技术编辑 金 鑫 章 斐

大美青海研思录

杨自沿 著

上海大学出版社出版发行

(上海市上大路 99 号 邮政编码 200444)

(http://www.press.shu.edu.cn 发行热线 021—66135112)

出版人 戴骏豪

*

南京展望文化发展有限公司排版

上海华教印务有限公司印刷 各地新华书店经销

开本 890mm×1240mm 1/32 印张 12.25 字数 308 千

2017 年 8 月第 1 版 2017 年 8 月第 1 次印刷

ISBN 978-7-5671-2890-3/K·166 定价 55.00 元

大美青海(代序)

这是一片72万平方公里的雪域高原，这是一个远离红尘滚滚、浮躁喧嚣世界的人间天堂。这里地域辽阔、资源富集、山川壮丽、民风淳朴，民族文化源远流长。正如强卫同志所言："青海这块大美土地，有一种震撼人心的壮丽，有一种触及灵魂的感动，有一种令人振奋的精神，有一种催人奋进的动力！在这里，人们会受到心灵的震撼，会感到语言的苍白。"之前，我们也曾经用万山之宗、江河源头、中华水塔……描绘过青海的美丽，但这些似乎都无法言尽青海的壮美。大美青海的提出，才真正勾勒出了青海的内涵和本质，才真正体现出了青海高原的磅礴之美、富饶之美，青海历史的厚重之美和人与人、人与自然之间的和谐之美。

青海之美，美在自然。"天地有大美而不言"是对青海最好的诠释。青海的美，不同于江南水乡的灵秀之美，不同于中原沃土的田园之美，也不同于西北大漠的苍凉之美。青海的美，美在自然，美在以山为骨骼，以水为血脉，具有原生态、多样性和别的地方无法复制的自然美。在这里，青藏高原、内陆盆地和黄土高原三种地形共生；在这里，大陆季风气候、内陆干旱气候和青藏高原气候三种气候交汇；这里还是世界上无公害的超净区之一。苍茫大地上有世界上最大面积的高寒湿地、高寒草原、灌丛和森林。其独特的生态系统，直接影响着我国的天气、气候的形成和演变，而且对东亚甚至北半球的大气环流都有极其重要的影响。这里是名山大川的故乡：巍巍昆仑绵延东西，唐古拉山、巴颜喀拉山和祁连山脉横贯昆仑南北。这里是大江大河的发源地，既有纵横交错的江河溪流，又有星罗棋布的内陆湖泊。黄河、长江、澜沧江、黑河、青海湖，汇集起中华大地水之动脉，构筑着祖国天然的生态屏障。这里还是重要的世界高原旅游目的地：大自然鬼斧神工的造化，使这里既有终年积雪的冰峰，又有一望无际的草原；既有坦荡无垠的茫茫戈壁、沙漠，又有桃红柳绿的黄河、湟水谷地，构成的是一幅幅充满野性、充满力量的大自然壮美的画卷。在青海高原上，面对中华水塔三江源、候鸟天堂青海湖、高原珍稀动物王国可可西里、碧水丹山坎布拉、佛教圣地塔尔寺、史前大灾难喇家遗址、天下黄河贵德清、“在那遥远的地方”的金银滩，还有天境祁连、万丈盐桥、隆宝滩、年宝玉则、嘛呢石城等等，没有人不发出由衷的赞叹，青海胜景真的是名不虚传，堪称中国乃至世界之最。

青海之美，美在富饶。青海资源富集，特别是盐湖、石油天然气、有色金属等资源储量可观，已探明的 129 种矿产资源中，9 种居全国首位，23 种居全国前三位，54 种则居全国同类储量的前十位。不仅储量大，而且品位高、类型全、分布集中，开采条件优越，不少品种还具有稀缺性。同时，青海还是中国乃至世界上不多见的清洁能源基地，清洁能源约占全省能源的 85%。青海的水电资源得天独厚，在国内居第 5 位。每年接受的太阳能折合标准煤，相当于 360 万亿千瓦，仅次于西藏。境内风能资源总储量约有 4 亿千瓦，技术可开发量 1.12 亿千瓦。可燃冰的远景储量至少有 350 亿吨油当量。新材料方面，盐湖锂资源保有量超过 1 800 万吨，占全国总量的 83%。青海还有丰富的动植物资源，其中藏药材 1 660 种，大黄、麝香、冬虫夏草、麻黄、贝母、鹿茸、藏茵陈、锁阳、赛龙骨、红景天、秦艽等特产药材具有很强的药用价值，为发展藏医药产业奠定了良好的基础。青海独特的“冷凉性”气候特征，凭借“世界第三极”的独特地域、冷凉气候和资源优势,能够大力发展高原特色农作物。我们有理由相信,不远的将来,青海必将成为全国重要的高原特色农畜产品基地。另外,举世瞩目的青藏铁路、国内最大的百万吨钾肥生产基地、重要的能源项目西气东输工程已经竣工。而现在,新一轮西部大开发中明确提出的支持兰西格等经济区发展,大力推进柴达木地区循环经济试点,建设青藏高原江河水源涵养区等重点生态区、对青海湖等湖泊采取预防性保护、推进黑河等流域综合治理等政策,又为我们描绘出了更加绚丽多彩的新青海建设蓝图。

青海之美,美在人文。在漫长的历史长河中,居住在青海高原的先民们用自己的聪明才智创造了绚丽多彩的文化。大约3万年前,三江源地区就有人类活动。新石器时代的马家窑文化、铜石并用时代的齐家文化、青铜时代的辛店文化,以及广泛分布于河湟地区的卡约土著文化遗迹、喇家遗址以及宗日、沈那等遗迹,充分展示着青海灿烂的远古文明。西汉时的西平郡,公元9年的西海郡,丝绸之路、茶马互市、吐谷浑和吐蕃古墓群等古迹,无不见证着青海曾经有过的辉煌。占据中华早期人文传说大半江山的昆仑文化,被古文字学家视为中国汉字之始的柳湾"彩陶王国",比庞贝古城还要早两千年的喇家遗址,诞生了藏传佛教格鲁派始祖宗喀巴大师的塔尔寺,国家级热贡文化生态保护实验区,康巴文化和异彩纷呈的节日文化、民族服饰文化、民族民间艺术和独特的民族民俗风情,不仅以其神奇、庄严显现出宗教文化的特色,也表现出青海各民族坦荡、率真、活泼的天性。每当花红柳绿的时节,身着各民族服装的人们或汇集到花儿会、赛马会,或加入祭海的仪式,以及娱神娱人的热贡六月歌会,让青海高原处处洋溢着欢歌笑语,到处体现着各民族多元文化的相互融合。

青海之美,美在和谐。自古以来,青海就是多民族聚居的地方。从战国到清代,先后有羌、汉、匈奴、月氏、氐、鲜卑、回纥、撒里维吾尔等20多个民族生活在青海这片土地上。经过千百年的融合演变，这些民族形成了现在世居在青海的汉族、藏族、回族、土族、蒙古族、撒拉族六个主体民族。被民族学界称为“汉藏民族走廊”的条条峡谷和纳西族、彝族、苗族等少数民族祖先来自昆仑山的传说；还有黄南州同仁县吾屯地区的方言蒙藏汉语相杂，并存有大量古汉语、古藏语词汇的历史印记，无不印证着历史上青海各民族交流融合的事实。正如历史学家顾颉刚教授所说：“中华民族人文的始祖炎黄首先是羌人的祖先，然后才是华夏族的祖先。”“青、甘、陕、川一带，主要是炎黄部落联盟活动，是华夏民族的发祥地。”至今，青海 53 个少数民族的人口仍占全省总人口的 46.3%，民族区域自治面积占全省总面积的 98%。同时，青海又是一个多宗教聚集的地区，境内少数民族普遍信仰宗教，藏传佛教和伊斯兰教在此影响深远。而世代繁衍生息在青海高原的各民族在漫长的历史发展进程中，早已形成了相互依存、休戚与共、各民族多元一体的格局，并结成了牢不可破的血肉纽带和兄弟情谊，创造了丰富的民族宗教和历史文化，共同促进了雪域高原的繁荣和发展，捍卫了祖国的统一和民族团结。追溯历史，文成公主为唐蕃和亲、民族团结翻日月山、越青海湖的故事；出生在青海的著名爱国宗教领袖十世班禅大师，为维护祖国统一、民族团结作出的重要贡献，已经成为我们永远不能忘怀的记忆。如今，在这片融汇着各民族文化传统的辽阔土地上，各民族儿女正在以众志成城、团结友爱、携手并进的强大凝聚力为青海的繁荣发展共同努力。这就是表现我们青海大美风采的祥和之美，也是全世界不同地域、不同肤色的人之间共同向往、共同维护的和谐之美。

行笔至此，似应打住，忽然想起一位老领导告诉我的关于“大美青海”的故事：一位在青海奋斗过 40 年的老省委书记，在离青进京之后，仍保持着浓厚的青海情结，魂牵梦绕着“大美青海”，在游览庐山之后，感慨万千，欣然命笔，写下了“走遍千山万水，还是青海最美”的赞语，这或许是对拙作最精辟、最精练的注脚吧！

目 录 | Contents

建 言

论　文

调　研

建言

招商引资话项目

当前，青海省正面临着国家实施西部大开发战略和扩大内需政策的双重机遇，加强项目工作，对于促进大开发、大发展，落实“十五”计划，加快经济社会的全面发展具有非常重要的意义。

一、项目是第一位的

投资项目和投资资金相比，项目是第一位的，资金是第二位的。有了项目，投资者才肯来投资，金融机构才肯贷款。但不是任何项目都会引来资金。“没有梧桐树，难引凤凰来。”这是大家都清楚的一句话。可是，在现实生活中，有的地方和单位，为了急于弄到资金，为了显示“政绩”，竟不惜编造一些“假冒伪劣”项目，或者搞一些没有市场前景、重复建设的项目。这种自欺欺人的做法，既害人也不利己，由此造成的信誉恶化影响极为深远和严重。

有资金要用于好项目。所谓好项目，一般来说，应当是本地区具有优势和特色的项目，是社会经济发展急需的项目，是具有良好市场前景和巨大开发潜力的项目，是有可观投资回报的项目，是蕴藏丰富资源和具备必要开发条件的项目等。是不是好项目，不决定于某些人的主观愿望，而是要经过认真、深入、科学的可行性研究论证来最后确认的。实践证明，确有良好的投资项目，中外投资者是会愿意来投资的，银行和非银行金融机构是会愿意给予贷款的，筹措到必要的投资资金是不会成为一件难事的。因此可以说，不怕没有投资资金，就怕没有真正经过科学论证的好的投资项目。

二、怎样找到好项目

（一）从资源优势找项目

青海地域辽阔，是个资源富省，盐湖、水能资源优势突出，石油天然气、有色金属等矿产资源储量丰富，野生动植物资源、旅游资源独具高原特色，开发前景都很广阔。让潜在的资源优势变成现实的经济优势，必须围绕国内外市场需求，根据资源情况上项目、搞开发，发展特色经济，提高经济效益，增强地方经济实力。

（二）通过调查研究找项目

盲目投资是不行的，过去那种跟着别人一哄而上的做法也是不可取的。对于缺项目的企业来说，一要切实加强调查研究，本企业力量不够的还要善于借用外力，通过召开研讨会、邀请专家学者或咨询机构参与项目工作等方式获得帮助。二要转变观念，开阔视野，既要善于从本行业、本地区抓项目，还要善于跨行业、跨地区，尤其是从行业边缘、邻近行业、行业交叉点，以及产品的上下游与可嫁接之处寻找新项目；要善于将技改投入与存量调整、企业改组和企业改革结合起来，大胆运用参股、合作、合资、企业兼并与收购等多种投资方式。

（三）从产业变动中找项目

应该注意到，我国一些基础产业、房地产业和高新技术产业很快会有一个较大发展，由此势必形成许多新的投资机会。譬如，随着西部大开发战略的深入实施和对西部地区基础设施建设投资的大幅度增加，必将对原材料和机电设备等形成巨大的市场需求，并产生众多的市场机会与派生投资机会。又如，随着住房制度改革的迅速展开，城市居民收入的增加，住房消费升温必将促进住宅建设成为新的经济增长点，由此对建材、冶金、化工、机械等几十个行业和家具、灯具、厨具、洁具等许多轻工产品形成新的需求。

(四) 从结构调整中找项目

目前我国许多产品供过于求，在很大程度上反映了由于重复建设造成的结构性矛盾，反映了企业对市场变化的不适应。比较明显的是，不少高科技含量、高附加值的产品仍主要依靠进口来满足市场需要。据有关部门估计，现在基本建设的设备采购中，60%是购买外国产品。同时，尽管市场上供大于求的工业品品种不少，但名、优、新产品不足，尤其是缺少能够满足城市居民消费结构变化和广大农民需要的质优价廉的商品。因此，如果从产品结构调整与产业升级的角度去审视，市场就很宽广，技改项目也就多了。譬如，光是替代进口这一块，就大有文章可做、大有潜力可挖。在农村，市场更为广阔。再如，当前产业升级的一个重要内容是推进高科技产业化，这包括两个过程：一是提高现有产业科技含量；二是直接发展一部分高科技产业。这当中的投资项目显然多得很。

(五) 从产业的梯次转移中找项目

发达地区的传统产业特别是高耗能的资源加工业向经济落后但资源、能源丰富的地区转移，这样既能使发达地区腾出有限的财力和资源、能源，充分发挥劳动力素质高的优势和区位优势，推动产业升级，又可使落后地区新发展的产业一开始就有较高的技术含量。现在，这种产业转移也要采取市场方式。因此，一定要抓住机遇，选准项目，采用技术投资、设备投资等形式与之建立合作或合资企业，或直接建立独资企业，将能促进地区经济发展的产业引进来。

(六) 向技术创新要项目

技术开发、技术创新是技术改造的源泉，又是技术改造的落脚点之一。多年来我们在技术引进上取得了显著成绩，但自我技术开发与创新却一直比较薄弱，技术开发与技术改造两张皮的问题一直没有很好地解决。因此，企业要注意在引进先进技术的同时不断增强自我发展的创新能力，在进一步重视技术开发的同时切实抓好科研与生产的结合、与企业发展的结合，加强技术开发项目、产学研工程、重大科技成果产业化项目与技术改造的衔接，如此，许多新项目、好项目也就自然会产生了。

三、认真做好招商引资项目的前期准备工作

有些地方、单位拿出来招商引资的项目，往往是凭主观、想当然提出的，项目的文字说明又很简单，自然难以引起投资者特别是外商的兴趣。1997 年 5 月 24 日的《经济日报》刊登了美国花旗银行助理副总裁谈“如何在美国搞好项目融资”的报道，该银行助理副总裁说：“中国在寻求投资时，应做好‘项目未动，文件先行’，拿出像样的材料，才能吸引外商投资，如果自己对项目尚未了解清楚，材料不齐备，就想找外资，那是很难获得成功的。”这一段论述，对我们做好招商引资的项目工作具有很强的指导意义。一般而言，一份好的项目文件应包括：市场分析（包括产品特点，需求趋势，可能达到的销售额及成本，竞争能力等）；项目的组织结构（所有制结构和产权所有者的权利与责任，在管理和技术方面所扮演的角色）；项目规划（包括所需融资项目目前情况，建设期限，每个阶段对资金的需求，对号工程施工的公司及其技术能力，工程建筑合同内容，以及各种许可证和经济财务方面的分析）；效益分析（这是材料中最重要的部分，内容应包括静态的财务预测和简单的动态分析，有何风险及其对策，投资回收期和回报率等，所有数据均应有出处，并说明推导过程）；对政府的税收政策和中方所占投资的比例也应详细说明。这些资料，一般应由内行专家在咨询公司指导下撰写。准备材料的目的是让投资者了解所谈项目的经济效益。项目越好，材料越全，谈判成功的可能性就越大。

许多投资者还要求有项目已得到授权政府机关的审批证明。也就是说，所上项目应符合国家的产业政策，负责人和地方政府必

须同负责审批的主管部门密切联系，汇报请示，最好先被批准立项后再招商引资，这样成功的可能性就会更大一些。

四、坚持勤俭节约上项目

有些地方、单位在洽谈利用外资项目时，往往讲排场、摆阔气，在接待外商上，虽花了不少冤枉钱，但不一定就能奏效。有的圈划出大片土地，盖了豪华的办公楼、宾馆，买了高级汽车，招了大量冗员，还常常大吃大喝，但收效甚微。把宝贵的资金耗费在非生产性开支上，这不仅违背了中华民族勤俭节约的传统美德，而且对外商也造成了不良的印象。有些外商看到中方领导这种挥霍浪费的作风，认为肯定办不好企业，以致拂袖而去，拒绝再继续商谈投资，这类事例并不罕见。这种教训，值得我们深思和警惕。

青海是经济不发达地区，财力维艰，人民生活尚不宽裕，在涉外活动中，在洽谈项目引进时，更应大力提倡节俭之风，严禁奢侈浪费，要把每一元钱都用在生产建设的刀刃上去。

（2002 年）

“文化名片”与“旅游演艺”

何谓“旅游演艺”？笔者的理解是，从旅游者的角度出发，针对旅游市场所开展的、不同于通常的文艺表演形式；旅游演艺体现了旅游目的地的特色文化，凸显文化在旅游中的“核心竞争力”；旅游演艺强调旅游者观赏与参与体验的结合；旅游演艺具有商业性质，演艺项目的开展能吸引旅游者，延长其游览时间，从而带来商业利益。

旅游演艺一开始是以旅游附加产品的形式出现的，一些旅游景区、旅游城市针对许多旅游者只能“白天观光、晚上睡觉”，夜里无处可玩、无处可看的状况，从旅游市场出发，打造一系列的旅游演艺项目，“娱”在旅游中的重要作用日渐凸显。随着旅游业的发展，旅游演艺项目成为一个独立的旅游吸引项目，完全可以“独当一面”，不仅旅游演艺项目成为一景，更让其代言的所在地成为一个地域的“文化名片”。当我国实体经济受到国际金融危机较大影响之际，以《印象·刘三姐》《印象·丽江》为代表的“印象”系列文化演出却场场火爆。同时，《印象·西湖》《印象·海南岛》等“文化名片”呼之欲出。古城西安的大型秦腔交响诗画《梦回长安》已连续上演 260 多场，游客观众超过万人次，年收入 2 000 多万元。

文化是旅游的灵魂，是演艺与旅游的联结点和根基。与演艺的结合不仅增加了旅游的文化内涵，也增加了旅游目的地的魅力和吸引力，成为其文化名片。国际旅游发展的经验也证明，旅游与文化结合程度愈高，旅游文化因素愈多，旅游经济就越发达。青海具有得天独厚的自然条件，丰富的文化资源，庞大的旅游市场为旅游演艺产业的发展创造了优越的条件。对如何艺术地展现青海最具代表性的文化符号，打造青海的民族地域文化名片，人们充满期待。所以，笔者认为，打造青海的旅游演艺要从以下四点着手：

一、要找准文化与旅游的结合点

演艺业是旅游发展的助推器，旅游业是演艺业繁荣的催化剂，两者互联共生、互利共赢。旅游演艺产品及其市场的发展，不但扩大了演艺产品市场，也大大增加了旅游产品的文化内涵，成为有效吸引国内新老游客和海外文化观光客、保持我国文化旅游业可持续发展的新路径。演艺业的发展离不开旅游业提供的条件和环境，不断注入新的活力和动力；旅游业的发展要靠演艺业增加文化内涵，不断增强旅游业的吸引力，充分发挥辐射带动作用，两者相互促进、相得益彰。

二、要找准独特的民族经典元素

要突出三个空间，即自然空间、人文空间、经济空间，围绕青海多民族文化空间，将民族文化资源转化为商品，使青海文化产品更具鲜明的民族特色、地域特色和悠久的历史传统，在原生态文化、原生态环境、原生态产品上大做文章，要重点抓好非物质文化遗产，进一步整合和精心提炼，进一步挖掘、整理和弘扬，充分展现青海特点、青海风光、青海神韵。

三、要找准最佳亮点、最佳看点和卖点

应以游客公认、能满足公众的心理诉求为标准。旅游演艺项目作为精神产品是特殊的商品，必须强调演艺项目的生产应追求

社会效益和经济效益的统一,避免成为圈内人的自娱自乐而昙花一现。

四、要组建演艺项目公司

大型旅游演艺产品前期投资大多很高,因此实行市场化运作是必然选择。要紧紧把握现代旅游的理念和规律,以联合创建、共同投入、比例分红的方式成立旅游演艺项目公司,实行政府扶持、企业主导、市场运作的模式,主要靠市场机制进行操作和运转。

我们有理由相信,只有抓住以上四点,优秀旅游演艺作品才会大量涌现,才会经受住市场考验,才会得到普通人的青睐,才会有长久的生命力,才会成为响当当的文化品牌。

(2009 年)

青海省实施西部大开发战略的主要成效和政策建议

世纪之交，党中央、国务院高瞻远瞩，从我国现代化战略的全局出发，做出了实施西部大开发的重大战略决策，为西部地区带来了千载难逢的历史机遇。九年来，青海各族人民在国家的大力支持下，认真贯彻党中央、国务院关于西部大开发的方针政策和战略部署，聚精会神搞建设，一心一意谋发展，国民经济和社会事业取得了令人鼓舞的重大成就。

一、主要成效

(一) 发展速度明显加快，综合实力大幅提升

1999—2008 年，全省生产总值年均增长 12.35%，经济总量由 238 亿元增加到 960 亿元，人均生产总值由 4 663 元增加到 17 319 元。财政收入由 23 亿元增加到 137 亿元。工业增加值由 70 亿元增加到 444 亿元。工业企业利润总额由 2000 年的 0.7 亿元增加到 180 亿元。

(二) 产业结构日趋合理，特色经济发展壮大

特色作物种植面积比重达到 76%，形成了五大农产品生产基地，农牧业产业化进程不断加快。优势资源开发步伐加快，百万吨钾肥及综合利用、钾锂硼资源综合开发、90 万吨纯碱等一批资源

开发重大项目相继实施，四大支柱产业、四大优势产业进一步发展壮大。柴达木循环经济试验区初具规模，西宁经济技术开发区列入国家第二批循环经济试点园区。资源开发规模和水平不断提高，开发领域不断拓宽，产业链条不断延伸。旅游产业逐步兴起，旅游总收入由1999年的4亿元增加到2008年的47.4亿元。

(三) 基础设施不断完善，发展条件明显改善

九年累计完成固定资产投资3 060亿元。“两横三纵三条路”为主骨架的公路网基本建成。高速公路从无到有，青藏铁路建成通车，兰青铁路复线、西宁和格尔木机场改扩建工程建成，支线铁路、资源开发铁路建设取得积极进展。玉树三江源机场将于今年6月正式通航。先后建成黑泉水库、盘道水库等水利项目，引大济湟、湟水北干渠等重点水利工程开工建设。一大批城镇设施和电力、通信等设施得到加强，支撑经济社会发展的基础条件明显改善。

(四) 生态保护成效显著，可持续发展能力得到增强

大力实施退耕还林(草)、退牧还草、“三北”防护林、天然林保护、水土保持、自然保护区建设等重点生态工程。完成草原围栏面积8 150万亩，退耕地造林种草面积290万亩，荒山造林种草面积677万亩，治理水土流失面积8 022平方千米，人工造林面积278万亩，封山育林面积919万亩。建立国家级和省级自然保护区8处，森林覆盖率由3.1%提高到5.3%，加大污染防治力度，环境明显好转。

(五) 社会事业全面发展，公共服务水平明显提高

全面加强教育、卫生、文化、广播电视、体育等薄弱环节建设。组织实施了农牧区寄宿制学校、农村初中校舍改造和中小学现代远程教育等项目，一批社会事业项目相继建成投入使用。2008年，“两基”人口覆盖率达到93.5%，广播电视人口覆盖率分别由1999年的59%和82%提高到88.5%和94%。加强了农村卫生服

务体系建设，建立了疾病预防控制体系和突发公共卫生事件应急救治体系，卫生医疗服务水平显著提高。

(六) 城乡居民收入不断提高，生活水平明显改善

1999—2008 年，城镇居民人均可支配收入由 4 703 元提高到 11 648 元，农牧民人均纯收入由 1 486 元提高到 3 061 元。贫困人口由 197.7 万人减少到 75.7 万人，扶贫开发重点县人均纯收入从 1 226 元增加到 2 830 元。社会消费品零售总额由 75 亿元提高到 253 亿元。社会保障体系基本建立，城镇居民医疗保险全面铺开。城镇职工养老保险不断完善，农村新型合作医疗参合率达到 97%。

(七) 体制机制更富活力，对外开放不断扩大

农村牧区税费改革全面完成，综合配套改革稳步推进。国有企业现代企业制度初步建立，国有资产管理体制不断完善。非公有经济比重由 1999 年的 18%提高到 2008 年的 28.5%。投融资体制改革、劳动就业和收入分配等领域的改革稳步推进，市场在资源配置中的基础性作用明显增强，政府职能转换迈出实质性步伐。对外开放步伐加快，外贸进出口总额由 1999 年的 1.08 亿美元增长到 2008 年 6.9 亿美元。

西部大开发以来的九年，是青海发展速度最快、发展质量最好、基础设施改善最明显、城乡面貌变化最大、人民得实惠最多的九年。九年来，我们办成了一些多年来想办而没有办成的大事，解决了一些多年来想解决而没能解决的问题，全省经济社会发展进入了历史上发展最好的时期。西部大开发战略成功实践，充分证明实施西部大开发战略是党中央、国务院高瞻远瞩、总揽全局、面向 21 世纪作出的一项英明决策，是中国特色社会主义理论的一次成功实践，对解决我国区域发展不平衡问题、全面建设小康社会、促进各民族共同繁荣富裕，不仅具有重大的经济意义，也具有重大的政治和社会意义。实施西部大开发战略，凝聚了党心、民心，得

到了西部地区近4亿人民的热烈拥护和全国人民的积极响应，成为深刻影响西部地区发展史的最大的德政工程和民心工程，对全国发展、改革和稳定的大局作出了重大贡献，并将继续产生深远的影响。

二、面临的新情况、新问题

西部大开发以来国家从资金、项目等方面加强了对西部地区的支持力度，极大地推进了西部地区的开发建设进程。但从西部大开发政策的实施情况看，还面临着一些新的情况和亟待解决的问题。

(1) 西部大开发政策制定得较早，限于当时国家的财力，西部大开发政策没有之前的东部地区率先发展的政策力度大，也不及之后的东北振兴政策，特别是随着东北振兴、中部崛起和其他一些区域发展政策的出台以及扩大内需以来一些新的税收政策、产业政策的实施，西部大开发现有政策已不具有独特性和优势性，多数政策已成了普惠性的政策，因此在吸引外部投资、增强西部地区自我发展能力上的作用逐步减弱。

(2) 由于国家没有设立专门的西部大开发资金渠道，近年来又加大了对中、东部地区的扶持力度，加之国家宏观政策的调整及积极财政政策的逐步淡出，中央财政在西部投资的绝对金额和相对比例逐年下降，西部大开发的力度有减弱的趋势。

(3) 一些政策落实不到位。2000年国家出台了西部大开发政策，但没有制定相应的实施细则，一些投资政策、财政政策、收入分配政策落实不到位，影响了西部大开发政策的实施效果。

(4) 政策支持体系不完善。目前的西部大开发政策有利于全国经济的可持续发展，有利于东、中、西部的协调发展，但没有形成有效刺激西部经济加快发展的政策环境。比如一些税收政策和税种设计与全国其他地区没有明显区别，削弱了西部地区的财力，加大生态保护与建设力度但对保护区缺乏生态补偿政策，加快资源开发但没有出台相应的资源补偿政策等，影响了政策的落实。

从目前情况来看，尽管西部大开发战略已取得明显成效，基本实现了既定目标，但由于西部多数地区自然条件差，尤其是青海等省区的自然环境严酷，经济基础十分薄弱，发展严重滞后，在全国竞相发展的新格局中，任务仍然繁重艰巨。西部地区仍然是全国经济发展最落后、社会公共服务水平最低的地区。

(1) 发展差距仍在扩大。仅从青海社会固定资产投资来看，9 年共完成 3 060 亿元，不及东南沿海地区一个省半年的投入(2007 年浙江省固定资产投资 8 433 亿元)，2001 年全社会固定资产投资总额占全国比重为 0.54%，2007 年下降到 0.35%，地方财政支出由 1999 年的 0.77%降至 2008 年的 0.74%；进出口贸易总额从 1999 年的 0.04%降至 2008 年的 0.03%；社会消费品零售总额由 1999 年的 0.29%降到 2007 年的 0.23%；卫生技术人员由 1999 年的 0.45%降至 2008 年的 0.42%；医疗机构床位数由 1999 年的 0.52%降至 2008 年的 0.47%；城镇居民可支配收入由 2000 年的全国第 21 位降至 2008 年的第 28 位；农牧民人均纯收入由 2000 年的全国第 26 位降至 2008 年第 28 位。这些数据说明，地区发展差距仍在拉大。

(2) 基础设施依然薄弱。目前，青海有 25 个乡、1 584 个村仍不通公路。铁路仅有一条干线，青海到四川、新疆两省区无直接的铁路相通。全省只有西宁曹家堡机场和军民合用的格尔木机场，运力与经济社会发展需求的矛盾十分突出。大中型水利工程建设严重滞后，农田水利设施薄弱，耕地有效灌溉面积仅占总耕地面积的 37%，全省尚有 124 万人的饮水困难和安全问题没有解决。重点资源开发地、工业园区和一些重点企业的公路、水、电力等方面的基础设施不能配套。

(3) 生态建设任务繁重。全省水土流失面积达 34 万平方千米，其中主要人口居住区域占 60%以上。沙漠化面积达 13 万平方千米，并以每年1 300平方千米的速度扩大。中度以上退化草场占全省可利用草场面积的53.8%。三江源地区冰川、雪山、湖泊、湿地面积逐年缩小。由于生态十分脆弱，生态保护建设实施期短，区域面积大，生态恶化的趋势尚未得到根本遏制。

(4) 产业支撑能力不足。资源开发是青海经济的主要支撑和增长点，但由于受资金、科技等制约，主要以粗放式开采为主，缺乏精深加工，开发层次不高，产业延伸不长，就地加工转化能力弱。虽有较为丰富的煤、油、气和金属矿产，由于尚未建立资源有偿使用制度和生态补偿机制，地方获益极少。

(5) 贫困问题仍然突出。2008年，青海城镇居民人均可支配收入为全国平均水平的75%，而农牧民纯收入仅为全国平均水平的65%。全省城镇现有20万低保人口，农村牧区有贫困人口75.7万人，两者占全省总人口近1/5。

(6) 公共服务能力不足。由于地广人稀，欠账过多，目前，青海仍有9个县未实现“普九”，人均受教育年限仅为7年，比全国人均受教育年限少1.2年，青南地区少得更多，接受过中高等教育的人口比例只有13%，每万人中专业技术人员只有90人，仅相当于全国平均水平的8.3%。尚有883个村不通电，1 474个村不通邮，947个村不通电话。

(7) 社会稳定任务艰巨。青海少数民族人口占比为46.3%，青海藏区是达赖集团进行分裂渗透破坏活动的重点地区之一。但青海藏区基层政权和公检法司基础设施建设长期落后，不利于维护社会稳定。

西部大开发事关我国现代化建设的全局，是一项长期艰巨的历史性任务。要改变西部落后面貌，需要西部地区各族人民付出长期艰苦的努力，同时也需要国家一如既往、持久稳定的支持和帮助。当前，通过认真总结西部大开发战略实施的成功经验，进一步完善政策措施，加大这一战略的实施力度，不仅十分重要，而且十分紧迫。

三、进一步推进西部大开发的政策建议

(一) 进一步加大西部大开发战略的实施力度

西部地区大多地处祖国边疆,少数民族人口聚居,战略地位十分重要,但发展又是最为滞后、贫困问题最为突出、制约因素最多的地区。建议国家继续加大西部大开发战略的实施力度,对西部地区实施区别于其他地区的特殊区域发展扶持政策。

(1) 坚持长期性。西部大开发是事关全国长远发展的重大战略部署。而现行西部大开发优惠政策的期限到2010年。因此,建议国家根据新的形势,制定新一轮西部大开发优惠政策,并以立法形式固定下来,建立长效机制。

(2) 突出特殊性。加大具体的政策扶持力度,在财政转移支付、产业发展政策、地区利益补偿机制方面研究出台区别于其他地区的特殊政策。

(3) 尽快建立稳定的西部开发资金渠道。通过设立西部开发专项资金,发行专项国债、中央财政注入、东部地区援助、社会各界捐助等方式筹集专项资金,专项用于西部地区的建设投入和产业发展。

(二) 加快完善税制,解决西部财政困难

加快改革步伐,完善税制,增强西部地区自我积累、自我完善、自我发展的能力。

(1) 调整税收分成比例。提高西部地区增值税、所得税及其他中央地方共享税的分成比例。

(2) 尽快出台资源税政策。将资源税全额留给地方,并视资源价格及经济发展情况逐步提高资源税比例。

(3) 制定特殊的所得税征收办法。将西部地区国有分支机构的所得税改为属地缴纳,提高西部地区在资源开发项目中的收益。

(4) 加大对青海省的一般性转移支付力度。青海省是全国财

政最困难的省份之一，经济总量小，财政收支规模不大，收支矛盾十分尖锐。建议中央结合国家主体功能区建设，在一般性转移支付中，进一步加大对禁止开发区和限制开发区的转移支付力度，充分考虑青海省三江源地区独特的生态地位及地理、气候条件等特殊性，增加补助因素，提高补助系数，支付总额的确定要以“总量决定”为主向“人均量”决定为主转变，以较好地保障青海省基层政府实施公共管理、提供基本公共服务以及落实各项民生政策的基本财力需要，从而建立起相对稳定的保护生态与加快发展、改善民生三者共赢的财力分配基础。

（三）加快建立和完善地区间利益补偿机制

西部地区生态地位重要，环境容量有限，大多属限制开发或禁止开发地区。发展经济与保护生态的矛盾十分突出。建议国家加快建立地区间的利益补偿机制。

(1) 开征水资源费。西部地区保护生态的重要目的之一就是增强水源涵养能力，提高江河的水资源供应量，受益地区是黄河、长江中下游广大地区。因此，应建立水资源开发利用补偿机制，对中下游受益地区征收水资源费，专项用于对水源涵养地区的补偿。

(2) 建立生态补偿机制，从根本上满足生态保护建设、移民、减畜的需要。提高资源补偿费标准、从矿产资源开发型企业经营收益中提取一定比例等方式建立资源补偿基金，专项用于资源开发地的生态保护和环境补偿。

(3) 对青海因大面积设立军事禁区而影响资源、旅游开发带来的损失给予合理补偿。

（四）加大西部社会公共服务领域的投入力度

加大对西部公共服务领域的投入力度，使西部地区和全国其他地区能够享受大体一致的基本社会公共服务。

(1) 加大科教文卫的投入。加快改善西部地区社会事业发展的基础条件。在安排项目时按照区别对待的原则，对西部社会事业项目投向单独考虑，突出西部的实际和困难。并考虑给予西部地区一定的自行安排资金额度，各省区根据当地条件自行安排项目投向。

(2) 加大西部社会保障的投入力度。加快社会保障体系的一体化进程，由目前的省级统筹加快过渡到国家统筹，使全国各个地区群众在养老、医疗、失业、最低生活保障等方面享受的保障水平基本一致。同时，建议国家尽快在西部地区推行农村牧区养老保险试点。

(五) 着力解决好西部地区贫困问题

自然生存条件差、贫困面大、贫困程度深、脱贫难度大是西部各省区普遍的实际情况，需要国家进一步加大扶持力度。

(1) 把改善贫困农牧民群众生产生活条件放在首位。加大农村牧区生产生活设施等富民工程的投入力度，结合新农村、新牧区建设进程，加快解决西部偏远农牧区的饮水难、行路难、用电难等问题。尽快实施牧民定居工程，彻底解决牧民定居问题。建议国家在安排西部地区“农村六小”等项目时，充分考虑西部地区实际，提高补助标准。

(2) 实施特殊政策推进扶贫开发。目前，西部许多贫困县区还未列入国家扶贫重点开发县，青海藏区 30 个市县中，只有 8 个列入国家扶贫开发重点县。建议国家考虑西部地区实际，将西部贫困面广的广大农牧业贫困县列为特殊集中连片贫困区域给予重点支持，并较大幅度地增加以工代赈等扶贫资金规模，使西部贫困各县均能享受国家各类扶贫政策。

(3) 加大对西部城镇低保、农村低保、新农合医保等社保体系的资金补助投入力度。帮助西部地区提高保障标准，缩小与其他地区的差距。

(4) 逐步提高青海藏区干部职工工资和福利待遇。建议中央充分考虑青海藏区的特殊性，体现对高寒缺氧、特别艰苦藏区的照顾,合理补偿高海拔地区职工付出的超常劳动,执行藏区同海拔、同待遇、同标准的工资政策,并对青海藏区增加的津贴补贴部分所需资金给予支持,加大海拔高度在评价指标体系中的权重,相应提高青海藏区艰苦边远地区类别和津贴标准;将企业退休人员艰苦边远地区津贴纳入企业职工基本养老保险统筹项目并分类区享受。

(六) 扶持西部地区特色产业发展

西部地区集资源富饶和经济贫困于一身,高附加值资源加工转化项目较少。

(1) 在产业政策上向西部倾斜。将资源开发类产业确定为长期鼓励支持类产业,在项目核准立项、资本金投入、贷款贴息等方面给予支持,引导外资和社会资金投入。尽可能在西部地区多就地就近安排资源加工转化项目,从资源分配和价格核定等方面给予西部更多的倾斜。

(2) 加大对西部地区资源综合开发利用项目的金融支持力度,将西部地区资源开发综合利用项目纳入国家政策性银行贷款范围,优先支持西部地区资源开发综合利用项目发行债券、股票进行直接融资。

(3) 加大西部地质勘探的投入力度。在增加公益性普查评价投入的基础上,对需要详查的项目给予资金支持。

(4) 组织国有大型企业加大对西部开发优势资源的投入力度。允许、鼓励当地政府入股,占较多股份,在更高层次、更大范围重组再造一批具有竞争力的优势股份制企业,促进西部产业结构调整升级,完善特色经济体系框架。

(七) 落实好国家业已出台的促进西部民族地区加快发展的政策措施

2008 年,国务院出台了《关于促进青海等省藏区发展的若干意见》,这是西部大开发战略的重要组成部分。建议国家有关部门，制定更加具体的配套政策措施，在项目布局、资金投入、财政转移支付等方面制订具体实施方案，把国家的扶持政策真正落实到资金、项目上，并由国务院有关部门督察配套政策的落实情况，让青海等省藏区广大群众真正得到实惠。

(2009 年)

链接

(1) 1999 年 6 月 9 日，在中央扶贫开发工作会议上，江泽民同志发表重要讲话时指出："加快中西部地区发展步伐的条件已经具备，时机已经成熟。在继续加快东部沿海地区发展的同时，必须不失时机地加快西部地区的发展。从现在起，这要作为党和国家一项重大的战略任务，摆到更加突出的位置。"

(2) 1999 年 6 月 17 日，江泽民同志在西北五省区国有企业改革和发展座谈会上又强调："现在我们正处在世纪之交，应该向全党和全国人民明确提出，必须不失时机地加快中西部地区的发展，特别是抓紧研究西部大开发。"

(3) 2000 年 10 月 26 日，国务院国发[2000]33 号《国务院关于实施西部大开发若干政策措施的通知》最后一段："以上政策，主要适用于当前和今后 10 年(2001—2010 年)。随着西部大开发战略的实施，将作进一步完善。所规定的各项政策措施及其细则，自 2001 年 1 月 1 日起开始实施。"

依据“三性”研究“三化”

——在青海省社科院2010年课题选题征询会上的发言

参加今天这个座谈会，感触很深，社科院邀请各方代表共同交流探讨明年课题研究方向，开门选题，集思广益，错位研究，既使课题研究方向贴近青海实际，又有效避免重复选题，有利于整合全省的研究资源，为闯出一条欠发达地区实践科学发展观成功之路提供智力支持。这个做法值得我们政研室借鉴学习。

接到社科院的邀请后，我在回顾比较近年来青海党政机关、理论界和学术界的研究的时候，有一个感觉，在理论研究方面，许多研究已经有一定深度了，大家也都能说出个大概。但是，上升到政策层面，也就是说如何操作的时候，往往缺乏具体抓手。究其原因，笔者认为，一方面是对省情把握得还不够准确，另一方面是在研究方向上还不太明确。作为社科院，它的研究方向或者说研究定位，应该介乎于党政机关政策研究和纯理论研究之间，既要贯彻好中央和省委的精神，还要熟悉操作层面的情况。也就是说，在理论方面紧跟时代要求，在实践方面紧贴青海实际。具体地讲，就是要做到以现实性、应用性和青海特殊性问题为研究方向，在针对性、操作性上下功夫。从这“三性”出发，结合青海省实际，对近期青海经济研究方向或者研究重点，笔者有三个不成熟的考虑：

一、城镇化问题研究

中央在继续实施西部大开发战略的实施意见征求稿中提出，西部地区城镇化率在2020年要达到50%。要说，青海达到这个目标并不难，青海人口少，易于集中，目前的城镇化率约为41%，离全国的平均水平(45.7%)也就相差了5个点。但是从时空分布来看，即使实现50%，也只是总量上的均衡。众所周知，青海人口绝大多数集中在条件相对较好的西宁及海东地区，边远牧区每平方千米也就那么几个人。在这些地方，人口如何集中，怎样实现城镇化，值得我们深入去研究；农牧区人口相对集中的城镇，如何保持可持续发展，拿什么产业支撑小城镇的发展，同样需要我们去研究。9月份，我们在给中央上报的青海藏区发展与稳定综合调研报告里，也对如何发展城镇化提出了一些比较具体的建议。比如，建议国家将几个州府所在地列入国家重点小城镇给予重点支持，放宽藏区设市标准和城镇建设用地条件，设立生态专项资金等。但是，这些政策建议，相对比较零散，缺乏系统全面的政策体系研究。

二、兰宁格一体化问题研究

这个一体化，指的是兰州、西宁、格尔木经济一体化。这个思路，早些时候，我在北京、青海联合主办的西部开发高峰论坛上做过发言，也同甘肃省委政研室深入探讨过它的可行性。最近，中央继续推进西部大开发的征求意见稿也提到了这个问题。所谓区域一体化，就是按自然地域经济内在联系、商品走向、民族文化传统以及社会发展的需要形成的经济联合体，是建立在区域分工和协作基础上，通过生产要素的流动，推动区域经济整体发展的过程。长三角、珠三角、环渤海、北部湾、海峡西岸等地区的发展，充分表明，区域经济一体化已成为我国解决区域经济可持续发展的引擎和趋势。兰州、西宁、格尔木分别是甘肃、青海经济最发达、社会发育程度最高、资源优势最富集的地区，在空间形态、市场、产业、交通、信息、制度、人文、生态环境等方面高度关联，互补性强，具有明显的区域经济一体化的条件和特征。设立兰宁格经济区，建立中国新的增长极，必将对青海、甘肃两省产生重大而深远的影响。

三、玉文化研究

青海三宝的说法有许多版本，但是自北京奥运会之后，大多数人倾向于昆仑玉、唐卡、虫草这种表述。昆仑玉借奥运开道，“打出”了自身的身价，价格一路狂飙。但是，作为一个产业，很少有人对此进行过深入研究。以河南为例，河南为提升文化软实力，加快由文化资源大省向文化强省跨越步伐，2008 年 12 月份，选择镇平等 8 个县市作为首批文化改革发展试验区，开展文化产业示范区建设试点。镇平县凭借文化底蕴丰厚、经商氛围浓厚等禀赋，先后被国家命名为“中国玉雕之乡”，玉雕工艺也被列入国家和省级非物质文化遗产保护名录，玉雕业年产值近 150 亿元，从业人员达 20.7 万人，玉雕专业村农民人均纯收入达到 8 000 元以上。而拥有昆仑玉和祁连玉两大招牌的青海，提及玉文化，可能首先让大家联想到的是西宁和格尔木的那些玉器店，基本上和产业无关。如何借鉴外地的成功经验，大力发展有众多的消费群体，“无污染、低消耗、高效益”的玉文化产业，在创造经济效益的同时，让更多的人了解青海，走进青海，应该是我们研究机构义不容辞的历史责任。

以上几点是笔者对当前研究青海经济问题局部的粗浅认识，由于考虑得还不成熟，也缺乏对这方面的系统研究，不妥之处，希望各方多提宝贵意见。同时，也希望能和各位领导、学者就此问题进一步加强合作，共同研究。

（2009 年）

文化遗产保护利用与高原旅游名省建设的互动性研究

文化遗产旅游是以文化与文物古迹资源作为主要旅游吸引物,集自然和人文为一体的文化揽胜之旅。这种充满文化气息的旅游观光和休闲模式,在世界旅游业发展体系中扮演着重要角色,是拉动旅游业快速发展的重要因素。青海有着独特的高原生态环境,是华夏文明的发祥地之一,是多民族聚居、多元文化交汇的地方,更是我国旅游资源的富集区。文化遗产是青海经济社会发展的文化软实力,民族传统文化遗产的保护和开发利用,不仅能够弘扬民族文化,培育和打造体现青海元素的民族特色文化产业,而且能够加快高原旅游名省建设步伐。

一、丰富的文化遗产是青海旅游名省建设的文化元素和资源

青海蕴藏着极其丰富的物质文化遗产和非物质文化遗产。特殊的地理位置和地缘人文环境,相对落后的经济发展,使青海民族文化的原生态得到较好保留,许多内地早已消失的文化形态和种类,在青海至今还有保存和传承。青海的民族民间文化又因其地理环境、民族分布、经济状况和社会条件而各具特色,不仅有独特的民族民俗风情,源远流长的昆仑文化、古朴神秘的宗教文化、异彩纷呈的节日文化、绚丽多姿的民族服饰文化,还有博大深厚的民

族民间艺术，体现了农耕性、地域性、民俗性、宗教性特征，极具感召力、内聚力和亲和力。丰富的民族民间文化，使青海在西部文化中有着不可比拟的资源优势。

（一）历史悠久、内容丰富、曲调优美的民族民间歌曲

青海境内长期居住的汉族和藏、回、土、撒拉、蒙古等少数民族，通过文化相互交流、影响、渗透、吸收和共融，形成了丰富多彩、风格迥异、独具特色的民歌和史诗。有汉、回、土、撒拉以及杂居区藏族共同喜爱的“花儿”，流行甚广的藏族民歌“拉伊”“勒”，回族、撒拉族十分喜爱的“宴席曲”，土族群众热衷的赞歌、婚礼曲、道拉，蒙古族经常咏唱的赞歌、情歌等，都充分展现了地域民族民间文化特色。尤其是在青海藏区广为流传的“格萨尔”说唱艺术，卷帙浩繁、内容丰富，闪耀着民族智慧之光，这部长篇英雄史诗早已超越了民族和地域的界限，为高原人民所喜爱。

（二）异彩纷呈的民族民间舞蹈

大通县上孙家寨、同德县宗日出土的新石器舞蹈纹彩陶盆，生动形象地描绘了远古时期人们载歌载舞的欢庆场面。青海的民族民间舞蹈资源十分丰富。据20世纪80年代普查统计，全省民族民间舞蹈有1 400种左右。无论在喜庆的节假日，还是日常生活中都能看到群众自发组织的跳舞、唱歌表演。洒脱粗犷、群情激昂的康巴藏族舞蹈家喻户晓，土族的安昭、纳顿、於菟民俗特点突出。

（三）民间刺绣、民间绘画、民间雕塑、民间工艺品种类繁多、琳琅满目，既有非凡的艺术价值和特色，又有多姿多彩的风韵、细腻丰富的内涵和色彩独特的魅力

民族服饰耀眼夺目，“藏艺三绝”更是蜚声海内外。以绘画、雕塑、刺绣艺术为代表的“热贡艺术”，文化底蕴深厚，是多个民族文化圈交叉混合所产生出的独具特色的文化空间，是青海多民族民间文化遗产的优秀代表。

（四）形式多样的民俗节庆文化活动

藏族草原赛马会、六月歌会、九曲黄河灯会、河湟花儿会、土族纳顿节、寺院观经法会、朝山会、山河湖海祭祀活动等群众广泛参与的民俗节庆文化活动，以其神奇、神圣、神秘显现出宗教文化的特色。从花儿会、祭海，到玉树的赛马会、蒙古族纳达慕、土族纳顿节，以及娱神娱人的热贡六月歌会，体现了多元文化的融合。

（五）丰富灿烂的历史文化遗存、文物遗址

目前青海有文物保护点 4 300 多个。其中，全国重点文物保护单位 18 个，省级文物保护单位 315 个，县级文物保护单位 394 个，历史文化名胜遍及各地，著名的塔庙寺窟散落全境，并形成了省博物馆、省柳湾彩陶博物馆、省民俗博物馆、青海雪域民俗博物馆、青海藏医药文化博物馆等各具特色的文化遗产。国家非物质文化遗产项目 19 个，"国家级非遗传承人"18 名。

综上所述，可见，没有哪一个地区有着像青海一般丰富多彩、各具特色的民族文化，也没有哪一个地区像青海一样保留如此众多的传统民俗、宗教节日，更没有哪一个地区像青海一样几乎天天沉浸在节日、歌舞和各种多彩文化活动的热烈氛围中。

二、青海旅游名省的建设促进了文化遗产的保护利用

青海丰富的文化旅游资源，异彩纷呈的文化现象与人文景观，是青海各族人民世世代代共同创造的具有地方民族特色的集中代表，如果与发展旅游业紧密结合，共同开发利用，发展潜力巨大，将会带来良好的社会效益和经济效益。随着高原旅游名省建设步伐的加快，以旅游带动文化遗产的保护、开发和利用工作不断推进，初显成效。

（一）工艺美术资源不断挖掘

青海的工艺美术资源非常丰富，发展工艺美术具有得天独厚的资源优势。据调查，青海百年以上的传统工艺美术品达 200 余

种，主要产品种类有 21 个大类。近年来，青海省把工艺美术产业作为文化产业发展的突破口，通过发展工艺美术产业带动和促进民族特色旅游纪念品的生产经营，重点开发具有民族地域特色的唐卡、堆绣、雕刻、刺绣、农民画、藏式挂件等民间工艺品、艺术品，并相继打造了以同仁县、湟中县为中心的唐卡、堆绣、雕刻艺术品生产基地，以互助县、循化县为中心的民族刺绣艺术品生产基地，以湟中县、湟源县、大通县为中心的农民画创作基地，形成了一批民族民间艺术品规模化生产基地，使原有的小产品、小作坊逐步实现了规模化、产业化。目前，全省拥有工艺美术企业近百家，年产值近 8.65 亿元，从业人员 4 万人，有 2 家国家文化产业示范基地，11 家省级文化产业示范基地。

(二) 节庆文化活动广泛开展

青海群众性节庆活动很多，从群众广泛参加的花儿会、祭海，到玉树藏族的赛马会、蒙古族纳达慕、土族纳顿节，以及娱神娱人的热贡六月歌会，体现了多元文化的融合。花儿会从农历二月二起到农历六月六，由各民族广泛参与，你方唱罢我登场，使得会期长达半年之久。近年来，举办的青海民族文化旅游节、盐湖城暨昆仑文化旅游节、青海湖国际诗歌节、藏毯国际博览会、中国(青海)三江源国际摄影节、门源油菜花节及青海湖沙岛国际沙雕艺术节等这些各具特色的节庆活动，以民族歌舞演出、民间艺术品、文物精品展览为重点，利用官方、民间等多渠道，开展多层次的对外文化交流活动，使更多体现青海高原特色的多民族多元文化走出了国门，不断扩大青海省文化旅游的覆盖面和国际影响力，通过展览展示，吸引更多的旅游者到青海观光旅游，领略高原独特的人文景观，同时也使民族文化得以传承和发展，催生了一批新的文化艺术成果。

(三) 旅游演艺产业繁荣发展

青海依托丰厚的文化资源，先后推出了《唐蕃古道》《六月六》

《秘境青海》《青海诗篇——花儿少年》等具有浓郁青海特色的节目，把以往认为上不了台面、必须进行艺术改造的民族文化作了原汁原味的集中展示，使质朴、细腻、原生态的花儿登上大雅之堂，让我们看到了特色旅游演艺资源的巨大潜力，更使长期沉寂的青海旅游演出市场得以繁荣昌盛。同时，农牧区民族歌舞演出队伍不断壮大，由最初的贵南县发展到全省的许多地区，由单一的演出向演出、演艺人才培训转变，涌现出了一批以贵南县沙沟乡石乃亥村民间艺术团为龙头的优秀演出团队。目前，贵南县活跃在全国各地的文化打工演出队有 38 个，演员 800 余名，年创收达 300 多万元，人均年(每年按 6 个月计算)创收 4 000 余元。称多县以农牧民群众自发创办的“通天河民间艺术团”为主体，通过与外地文化部门和演出公司联系，组织农牧民演员走出草原，仅 2008 年上半年外出文化打工人员就达千余人，人均年收入超万元。

(四) 精心打造精品旅游线

近年来，青海先后完成了瞿昙寺、隆务寺、桑周寺等国家重点文物保护单位的维修工程。兴建了我国唯一的彩陶专题博物馆——柳湾彩陶博物馆。被称为东方“庞贝城”的喇家遗址和东方“金字塔”的热水大墓，纳入了国家大遗址保护范围。目前，围绕塔尔寺、瞿昙寺、隆务寺、桑周寺、海北原子城、省博物馆、都兰吐蕃大墓、民和喇家遗址、青海柳湾博物馆等旅游景点，设计类似“乐都一日游”(瞿昙寺、西来寺、柳湾彩陶博物馆)、“湟源文化一日游”(明清老街、城隍庙、哈城、南北古城、扎藏寺)等线路，使更多的文化遗产纳入旅游部门的“两圈两带一区”建设，产生了良好的社会效益和经济效益。

三、文化遗产保护利用与高原旅游名省建设互动中存在的问题

尽管青海在文化遗产保护利用与高原旅游名省建设互动发展

中有着独特优势，但与东部沿海发达省市相比，文化遗产旅游的开发程度和产出水平与文化资源大省的地位不相称，经济效益不显著，发展中还存在诸多问题。

（一）观念不到位，资源家底不清

青海文化旅游开发最缺乏的不是资源，也不是资金，而是思想观念。近年来，尽管各级领导干部对发展文化旅游业的认识有所提高，但一方面对文化旅游业的产业地位、政策措施、财政投入和管理职能没有正确定位，对历史文化旅游资源存在重开发、轻保护的现象，相关产业、行业、部门与文化旅游业发展的联系合作不紧密，使文化旅游业在国民经济发展计划中作为一项经济产业的形象不突出；另一方面对青海文化旅游资源的独特优势和潜力认识不够，缺乏有计划、系统的文化旅游开发建设，导致文化旅游资源开发建设迟缓，文化旅游开发利用程度低。据初步统计，青海黄南、果洛、玉树等地区文化旅游资源储备量十分巨大，但开发量处于较低水平，不到其潜力的十分之一。很多文化景区开发仅仅是设门售票而已，没有全面系统的景区旅游介绍，低层次的观光游览没有充分展现青海独特的旅游文化。

（二）资金不足，文化旅游产品开发和保护不力，缺乏吸引力

受经济发展水平的制约，很多地区因资金缺乏，没有能力开展文化旅游资源的普查和科学规划，使众多文化旅游资源深锁闺中，而原有开发的文化旅游资源大多形式单一，数量少，级别低，且低水平重复建设，不仅不能满足旅客日益增长的消费需求，也不能对文化旅游资源进行成片开发，造成文化景区过于分散，难以形成规模效应。在这种情况下，文化旅游资源的开发建设与保护就难以实现，不少珍贵文物资源沦为残垣断壁，一些建筑文化旅游资源被埋没。

（三）基础设施和配套设施薄弱，服务能力不足

旅游目的地应向游客提供全方位的服务，包括旅游线路中的

各类景点介绍，沿线所提供的交通、通信、住宿、餐饮等设施和服务。但受开发程度低及资金匮乏的影响，青海文化旅游资源所在地的基础设施和住宿接待设施普遍滞后，相当一部分设施陈旧，配套不完善，加之服务人员素质不高，管理和服务水平较低，严重削弱了接待能力。

（四）文化旅游促销力度不够，整体宣传的影响面不宽

目前青海相对重视景点等硬件设施建设，而忽视了区域旅游资源整体优势和综合功能的提升，忽视了区域整体的市场宣传和促销，宣传的总体形象不够明确、鲜活、生动，推销旅游产品时没有推出自己的文化产品，许多宣传口号未能找准激发大众来青海旅游的欲望和着力点等，使旅游拳头产品、特色产品开发缺乏统一的促销氛围，难以形成青海整体区域的形象和持续的轰动效益。

（五）旅游文化人才极度缺乏，不能满足市场需求

青海旅游文化单位从业人员中毕业于旅游学院（校）的较少，而能胜任文化策划、工艺美术研发、设计的人才更少，且人才外流情况仍然严峻，文化旅游人力资源总量和后备力量都明显不足，职工队伍的整体素质不高，缺乏经验，加之整个文化旅游服务体系存在经营管理不善、服务质量不高等问题，使人力资源不能适应文化旅游发展的需要。

（六）体制不顺，机制不活

青海文化旅游资源分别隶属于不同政府部门管理，由于体制改革滞后，条块分割，政出多门，旅游资源管理分散，本应携手共同开发旅游市场的文化文物与旅游部门相互割据，本是共生共长的文化文物与其他有关部门互不往来，而主流社会文化产业也存在政事不分、企事不分，有效整合优势资源的文化产业集团公司寥寥无几，这些体制上的问题严重阻碍了旅游事业的发展，使青海省的旅游业始终缺乏发展“旅游大产业”的强大的内在动力，成为青海省旅游可持续健康发展的瓶颈，也影响了青海建设旅游名省的进程。

四、文化遗产保护利用与高原旅游名省建设互动推进的对策建议

随着经济社会的发展，人们的生活水平已由温饱型转向小康型，人们的旅游欲望和旅游消费水平进一步提高，越来越多的人对承载着历史、思想和文化价值的文化遗产旅游地和文化遗产项目产生了强烈的兴趣，加之文化旅游业正在成为世界性朝阳产业，其发展势头不断增强，这些都给青海依托文化资源建设高原旅游名省战略带来机遇。但能否抢抓机遇，还需要进一步加快文化遗产保护利用与高原旅游名省建设的互动性研究，以文化带动旅游，以旅游促进文化遗产的保护和利用，培育和壮大文化旅游产业，形成新的经济增长点，真正将资源优势转化为经济优势。

（一）高度认识青海文化旅游发展的重要性

进一步解放思想，形成共识，加快青海文化旅游业的发展。

(1) 认识到位。把文化旅游当作重要的经济工作来抓，旗帜鲜明地支持文化旅游业的发展，扎实有力地培育文化旅游这个新的经济增长点。

(2) 工作到位。进一步理顺文化旅游管理体制，改变多头管理的弊端，充分发挥文化部门在文化旅游方面的主导作用，把有关部门、有关地区组织起来，调动积极性，及时解决出现的问题。

(3) 思路到位。对本地区的文化旅游发展战略，对重点文化旅游区、旅游线路的发展规划，要进行科学论证，以便把人力、物力、财力用到刀刃上。

(4) 解难到位。凡属于政府应该办的事情应积极解决，对一些重点文化旅游项目给予一定的导向性投资，对文化旅游促销费用应给予支持和保证。

（二）推进文化体制改革，建立高层次文化旅游协调机构

文化旅游业是新兴的综合性经济产业，涉及众多行业和部门。

文化旅游业又是一个政府主导型产业，在市场机制运作基础上，需要强化政府的主导作用，要采取相关部门协调配合、上下联动的主导型措施来扶持文化旅游业发展。

（1）积极稳妥推进体制改革，策划好全省发展文化旅游产业战略规划。要以改革为动力，以市场为导向，以民族民间文化产业为重点、为特色、为依托，以主流社会文化产业为重点和突破口，兼顾新型文化产业，以旅游为载体，实现文化旅游产业的合理布局，建立以混合所有制为主体，多种所有制齐头并进的文化旅游产业体系。要强化各级政府发展文化旅游产业的主导作用，将文化旅游产业发展与经济社会发展相衔接。

（2）设立青海文化旅游协调机构，协调解决青海文化旅游业大发展中的重大问题。

（3）设立文化旅游开发区。在资源价值高、规模大、适宜成片开发的文化景区设立文化旅游开发区，打破条块分割、多头管理的旧体制，统一开发和利用旅游资源。

（三）实施大力扶持青海文化旅游产业的政策

通过减免税费、简化审批手续、土地转让等方面的优惠政策，引导资金投向文化旅游开发，使文化旅游产业结构向合理、均衡的方向发展，使文化旅游业真正成为青海经济新的增长点。

（1）有效的投资政策。加大对文化旅游业的政策扶持和资金投入力度，通过政府引导鼓励社会各方面对文化旅游业的投入，有条件的地方建立文化旅游发展基金，政府提供良好的投资环境和基本服务来降低投资风险。

（2）积极的融资政策。加快对内开放步伐，摒弃地方保护观念，选择各种有力的政策措施，大力发展资本市场，吸引多种经济成分资金进入。采取股票上市、项目融资、股权置换、设立青海文化旅游产业投资基金等多种方式在资本市场上进行融资，充分发挥资本市场在推动文化旅游产业化进程中的积极作用。

(3) 完善优惠的税收政策。实施更加优惠的税收扶持政策，按优势产业确定文化旅游项目的有关税率。对旅游商品土产企业减征所得税，提倡以文化旅游养文化旅游，文化旅游企业所得税先征后退，作为旅游发展基金，用于旅游宣传促销。

(4) 灵活的土地政策。青海地域辽阔，采取灵活的土地政策是发展文化旅游业的一大优势。对国有荒山、荒坡等进行文化旅游开发的，可无偿获得土地使用权；对城镇国有土地进行旅游开发的，只付动迁费和基础设施配套费，允许土地作价入股，经政府核准，实行低地价政策等。

(5) 适宜的人才政策。通过与内地发达地区联合办学等形式积极创办旅游学校和文化产业演艺人员培训基地，加快培养和引进相关人才，有条件的成立文化旅游业发展专家咨询小组，通过“借外脑”快速提高人才层次。

(四) 加快制定文化旅游资源保护与开发规划

按照规划先行的原则，对重点保护的文物、历史街区、各种人文遗迹、代表历史文化名城的标志性建筑等，通过制定严谨、科学的规划处理好文化旅游资源保护与开发的关系，并使规划成为有约束力的法规，实现青海文化旅游资源的可持续利用。

(1) 摸清家底。组织力量对全省非物质文化遗产和文物资源开展详细调查，分类清理，根据保存情况和其开发价值进行全面的摸底清查。

(2) 整合资源。打破划景为牢、画地为牢、划利为牢的本位式旅游发展模式，运用现代定位理念，实现各区域间的差异互补，联合打造、提升青海旅游品牌，以良好的总体形象和品牌提高旅游吸引力。

(3) 制定规划。组织文化、旅游等部门共同编制青海文化旅游可持续发展近期、中长期的规划，制定各州地市和重点景区开发与保护的对策措施，提出原生态保护区具体实施办法。力争到

2015 年，形成全省性文化旅游资源开发网络，使旅游主题鲜明、地方特色浓郁的旅游专线进入高层次开发阶段，重点区域资源得到有效保护；力争到 2025 年，旅游开发进入高效化、规范化和规模化轨道，资源保护体系趋于成熟，基本实现文化旅游资源的可持续利用。

(五) 打造特色文化旅游产业

产业的发展是文化遗产保护利用和高原旅游名省建设的关键，而文化旅游产业的发展需要确定产业发展重点，突出文化旅游特色，取得社会效益和经济效益的双赢。

(1) 特色线路。在保持原生态大美青海旅游形象的基础上，强化文化产业对旅游发展的支撑作用，围绕“两圈”“两带”“一区”，深度挖掘文化内涵，从差异性角度对旅游资源进行科学定位，培育特色旅游产品。重点打造青海湖、青藏线、三江源、中国夏都等旅游品牌，依托文物古迹、文化遗产、民族民间艺术、民族风情、寺院道观等资源，发展特色文化旅游。

(2) 深度开发。充分利用已有的文化旅游资源进行科学的、合理的深度开发，运用现代科技创新的技术手段对长期搁置在展厅、现场的展品进行精工制作，将其变成活灵活现、栩栩如生的工艺产品，积极开发具有青海地方特色、民族特色和文化内涵的工艺品、高原健康食品、医药保健用品、地方土特产品等旅游商品和纪念品，同时也把文化旅游资源的社会效益转化为巨大的经济效益。

(3) 挖掘创新。重视人文景观文化内涵的深度挖掘，把高原民族文化的人文关怀精神和重视人伦道德培育的文明传统不断加以发扬，将美丽动人的古老传说搬上银屏舞台，变成话剧、歌剧、舞剧或电视电影，让每位旅游者除能享受到大自然的美感以外，还能通过艺术欣赏感受古老的童话世界，使人境融为一体，满足人们精神上的渴求，以民族文化的深邃性和震撼力提高旅游吸引力。

(4) 突出特色。将民族传统文化融入旅游服务的始终，突出服务方式的民族性、文化性和特色性，旅游车驾驶员、服务员、导游均着民族装，游客到站接待、食宿以及送行各环节行民族传统礼仪，诸如向游客弯腰行礼、礼貌用语、敬献哈达、敬“三宝”酒等，以此提高旅游吸引力。

(5) 重视营销。打造旅游名省，须在营销方面下功夫，要走出国门宣传和展示青海文化旅游资源的实力与水平，在扶持组建全省有实力、上水平的旅游集团的同时，积极与国际知名的旅游集团公司密切合作与交流，促进文化旅游营销步入正轨。

(六) 加强文化旅游开发的规范管理

在文化旅游的开发中，必须实行开发的规范化，对非物质文化遗产、珍贵文物、国家级名胜及历史文化名城实行严格管理，防止过度开发、不合理修缮及疏于防范而造成毁损，依法保护人文旅游资源。

(1) 重在保护。对不可再生的文化旅游资源，务必在“保护为主、抢救第一、合理利用、加强管理”的文物工作方针指引下，适度开发成旅游产品，严格保护其周边的生态环境和文化环境，控制其开发规模和方式。

(2) 控制规模与重点转移。对已开发的文化旅游资源，进行深度开发和集约经营，不宜无限地扩展其规模和面积，逐步把开发历史文化资源的重点转向尚未开发的处女地。

(3) 培育典型。对土族、撒拉族民族地区风情旅游的开发要突出重点、培育典型，不宜遍地开花和过多异地移植。这些地区在发展经济文化和乡镇建设时，应将现代化与民族特色相结合，充分尊重各民族的传统生活习俗，保护其生存环境的本来风貌。对演示性的民族风情活动和村寨要保持乡土特色，从内容到形式不宜过分商业化和庸俗化。

(4) 控制人造景观。着力保护和开发历史遗留下来的文化旅游吸引物，不宜过多地尤其是在近距离重复建设水平较低、占地过多、投资过大、生命周期短的人造景观。

（5）建立文化旅游资源保护基金。对文化遗址、民居古城等实行有偿开发和有偿经营制度，多渠道筹措资金，建立行之有效的社会筹资机制，特别对文化遗产地和文化遗产项目传承单位（传承人），民间文化艺术乡村，州、县文化基地实施“文化生态补偿”，实现保护与发展的平衡。

（2013 年）

关于推进兰宁格经济区建设的几点建议

兰州、西宁、格尔木三个城市之间有着紧密的自然、经济、文化、社会联系及历史渊源，具有明显的区位、科教、资源、产业优势，城镇群发展和城市化水平较高，已成为西北地区经济社会发展的核心区之一。加快建立兰宁格经济区，对新时期构筑西部地区新的增长极，创建东部地区产业向西部转移的承接地，促进兰新、青藏铁路沿线经济带崛起具有重要意义。新一轮西部大开发政策已将建立兰宁格经济区提上议事日程，现就加快推进经济区建设提出如下建议：

一、加强组织领导，落实工作责任

(1) 尽快向国家建议成立由国家发改委牵头的“兰宁格经济区建设协调委员会”，下设办公室，着力推进兰宁格经济区发展建设的各项工作。

(2) 积极协调西宁、兰州、格尔木三个城市按照平等、协商、互利、共赢的原则，建立定期联席会议制度。

(3) 成立“青海省兰宁格经济区建设筹备领导小组”，下设办公室，具体负责相关事宜。

(4) 成立兰宁格经济区建设专家委员会。组织相关专家学者就开展青海省推进兰宁格经济区建设进行深入研究，为加快推进兰宁格经济区建设打好基础。

二、拟定发展规划，明确战略目标

联合甘肃省组织力量，抓紧拟定《兰宁格经济区发展规划》。

(1) 认真分析兰宁格经济区的发展基础、发展机遇、制约因素、战略意义，从理论和现实两个方面充分论证建立经济区的可行性，积极争取国家支持。

(2) 确定发展兰宁格经济区的指导思想与发展原则、发展模式、区域功能定位和战略重点、产业发展方向，发展区位优势，明确区域分工，优化空间布局，科学配置资源，壮大优势产业，转变发展方式，不断提高自主创新能力、产业整体素质和市场竞争力。

(3) 加强政府的指导和调控，充分发挥市场配置资源的基础性作用，建立和完善促进开放合作的体制机制，制定促进相关产业的配套政策，通过自身努力与国家支持相结合，从政策机制方面确保各项战略目标的实现。

三、加强项目建设，增强发展后劲

(1) 按照建设兰宁格经济区规划的要求，加强项目策划和建设，加强对大型基础设施、社会公共服务和薄弱环节的支持和资金投入，推动高新技术、能源化工、资源开发、生物产业的发展和产业集群建设，协作搞好物流体系、旅游精品线路建设。

(2) 围绕优势产业，千方百计引进项目，延长产业链，完善产业配套，努力培育优势产业集群。

(3) 注重对项目的策划、收集和储备，建立统一的项目库、信息库和招商网络，完善招商项目的引进、服务、督办工作机制。

(4) 建设投融资平台，拓展融资渠道，完善政府投资管理体制，建立政府、银行、融资公司和企业定期交流制度，加强合作，为项目建设和企业发展提供有力的金融支撑。

（5）加强项目联合研究。比如加强对彩陶的联合研究力度。

（2010 年）

关于继续实施西部大开发战略促进青海科学发展的若干政策建议

西部大开发战略实施10年来，青海省的经济社会发展取得了巨大成就，从根本上改变了青海贫穷落后的面貌。实现党的十七大提出的奋斗目标，与全国同步进入小康社会，必须继续加大西部大开发战略实施力度。为此，提出如下政策建议：

一、大力扶持青海特色产业发展

（一）优化青海产业布局

继续扶持青海发展壮大盐湖化工、石油化工、煤化工、有色金属工业和水电等支柱产业，建成全国重要的盐湖化工系列产品生产基地，区域性石油天然气化工基地，煤炭化工基地，有色、黑色金属基地。在产业布局上向青海倾斜，鼓励青海培育、发展和壮大新能源、新材料产业。构建从多晶硅到光伏并网发电的光伏产业体系，建成在全国有重要影响的光伏产业和风力发电基地。在开发规模、电价政策、基础设施、税收优惠政策等方面给予倾斜和支持，放宽项目立项、审批核准、建设用地、环境评价等方面的条件，建立光、风、水等多能源互补的可再生能源开发利用试验区，使之形成具有比较优势和区域特色的主导产品和支柱产业。设立促进青海藏区商贸流通业发展专项资金，用于发展连锁经营、物流配送、农牧区市场建设与改造、信息化建设等。支持青海开展招商引资工作和经济技术合作事业发展，发挥“青洽会”“藏毯会”等交流平台作用，支持青海建成国际性清真食品、用品生产集散的重要基地。

(二) 加大对青海发展特色农牧业支持力度

加大对青海特有农畜品种资源保护力度，将藏系羊、藏猪等列入畜禽品种保护名录，将马铃薯、柴达木枸杞列入国家良种繁育与推广补贴范围。积极发展高原淡水渔业养殖和人工增殖放流，建立特有鱼类种质资源保护区。大力支持青海建设青稞、高原油菜、马铃薯、枸杞等无公害、反季节优质农产品生产基地。加快完善土地使用权流转制度，加大农机购置补贴力度，加强农牧区技术推广服务体系和农畜产品质量检测体系建设。

(三) 支持青海加强地质勘探工作

增加地质资源详查项目，加强青海资源勘查评价。支持青海加快推进可燃冰资源勘探和开发利用研究。

(四) 培育青海新的经济增长极

设立兰(兰州地区)宁(西宁地区)柴(柴达木地区)经济区。尽快审批柴达木循环经济试验区和西宁经济技术开发区发展规划，将海西和西宁确定为承接中部原材料、加工制造、食品、轻工业等产业转移的重点地区。积极支持发展冶金、生物制药、特色轻纺、新型建材、装备制造等新型产业落户青海。

(五) 支持发展具有地方民族特色的文化旅游业

支持青海大力发展黄南热贡艺术、西部民族风情园等具有地方民族特色的文化旅游业。支持青海培育若干个有地方特色、有品牌、一定规模的旅游文化骨干企业。

二、继续加快基础设施建设步伐

(一) 提供宽松的贷款条件

降低交通等基础设施建设贷款利率，延长贷款期限。提高农村公路维护能力，逐步完善路网结构，提高路网整体水平。

（二）加快交通基础设施及电网联网建设

加快格尔木—敦煌、格尔木—成都、西宁—成都等铁路建设项目前期工作。加快果洛、德令哈、花土沟等支线机场建设进度。抓紧开工建设青藏电网联网工程。

（三）加强水利基础设施建设

尽早启动南水北调西线工程。尽早开工建设湟水北干渠二期工程和西干渠工程。加快黄河沿岸水利综合开发利用步伐。加大对水利基础设施的排险、维修、加固、新建支持力度。

（四）对青海城镇化发展给予政策倾斜

放宽青海设市标准和城镇建设用地条件，将大通、湟中、乐都、民和、贵德等县实行县改市。制定推进藏区城镇化的奖励机制，建立藏区县以下小城镇基础设施建设专项资金。

三、加强生态环境保护和建设

（一）继续实施一批生态环境保护工程

将三江源、青海湖流域、祁连山生态保护和建设纳入青藏高原生态环境屏障建设总体规划。加大退牧还草工程推进力度，增加退牧还草工程总量，将范围扩大到全省牧区。继续实施退耕还林工程，延长退耕还林和退牧还草的补助期限并提高补助标准。将青海作为全国防沙治沙重点地区，加大对沙化、荒漠化、退化草场治理的支持力度。

（二）加快建立和完善生态补偿机制

建立三江源水资源补偿基金，中下游受益地区征收的水资源费及其上缴中央的水资源费，按一定比例用于对三江源水源涵养地区的补偿。建立矿产资源输出地区生态补偿制度，补偿资源开发地生态环境保护费用支出。建立资源开发利益共享机制，允许资源所在地居民共同参与资源开发，合理分配资源开发利益。积极参与国际碳交易，推动企业间开展排污权有偿使用和市场交易。

(三) 提高生态建设补偿标准

在专项转移支付中,提高对禁止开发区、限制开发区补助系数。中央支持青海将生态移民纳入城乡居民最低生活保障范围。提高生态移民安置投资标准,加大对生态移民产业扶持力度,统筹解决生态移民生产生活问题。增加对生态保护区内农牧民的生活补助。

四、高度关注社会民生事业

(一) 加大对教育事业的支持力度

进一步加大特岗教师计划实施力度,提高特岗教师补助标准,提高高中、高校贫困生资助标准。实施“9+3”免费异地职业教育模式。建立师范生免费教育制度,建立赴基层单位工作高校毕业生学费和国家助学贷款代偿制度。建立高原医学、盐湖化工、矿产资源勘查等学科的硕士、博士学位点。实施民族高中和中职异地办学。完善对口支援青海高等学校机制。

(二) 加大对青海医疗卫生事业的投入

帮助建设藏医院和州、县综合医院,乡镇中心卫生院,交通要道急救站,鼠疫检疫及强毒室站。提高重大疾病干预专项经费和青藏铁路卫生保障专项工作经费。

(三) 加大对藏区文化体育及广播电视基础设施的投入力度

帮助设立青海藏区基层文化机构运转经费保障机制。加大对青海民族文化、宗教文化、文物古迹及古籍经典的抢救、整理、出版、维修、保护的扶持力度。对涉及藏语言的媒体和出版物予以专项补贴,支持青海建设面向藏区的出版物物流配送中心。加大对多巴高原体训基地、尖扎水上训练基地、玉珠峰国家登山基地建设的扶持力度。实施广播电视进寺院、进僧舍工程。

(四) 提高社会保障水平

争取中央财政补贴,进一步提高企事业单位退休人员待遇标准。提高城镇职工、居民医疗保险和新型农村合作医疗筹资和报销水平。支持青海加快推进新型农村牧区社会养老保险试点工作。支持青海建立完善失地农牧民社会保障制度。将青海社会保障由省级统筹加快过渡到国家统筹。支持青海完善城镇居民住房保障制度，扩大廉租房、经济适用房等保障性住房建设规模。

（五）改善农牧民生产生活条件

将全省所有县级行政区全部纳入国家扶贫开发重点范围，全力实施集中连片贫困地区开发攻坚工程，力争用10年时间基本消除绝对贫困现象。加大实施饮水安全、县至乡、乡至乡公路改造和灌区续建配套与节水改造力度。提高青海游牧民定居工程建房补助标准，增加中央投资比例和规模，降低地方配套和牧民自筹资金比例。

五、实行扶持性财税金融制度

（一）建立地区间利益补偿机制

调高增值税、所得税及其他中央、地方共享税的分成比例。对青海因大面积设立军事禁区而影响资源、旅游开发带来的损失给予合理补偿。探索中央财政购买青海生态公共产品的路径和办法。将青海省营业税改为按业务发生地征收，将企业总部所在地获得的所得税合并征收额按比例返还分支机构所在地区。

（二）建立稳定的社会公共服务投入增长机制

在项目安排上，充分考虑青海的特殊因素造成的成本高、投入大的现状，提高中央专项补助比例和标准，减少省级配套资金，取消州县项目配套资金，将公益性项目国债转贷资金转为财政拨款。

（三）拓宽促进青海藏区发展专项资金渠道

以设立专项开发基金、扩大东部地区援助规模、鼓励社会各界捐助等方式筹集专项发展资金。对藏区公益性基础设施项目，免除地方配套和自筹资金；对干线铁路、干线公路、国道、机场等由国家全额投资；对藏区机场等公益性基础设施运营经费进行全额补贴。研究解决青海藏区与西藏优惠政策的衔接和协调，缩小情况相同或相邻领域政策差距，保持国家对同类地区扶持政策的公平性和协调性。

（四）实施差异性投融资政策

将资源综合开发利用项目纳入国家政策性金融、保险、信贷等扶持政策范围。放宽条件，优先支持青海盐化工、水电、有色金属、生物制药等资源综合开发利用大中型企业上市、债券发行和上市企业再融资。尝试发行三江源、循环经济、生态移民、藏区经济等主题债券。设立柴达木循环经济发展转型基金和柴达木循环经济产业投资基金。

（五）实施差异性货币政策

对青海藏区金融机构执行低于基准利率的优惠贷款利率，利差部分由中央财政补贴；执行低于全国统一标准的差别准备金率，放宽利率浮动范围。增加支农再贷款限额，执行低于全国的优惠贷款利率并给予风险补偿。对金融机构涉农类不良贷款，以风险补偿金或其他方式给予补偿。

（六）构建青海现代金融体系

设立青海发展银行。做大做强青海银行和农村信用合作社。设立地方性证券、信托、信贷担保机构。采取措施使银行在青海吸收的存款用于当地。有序扩大村镇银行、小额贷款公司、农村资金互助社在青海的试点范围。建立完善金融业人才培养、引进、任用、交流等激励机制。

六、加强基层党的建设和民族宗教工作

（一）加强应急维稳力量建设

支持各州建立特警队，继续加大对农牧区民兵预备役、防暴指挥中心、基层公检法、法律中介服务机构、村治保等基础设施和队

伍建设的支持力度。增加军队和武警机动备勤力量，组建青海森林警察部队。建立维稳专项经费的长效机制。

（二）高度重视民族宗教工作

大力支持青海少数民族经济社会发展，优先安排特困少数民族脱贫问题，大力扶持撒拉族等人口较少民族经济社会发展。将寺院和宗教人员纳入社会管理和公共服务范围，加大对民族宗教界人士的教育培训力度，把寺院基础设施建设和发展寺院经济纳入城乡基础设施建设和经济发展规划。建立藏传佛教寺院维修基金，对藏传佛教教职人员培训基地、宗教团体办公场所以及生态移民随迁寺院建设给予支持。加大在中央媒体上对青海藏区的宣传报道。

（三）提高干部职工工资福利待遇

按照青藏高原同海拔、同标准、同待遇的原则确定青海干部职工的工资待遇。建立青海干部职工赴内地疗养制度。帮助青海尽快启动和完成货币化住房保障改革。

（四）加大人才引进力度

设立“青海人才发展基金”，支持青海人才的开发和引进。参照干部援藏、援疆模式，建立多元化人才援青工作机制。

（2010年）

关于青海发展战略定位的建议

青海和西藏同属青藏高原,两者之间有很强的同质性,又有异质性。"西藏有的青海都有,青海有的西藏不一定有。"第五次西藏工作会议明确了西藏发展的战略定位。会议提出西藏要成为"两个屏障""两个基地""两个目标"的六项战略定位,明确使西藏成为重要的国家安全屏障、重要的生态屏障、重要的战略资源储备地、重要的高原特色农产品基地、重要的中华民族特色文化保护地、重要的世界旅游目的地。那么青海发展如何进行战略定位呢?依笔者之见,可战略定位于"两个屏障""四个基地""三个目标"。

一、"两个屏障"

(一) 重要的国家安全屏障

1. 青海的地理战略地位非常突出

青海地处青藏高原中枢地带,地广人稀,战略纵深广阔,政治、军事地位十分显要,自古以来就是内地连接西藏、新疆,巩固边疆的纽带和必经通道,是西藏和新疆的战略后方,对于巩固西南西北边防,保卫国家安全,发挥着不可替代的作用。目前,西藏地方和驻藏部队85%以上的生产生活和战备物资通过青海运进。在处置拉萨"3・14"事件和乌鲁木齐"7・5"事件中,青海快速反应,从人力、物力上积极支援,在关键时刻发挥了重要作用。随着青藏铁路建成通车和格尔木至敦煌、格尔木至库尔勒、格尔木至成都铁路的规划建设，青海作为西北地区重要交通枢纽和欧亚大陆桥重要通道的地位愈加突出。

2. 青海维护社会稳定的作用不可替代

青海是西藏以外的第二大藏族聚居区，是藏传佛教后弘期的重要发祥地，是黄教创始人宗喀巴、当代已故十世班禅大师、著名高僧喜饶加措等高僧大德的诞生地，也是十四世达赖喇嘛的家乡。全省信仰藏传佛教的人口有 145.3 万多人，占总人口的 26.56%；域内寺院广布，僧侣众多；宗教影响深刻、氛围浓厚。在维护藏区稳定大局中，青海与其他藏区相互影响，始终处在反分裂、反渗透的前沿。青海区位靠近中亚、西亚地区“三股势力”和“藏独”策源地，是反分裂、反渗透的重点地区。当前，“藏独”分裂势力的暴力化倾向日趋明显，与“疆独”“民运”等敌对势力的勾联聚合更加紧密，成为影响藏区社会稳定的主要威胁和长期威胁。因此，维护青海藏区的社会稳定和长治久安，始终是青海工作的大局，不仅关乎全国藏区的发展和社会稳定，也关乎民族团结、国防安全和国家统一。

（二）重要的生态安全屏障

青海藏区被誉为“万山之宗、千湖之地、江河之源”，在全国乃至世界上都具有无与伦比的生态地位。这里是中华民族最重要的水源地，也是世界生物多样性的重要基地，被联合国教科文组织誉为世界四大无公害超净区之一，是全国生态环境保护的战略要地。青海的生态保护和建设不仅关系到青海的发展，而且关系到全国的可持续发展和中华民族的长远利益，甚至关系到全球的生态安全。三江源地区特殊的自然地理和气候条件孕育了独特的生物区系和植被类型，是全球高海拔地区生物多样性最集中的地区，被誉为“高寒生物自然种质资源库”。环青海湖地区是维系青藏高原东北部生态安全的重要水体，是阻挡西部荒漠化向东蔓延的天然屏障，是国家重点保护动植物的基因库。祁连山冰川冰雪融化成为石羊河、黑河、疏勒河三大水系，是甘肃河西走廊绿洲的水源基础，更是遏制中国沙尘暴策源地的关键所在。

二、“四个基地”

（一）重要的资源开发基地

青海自然资源富集，特别是水电、盐湖、石油天然气、有色金属等资源储量可观，已探明的 129 种矿产资源当中，54 种居全国同类储量的前十位，23 种居全国前三位，9 种居全国首位。不仅储量大，而且品位高、类型全、分布集中，开采条件优越，不少品种具有稀缺性。随着国内矿产资源和能源紧缺程度的加剧，青海必将成为我国资源能源的重要战略储备和接续地。

（二）重要的清洁能源基地

太阳能、风能、可燃冰等新型能源开发潜力巨大。青海的水电资源得天独厚，全省水能储量在 1 万千瓦以上的河流有 108 条，规划总装机容量 2 166 万千瓦，在国内居第 5 位，已开发和正在开发水能资源 1 100 万千瓦，待开发的有 800 万千瓦。境内风能资源总储量约有 4 亿千瓦，技术可开发量 1.12 亿千瓦。风能资源密度在 150 瓦/平方米以上区域初步规划了 29 处风电场，规划总容量 1 000 万千瓦。全省日照时数 3 000 小时左右，柴达木盆地达 3 600 小时以上。全年平均日照率达 60%—80%，年辐射总量 5 800—7 400 兆焦/平方米，总辐射量中直接辐射量的比重为 62%。初步测算，全省可燃冰的远景储量至少有 350 亿吨油当量。目前，海西州与各方签订新能源开发的 10 个项目，投入资金达 900 多亿元，计划建设光伏并网发电总容量 5 479.8 兆瓦、风能电场 35 万千瓦，标志着青海新能源开发利用进入大规模建设新阶段。

（三）重要的藏医藏药基地

青海藏医药经过两千多年的发展，形成了独特的理论体系和深厚民族特色的民族医药学，在治疗心脑血管、肝胆、神经系统、免疫系统、妇科疾病方面疗效显著，具有独特的医疗价值、研究价值及应用前景。高海拔、强紫外线及氧气稀薄等特殊的自然环境，使药用动植物天生具备抗高寒、抗缺氧、抗疲劳的生物特性，同时也造就了青海动植物优于其他地区生物而具有活性强、药用成分含量高的特点。在藏药经典《晶珠本草》记载的 2 294 种中藏药资源中，植物药 1 006 种，动物药 448 种，矿物药 840 种。其中大部分药材资源产自青藏高原，青海有中藏药材（植物、动物、矿物）1 660 种，其中 198 个品种是国家和省内确定的重点品种，特别是一些特产药材具有很强的药用价值，如大黄、麝香、冬虫夏草、麻黄、贝母、鹿茸、藏茵陈、锁阳、赛龙骨、红景天、秦艽等。在这些资源中，只有一小部分资源得到开发利用，并用于药品生产和人工种植（养殖），大多数品种尚未得到有效应用和开发，具有广阔的开发前景和形成产业规模的物质基础。《青海中藏药资源开发及产业发展纲要》（2005 年）提出要按照“发挥优势、体现特色、快速发展、形成规模”的思路，继续推进中藏药产业现代化的步伐，进一步加快原料基地建设，提升规模，成为带动全省经济发展的支柱产业。

(四) 重要的高原特色农畜产品基地

青海全省平均海拔 3 000 米以上，大部分地区光照充足，夏季凉爽宜人，昼夜温差大，雨热同季，日照时数 2 300—2 600 小时之间，太阳辐射强，年均气温在 8. 6℃—5. 6℃之间，具有独特的“冷凉性”气候特征。凭借“世界第三极”的独特的地域、冷凉气候和资源优势，青海从资源多样化的特点出发，走特色发展之路，主打“高原牌”“绿色牌”“有机牌”，充分发掘“冷凉性”气候和纯净自然环境赋予青海农业的独特优势，按照标准化、优质化、规模化、品牌化的要求，重点加快脱毒马铃薯、杂交油菜、蚕豆、蔬菜、中药材、特色果品、牛羊肉、毛绒、奶牛、饲草料十大特色农畜产品产业带建设，着力把青海打造为全国重要的高原特色农畜产品基地。

三、三个目标

(一) 重要的中华民族特色文化保护地

1. 多民族多宗教并存,文化上多元一体

青海不仅有独特的民族民俗风情,源远流长的昆仑文化、古朴神秘的宗教文化、异彩纷呈的节日文化、绚丽多姿的民族服饰文化,还有博大深厚的民族民间艺术。境内长期居住的汉族、藏族、回族、土族、撒拉族、蒙古族等民族,通过文化相互交流、影响、渗透、吸收和共融,形成了丰富多彩、风格不同、独具特色的民歌、史诗、民间舞蹈、民间艺术。草原赛马会、六月歌会、九曲黄河灯会、河湟花儿会、土族纳顿节、寺院观经法会、朝山会、山河湖海祭祀活动等民俗节庆文化活动,以其神奇、神圣、神秘显现出宗教文化的特色。从花儿会、祭海,到玉树的赛马会、蒙古族纳达慕、土族纳顿节,以及娱神娱人的热贡六月歌会,体现了多元文化的融合,使青海在西部文化中有着不可比拟的资源优势。

2. 热贡文化生态保护综合实验区

热贡文化是青藏高原所独有的以藏族文化为主体,多民族、多宗教、多文化互相交融并存的原生态文化,是中华文化的重要组成部分。热贡文化生态保护实验区设立于 2008 年 6 月,是继闽南、徽州之后,国家批准设立的我国第三个文化生态保护实验区。现已查明古文化遗址 278 处,其中现存古城堡遗址 10 座,拥有国家级文物保护单位 1 处,省级文物保护单位 11 处。加快推进热贡文化生态保护实验区建设,保护和传承藏文化的文脉,是对境外敌对势力和达赖集团诬蔑我们“毁灭藏文化”谎言的有力回击,将会增强境外藏胞对本民族文化的认同感和亲和力,有利于维护藏区长治久安。

(二) 重要的世界高原旅游目的地

大美青海,风光无限;文化青海,魅力无穷。青海发展旅游业具有得天独厚的优势和潜力，省内原始纯朴的自然环境，雄奇壮美的高原景观，古老神秘的文化遗迹，风格迥异的民族风情，符合世界旅游求新、求异、求知、求乐的需求趋势，具有很强的吸引力和国际市场竞争力。现有世界级旅游景点 11 处，国家级旅游景点 52 处，省级旅游景点数百处，具有开发前景的旅游资源共 408 项。巍巍昆仑绵延东西，唐古拉山、巴颜喀拉山和祁连山脉横贯昆仑南北，构成青海的地貌骨架。大自然鬼斧神工的造化，使这里既有终年积雪的冰峰，又有一望无际的草原；既有坦荡无垠的茫茫戈壁、沙漠，又有桃红柳绿的黄河、湟水谷地，构成了一幅幅原始、纯净、雄浑、壮观、神奇的大自然壮美画卷。“中华水塔”三江源、“候鸟天堂”青海湖、“高原珍稀动物王国”可可西里、“碧水丹山”坎布拉、“佛教圣地”塔尔寺、昆仑文化、热贡艺术、盐湖、原子城、隆宝滩、柳湾彩陶、嘛呢石城以及藏族、土族、撒拉族等民族风情独具特色，不少旅游资源堪称中国乃至世界之最，为打造我国旅游业发展的战略后备基地和 21 世纪旅游换代产品基地提供了重要保障。

(三) 重要的水资源保护地

青海省水资源总量 629.3 亿立方米，本地年耗水量占水资源总量的 2.1%，年向下游地区输水量占水资源量的 97.7%，是我国重要水资源涵养区和产水区。黄河、长江、澜沧江地区河流密布，湖泊、沼泽众多，雪山冰川广布，是世界上湿地面积最大、分布最集中、海拔最高的地区。黄河干流在青海境内长 1 694 千米，出境多年平均径流量 264.3 亿立方米，占流域总径流量的 49.2%；长江源头在境内长 1 200 千米，出境年径流量 179.4 亿立方米，占流域径流量的 1.8%；澜沧江源头在青海境内长 448 千米，出境年径流量 126 亿立方米，占国内径流量的 16%。青海湖湖水面积 4 393 平方千米，容积 743 亿立方米，地表水年均径流量 16.1 亿立方米，是青藏高原生态安全的重要湿地。除地表水外，青藏高原多年冻土区还有总储量达 9 528 立方千米的地下冰。保护好青海的水资源，稳定江河的基流，实现水资源可持续利用，不仅对青海的可持续发展意义十分重大，而且对黄河、长江、澜沧江、黑河等流域的稳定发展具有重大影响。

（2010 年）

白刺产业的开发价值及前景

这是上帝赐予你们的宝贝，可以和可口可乐抗衡。

——立顿销售总监陈宾

唐古特白刺（Nitraria tangutorum Bobr.）是蒺藜科白刺属野生灌木植物，广泛分布于柴达木盆地。据《海西州志》记载，唐古特白刺资源年产量为10万—100万吨。《海西州农牧业区域规划》载：唐古特白刺野生灌木林面积为150万亩，鲜果产量为34万吨。据实地调查，唐古特白刺约有300万亩，年产鲜果50万吨。唐古特白刺作为柴达木地区独有的中药材资源，具有广阔的开发前景，加快综合开发利用，无论对保护和改善盆地脆弱的生态环境，还是发展高原特色的中医药、保健品、绿色食品产业，增加农牧民收入，都有着十分重要的意义。

一、唐古特白刺具有极高的开发价值

近年来，经过中科院高原生物研究所、青海师大等机构的研究，唐古特白刺潜在的巨大价值日益被人们发现和认识。可以预料，不久的将来，唐古特白刺产业的开发利用势必会成为青海发展绿色经济的又一新领域。

（一）生态价值

唐古特白刺大多分布在湖盆沙地、盐渍化沙地和戈壁前缘及山前平原，耐旱抗高温、耐盐碱、抗沙埋、耐严寒，抗逆性强、易于繁育和栽植。白刺根系发达，能有效地利用地下水和地表水资源生长发育，繁衍种群，是荒漠化草原区优势植物和先锋植物，具有独特的防风固沙、保持水土、吸纳盐碱、改良土壤的生态功能，是柴达木盆地维持荒漠草原生态平衡的四大支柱灌木品种之一。柴达木盆地属典型的大陆性荒漠气候特征，是我国著名的干旱区，植被盖度 10%—30%之间，生态系统极其脆弱，集中分布有大面积固定、半固定、流动沙丘和戈壁；风多且大，干旱、风沙危害严重。种植白刺林，发展白刺产业，把撂荒地、弃耕地和低产田改造为有机种植园，并在种植早期郁闭度较低时，种植紫花苜蓿等多年生豆科牧草或特色药材，可大幅提高林、草植被的覆盖度，减少水土流失，减少荒漠化蔓延的速度，减少风沙的危害，有效改善整个柴达木盆地的生态环境。

(二) 药用价值

据《中国药物大典》载：小果白刺，健脾开胃，滋补强壮，调经活血。可治疗身体瘦弱、气血两亏、脾胃不和、消化不良、月经不调、腰腹疼痛。地上部分含降压生物碱。《本草纲目》记载：白刺，气味辛，寒，无毒。主治心绞痛，痈肿溃浓，止痛。可治丈夫虚损、阳痿遗精，补肾气，益精髓等。新近研究发现，白刺对癫痫、痛风、甲亢、心脑血管疾病有明显疗效，对人体的保健效果十分明显。白刺果是药食同源的植物浆果，营养丰富，粗蛋白质、游离氨基酸、维生素、糖类物质含量丰富，具有调节生理功能的作用；果汁冻干粉具有明确的抗疲劳、抗氧化、调节血脂、降低血糖、预防高血压的功效；白刺籽油具有良好的抗氧化作用和降低血清胆固醇和三甘油酯水平、调节血脂、防止脂质过氧化的作用。

(三) 经济价值

发展白刺产业，经济效益巨大。白刺果汁是加工果蔬汁复合饮料的绝色纯天然原料，产品如果走欧美高端市场，白刺浓缩汁价格可达 4 万元/吨左右。按年产 30 万吨果汁，可实现年收入 120 亿元。30 万吨白刺可生产白刺果红色素 200 吨，白刺籽油 1 000 吨。红色素按 300 万元/吨计，可实现年收入 6 亿元；白刺籽油按 80 万元/吨计，可实现年收入 8 亿元。该产业属林产品精深加工项目，税收抵扣后平均税率按 6.7%计，可上缴税收近 9 亿元。如果延伸产业链，利用白刺果汁、籽油、冻干粉生产生物制药，其效益不可估量。白刺经人工管护，产果量将会大幅提升。如果每年人工种植 50 万亩白刺林，10 年后，白刺林面积接近 800 万亩，年产果量及经济效益成倍增长，加之一棵白刺 80 年正常生长年龄并可再繁殖的特性，其资源足可撑起白刺产业的快速发展。

(四) 社会价值

发展白刺产业社会效益十分显著：

(1) 可提供种植、看护、采摘、短途运输、加工等大量的就业岗位。按现有天然林 200 万亩白刺林保守估算，仅看护林地 1 项需 40 000 名农牧民，每 50 亩林地 1 人看护，算上家庭成员，至少可安置 10 万名生态保护区以及不适宜人类生存区的农牧民。

(2) 可为农牧民增收开辟新渠道。采摘岗位，每千克按 1 元价格收购，按 30 万吨鲜果计，摘果收入 3 亿元，按 10 万人计，人均 3 000 元；看护岗位，4 万名农牧民看护收入 4.8 亿元，人均 12 000 元。

(3) 可发展农业循环经济。白刺经提取天然产物后，其副产品富含蛋白质、维生素、食用纤维和矿物质元素，可为农牧民家庭养殖业和舍饲畜牧业提供优质复合饲料，牲畜粪便经过发酵可制沼气，废渣为白刺提供有机肥。

(4) 可调整农业结构。运用现代生物工程高新技术，提取、纯化天然有机白刺果红色素、白刺籽油，并对加工副产品进行综合利用，大幅提升白刺附加值和经济效益，可为农业增效和可持续发展培育以高新技术加工业为龙头的特色产业基础和优势产业，使白刺林保护、恢复成为发展特色农业经济的新领域，培育出新的增长点。

二、唐古特白刺产业的开发前景及对策建议

（一）唐古特白刺独特的功能和巨大的市场需求，决定了其广阔的开发前景

（1）时机非常有利。柴达木盆地是三北防护林体系建设的重点地区，柴达木荒漠化治理的核心区，南水北调西线工程受益区。可以预见，随着国家对生态投入的加大，白刺开发利用正面临着千载难逢的历史机遇。

（2）自然条件优越。柴达木盆地光照充足，昼夜温差大，有利于有机质的积累；降水少，蒸发量大，低温干旱，病虫害发生率低；宜林荒地丰富，土壤荒漠性强，质地轻粗，生物积累量少，有机储量低，缺磷少氮的特点，非常适宜白刺生长。

（3）技术相对成熟。经过中科院西北高原生物研究所等机构多年研究，现唐古特白刺果、籽油提取工艺，天然色素研制、生产加工体系技术规范、产业化应用等关键性技术研究已取得实质性突破，为白刺产业化开发应用提供了技术支撑。

（4）符合现代有机农业发展趋势。有机食品在发达国家已成为消费主流，年均增长率达30%。白刺产业是以植被保护和恢复为依托的高效生态产业体系，既有效避免生产普通食品的区位劣势，又可发挥青藏高原资源优势、无污染的环境优势、高新技术优势，可成为全国有机食品生产示范基地。

（二）做大做强白刺产业，必须在科技引领、保护优先、养种结合、规模经营的原则下，在政策上给予大力扶持

（1）加大科技投入。鼓励企业、科研院校研发一、二类医药保健品，对具有自主知识产权的共性、关键性、前沿性新产品开发，在科研立项、经费、审批、税收等方面给予重点支持。

（2）加强白刺资源保护力度。制定白刺保护建设规划，建立白刺保护区，把白刺保护与农牧民脱贫和增收结合起来，作为调整

农牧业产业结构的重要组成部分，使农牧民通过保护和种植白刺增加收入；把白刺确定为退耕还林（草）的优良品种，列为国家柴达木荒漠地治理项目；优先审批白刺种植土地，利用“四荒地”种植的，土地由政府无偿或低价划拨，切实保护好白刺资源。

（3）扩大白刺人工种植面积。结合退耕还林（草）及柴达木荒漠化治理工程，实行白刺规模化、区域化种植，使种植白刺成为提高生态效益和增加群众收入的重要来源。

（4）加快培育龙头企业。制定科学的产业发展规划和产业政策，合理配置资源，高起点谋划，高标准推进，积极引入大企业大集团，避免一哄而上，恶性竞争，引导产业良性发展。

（2010年）

生物产业引领青海绿色未来

——关于发展生物产业的若干思考

当前，生物技术面临重大突破，生物产业正处于加速发展的重要战略机遇期。充分发挥青海独特的动植物资源优势，抢占生物经济发展的战略制高点，对调整和优化经济结构，加快经济发展方式的转变，推动"四个发展"，建设富裕、文明、和谐新青海具有十分重要的意义。

一、深刻认识发展生物产业的重大意义

生物产业作为一个蓬勃兴起和迅猛发展的战略性新兴产业，对解决目前所面临的人口与健康、粮食、环保、能源、资源等人类发展的重大问题都将产生深刻影响。特别是在"后金融危机"时期，生物产业地位日益凸显，加快发展生物产业尤为重要。

(一) 从国际看，加快发展生物产业是应对世界生物科技革命、抢占发展先机的必然要求

随着生物科学研究和生物技术不断取得重大突破，现代生物技术已经开始进入大规模产业化阶段，正在全球范围内孕育新的产业革命。近 10 年，全球生物产业销售额约每 5 年翻一番。迅猛发展的生物产业正成为世界经济继信息产业之后又一个新的主导产业，引发世界经济格局的重大调整和国家综合国力的重大变化。各国从国家战略出发，高度重视生物产业的发展，相继制定出台了

一系列促进生物产业发展的措施。特别是全球性金融危机，使得生物产业重要性更加凸显，成为各国应对危机、培育新的增长点、加快经济复苏的首选产业。

（二）从国内看，发展生物产业是培育战略性新兴产业、加快经济发展方式转变的重要抉择

21 世纪以来，我国生物产业进入快速发展阶段，年均增长率在 20%左右，预计到 2015 年，生物产业的规模会超过 3 万亿元，到 2020 年会达到 6 万亿元，相当于甚至超过目前信息制造业的规模。当前，国家把生物产业作为加快经济发展方式转变的战略性新兴产业来培育，在七大战略性新兴产业中，新医药、生物育种两大产业属于生物产业范畴，新能源、节能环保、新材料三大产业和生物产业有交集，其最前沿、最具有潜力的部分依赖于生物技术的进步。可以预见，随着促进生物产业加快发展的若干政策措施的相继出台，生物产业必将步入一个良好的发展机遇期。

（三）从省内看，发展生物产业是摆脱资源约束、实现经济社会跨越式发展的现实选择

青海经济结构中重工业比例高，近年来又承接了大批东部地区转移的重化工、电解铝等高载能产业，资源约束和环境保护压力加大，资源能源消耗远远高于全国其他地区。2009 年，青海万元生产总值为 2.689 吨标准煤，是全国平均水平的 2.5 倍。为转变这种以大量消耗能源资源为主的发展方式，中共青海省委十一届八次全会上强卫书记强调，要在改造传统产业的基础上，大力培育包括生物制药、生物育种等战略性新兴产业。这是我们突破资源约束，转变经济发展方式，实现经济又好又快发展的现实选择。

二、牢牢把握发展生物产业的战略机遇

青海生物资源丰富，在高原生物研究方面优势明显，特别是经

过近几年的发展，生物产业开始起步，发展生物产业的条件和基础已初步具备。

（一）生物资源丰富

青海有着极为丰富和独具特色的高原动植物资源，具有发展生物技术产业所必需的物质基础。青海有野生脊椎动物 468 种。其中，国家重点保护动物 67 种，省级保护动物 24 种；药用植物约 1 350 种，著名药物 50 多种，名贵药材有冬虫夏草、大黄、枸杞、黄芪、秦艽、罗布麻等 10 多种。青海的高海拔、强紫外线及氧气稀薄等特殊的自然环境，孕育了高原特色的生物区系，使藏茵陈、红景天、沙棘等药用植物天生具备抗高寒、抗缺氧、抗疲劳的生物特性，同时也造就了青海动植物优于其他地区生物而具有活性强、药用成分含量高的特点，这是青海生物产业发展的优势所在。

（二）产业基础良好

青海生物产业从无到有，在省属高校和科研院所的推动下，高原动植物的研究开发取得了积极成果，特别是在发酵工程、红蛋白、白刺黄酮、冬夏泉、岩金矿预氧化等方面取得了重大突破，促进了科技成果的转化，为青海生物技术产业化发展提供了强有力的技术支撑。同时，通过加大招商引资力度，集中精力发展生物产业园区，青海生物技术产业开始起步，在生物制药、中藏药、高原特色食品、保健品加工、农作物品种和家畜品种培养方面取得了一定成果，也涌现出一批以三普药业、金诃藏药、久美藏药为代表的生物制药企业。

（三）政策保障有力

省委、省政府坚持把生物产业作为培育战略性新兴产业、加快经济转变方式的重要工作，于 2009 年 10 月，印发了《青海省促进生物产业加快发展实施意见》（青政办[2009]193 号，以下简称《实施意见》），明确了青海发展生物产业的指导思想、基本原则和发展目标。并依据资源状况和现有生物产业基础及发展定位，对当前和今后一段时期生物医药产业、高原动植物特色资源深加工、生物农牧业、特色生物资源种植业和生物环保产业这五个发展重点领域的发展方向、发展路径和发展重点等提出了具体要求，进一步明确了发展条件建设和保障方面的政策措施。

三、着力推进生物产业发展的对策建议

以生物产业引领绿色经济的未来，努力打造成富民强省的支柱产业，必须以《实施意见》为指导，以做大做强生物产业为核心，以龙头企业为重点，优化资源配置，营造良好环境，强力推进生物产业跨越式发展。

（一）加强组织领导，集中优势资源加快发展生物产业

建议成立全省推进生物产业发展领导小组，组织协调全省的力量，对生物技术的基础研究、应用研究、市场开发、对外合作和交流进行统一领导和资源调配。鼓励引导科研事业单位，协同企业，运用市场化机制，风险共担，利益共享，建立布局合理、分工明确、高效运转的生物技术创新体系。有条件的地方要设立专家咨询委员会，定期就生物产业发展提出咨询意见，研究解决制约当地生物产业发展重大问题。在"十二五"规划中，明确生物产业作为战略性新兴产业的地位和作用，做好生物产业与资源环境的衔接，生物产业与传统产业的衔接。研究建立相应的统计指标体系，作为考核领导干部政绩的重要标准之一，促进生物产业健康发展。

（二）明确发展方向，力争在局部领域实现突破

《实施意见》已明确了青海生物产业发展的五个重点领域，当前，要优先扶持发展一批综合效益明显的项目，作为结构调整的重点。考虑技术、资金因素，当前能集中力量取得突破，形成产业规模的，除生物园区和部分农业园区外，柴达木盆地高原特色生物资源综合开发利用是一个投资少、见效快的项目，该项目以适宜当地种植的优质灌木枸杞、白刺、黑果枸杞、沙棘和当地地产而我国常

用的大宗中藏药材黄芪、羌活、秦艽等种植基地建设为基础，发展有机种植，以枸杞、白刺、黑果枸杞、沙棘的果叶和药材的综合利用为重点，建设新型有机营养食品加工示范基地。我们对白刺资源做过一个测算，白刺果汁走欧美高端市场，浓缩汁价格可达 4 万元/吨左右。按年产 30 万吨果汁，可实现年收入 120 亿元；副产品果红色素 200 吨，籽油 1 000 吨，可实现年收入 14 亿元。同时，白刺产业的发展还可安置 10 万名生态保护区以及不适宜人类生存区的农牧民。

(三) 瞄准自主创新，提高生物科研成果的转化应用

加大创新力度，瞄准国际、国内科技前沿，立足自身基础，按照有所为、有所不为的要求，每年列出一批有实用价值的核心技术和关键技术，集中力量进行攻关突破。加强特定领域，尤其是高原动植物资源方面的基础性研究工作，联合国内研究机构、高等院校，进一步提高现有省级重点实验室创新和研发能力，加快建设中国青海中藏药研究中心、青藏高原特色生物资源国家工程研究中心等公共技术平台，以重大科研项目和产品设计攻关为突破口，促进基础研究、设计研发、批量生产、产品推广等各个环节的有机衔接，积极发展形式多样的政产学研金合作技术创新和成果转化战略联盟，形成独具特色的生物产业体系。

(四) 加大支持力度，吸引优质资产进入生物产业领域

设立省级生物产业自主创新和新产品产业化重大项目专项资金，引导社会资本投资建设生物产业重大项目，鼓励产业基地州(市)级政府设立生物产业专项资金，对获得省级资金扶持的企业给予相应支持，对科技创新成果产业化项目关键技术的应用研究给予支持。由政府出资和社会募集相结合，设立青海生物产业发展基金，引导社会资金进入，按照市场化运作模式，选择专业运营团队运作，形成产业资金池，吸引省外优质生物企业，形成“以资金培育资产，以资产吸引资金”的良性循环，培育壮大生物产业。

(五) 培育龙头企业,引领生物产业快速发展

利用青海高原生物开发方面的资源优势,加强合作,通过资产置换、股权置换、兼并收购等方式,积极推动生物技术产业上市融资,做大做强企业,完善和壮大"种植—半成品加工—GMP生产—品牌销售"产业链。加大对拥有专利权、自主知识产权的公司,尤其是对中草药、藏药有效活性成分进行生物技术提取的企业的投入,重点扶持狼毒生物制剂、神威药业项目生物技术企业,加快柴达木盆地5万吨枸杞园及加工基地建设示范项目建设,做好青藏高原特色生物资源综合开发利用项目前期工作,努力建成全国最重要的绿色中藏药种植基地、特色产品生产和研发基地。

(六) 完善政策措施,建立有利于生物产业化的运行机制

将发展生物产业上升到"生物技术立省"战略,积极推动产业集群的逐步形成,在局部区域形成以高技术为支撑的特色产业和产业优势。简化生物新产品审批程序,缩短审批时间,创建完善的法律环境、办事机构和社会服务体系,营造优质、高效、便捷的服务环境。突出生物资源多样化的保护工作,发展野牦牛、红景天等珍稀野生动植物种质利用,培育面向全国的特繁种产业。加强生物技术研究开发资金投入,将生物技术科研项目列入财政预算,改善实验室设备,增加研发费用。认真落实财税、土地、金融等优惠政策,降低生物产业的投资成本和经营成本,鼓励有实力的中小企业参与生物产业发展,把青海打造成生物产业发展的"政策高地"和"成本洼地"。

(2014年)

关于建立国家级康巴文化生态保护区的建议

康巴文化是康巴地区各族人民创造并积淀下来的物质文明与精神文明的总和，它以藏文化为主体，兼容其他民族文化，具有多元性、复合性等特色的地域文化。其核心是人与自然和谐统一、不同文化和谐兼容、人与人和谐共处的“香格里拉”人文意境。独具特色的康巴文化作为中华民族文化的重要组成部分，是中华民族共有的精神家园，在国内乃至国际上都具有唯一性、不可替代性，具有很高的历史价值、文化价值和科学价值。为此，建议以青海玉树州为中心，涵盖四川甘孜、阿坝州的一部分，凉山州木里藏族自治县，西藏昌都地区和云南迪庆州等地区，积极申报国家级康巴文化生态保护区，更好地保护康巴地区特殊的自然环境、历史遗迹和以活态存在并传承的非物质文化遗产，推动康巴文化的整体性、科学性保护和可持续传承，提高人们的文化自觉，增强民族团结，维护中华民族文化多元一体的格局。

一、康巴文化资源丰富多彩、特色鲜明，建设康巴文化生态保护区条件相对成熟

在藏族传统历史地理概念中，习惯将整个藏族地区分为“卫藏”“安多”和“康”三大区域。“康”一词通常以“边地”来解释。康

巴是合称，历史上处在汉藏过渡地带，历史上“西康省”辖制四川省甘孜州、阿坝州的一部分和凉山州木里藏族自治县，因此为“康”；青海玉树州、西藏东境昌都地区和云南迪庆州则是藏人称呼的“巴”。这一地区人们通常称之为横断山区，著名学者费孝通先生称之为“民族走廊”或“藏彝走廊”，总面积近50万平方千米，是我国的第二大藏区。生活在这一地区有着共同的文化渊源和民族特征的主要民族被人们称作“康巴藏族”，他们和其他各族人民一道，在漫长的历史发展过程中，和睦相处，交流融合，形成了涵盖康巴地区社会、经济、政治、宗教、艺术、风俗乃至人们的心理等各个方面，以厚重、多元、包容、开放为特征的康巴文化。

玉树州处于康区的中心，是连接康巴地区各部的交通枢纽，在行政上是康巴地区的政治中心，在文化上是康巴文化的发祥地。因此，玉树州作为康巴的主体与代表，通常被称为“康巴”或“康巴地区”。玉树，是藏语“优秀”的转音译语，意为“遗址”。据传是因位于今治多县境内的原优秀部落第一代头人垦布那钦，在通天河上游支流宁恰曲河流域，格萨尔王之岳父、岭国大英雄嘉洛的宫殿遗址建立起自己的部落，故名。以后演化成整个玉树地区的称谓。玉树州是我国文化遗产和非物质文化遗产最集中地区之一，全州共有国家级非物质文化遗产名录项目10项——康巴拉伊、陶器烧制技艺(藏族黑陶烧制技艺)、锅庄舞(囊谦卓干玛)、锅庄舞(玉树卓舞)、藏族民歌(玉树民歌)、赛马会(玉树赛马会)、藏族金属锻造技艺(藏刀锻制技艺)、藏族服饰、弦子舞(玉树依舞)、锅庄舞(称多白龙卓舞)。国家级代表性传承人6人，省级非物质文化遗产名录项目11项，省级代表性传承人23人；国家重点文物保护单位4处——藏娘佛塔及桑周寺、格萨尔三十大将军灵塔和达那寺、贝大日如来佛石窟寺和勒巴沟摩崖、新寨嘉那嘛呢，省级文物保护单位22处，尤值一提的是世代相传、年代久远，囊括有佛教教义和几乎所有藏学学科内容的东仓《大藏经》，这些均是康巴文化标志性的文化遗产。

二、建设康巴文化生态保护区，是推动玉树旅游业跨越式发展的现实选择

玉树地处三江源，有着雄奇壮美的自然风光和以藏传佛教为代表的灿烂丰富的民族文化，素有“江河之源，中华水塔，名山之宗，唐蕃古道，动物王国，史诗之乡，歌舞之地，艺术之都”的美誉，是国内旅游景观类型多样、开发价值巨大的地区之一。结古镇的结古寺、文成公主庙、新寨嘛尼石堆，称多县的竹节寺、当卡寺、多干寺，囊谦县的尕尔寺等寺院，以其神奇、神圣、神秘显现出宗教文化的特色；源于三江源地区世界上最长的史诗、跨越千年的《格萨尔王传》说唱，生动再现了青海高原古老藏族文化和古代藏族社会的生活和风俗习惯；独具特色的果卓、果谐、康谐舞、赛马会、赛牦牛会等民俗节庆文化活动，舞姿、服饰、音乐独特，宗教色彩浓郁，神秘而粗犷，处处体现了多元文化的融合；终年积雪的冰峰，广袤无垠的草原，纵横交错的三江溪流，构成了一幅幅原始、纯净、壮观、神奇的大自然壮美画卷。

2010 年 9 月，青海玉树、云南迪庆、西藏昌都、四川甘孜就大香格里拉生态旅游区发展签署了战略合作协议，就进一步加强交流与合作，条件成熟时在各合作方之间无障碍旅游，逐步推动大香格里拉生态旅游区大发展等方面达成了共识。四州地共同举办的康巴艺术节已在全国藏区产生了广泛影响，成为展示康巴地区文化精华、丰富人民文化生活、促进康巴地区文化经济交流与合作的重要平台，正在成为全国藏区对外文化交流的知名品牌。以康巴文化为核心的“中国香格里拉生态旅游区”目前已被列为国家重点旅游开发区域，成为国内外游客向往、旅游业界青睐的旅游目的地。

十七大以来，党和国家把繁荣发展少数民族文化事业作为一项重大的战略任务，采取了更加切实、更加有效的政策措施，明确提出要“加强对各民族文化的挖掘和保护”，“弘扬中华文化，建设

中华民族共有精神家园”。《玉树地震灾后恢复重建总体规划》(国发[2010]17号)提出,重建要特别注重保护民族宗教文化遗产,充分体现当地民族特色和地域风貌,要把结古镇建成布局合理、功能齐全、设施完善、特色突出、环境优美的高原生态型商贸旅游城市、三江源地区中心城市、青海藏区城乡一体化发展的先行地区。这既为建设康巴文化生态保护区带来重大契机,也为以挖掘、保护、传承、弘扬康巴文化的生态旅游业带来了前所未有的巨大历史机遇。羌文化生态保护区正是抓住汶川灾后重建的契机着力申报构建的。康巴深厚的文化底蕴,丰富多彩的民族风情,对于玉树灾后重建意义非常,玉树灾后重建成败之关键在于对本土文化的挖掘与保护,作为独有的标志性本土文化——康巴文化,无疑将在玉树灾后重建中发挥不可取代的“核心吸引物”作用。

三、关于申报建设国家级康巴文化生态保护区的几点建议

(一) 加强领导,积极推进申报工作顺利推进

设立国家级康巴文化生态保护区,涉及青海、四川、云南、西藏四个省区,涉及文化、民族宗教、环境、资源、建设、旅游等方方面面,非一省之力能够完成。因此,建议成立由青海省政府牵头,四川、西藏、云南省(区)组成的跨省申报协调领导小组,确保各项申报工作顺利进行。

(二) 科学规划,大力加强康巴文化的理论研究

整合全省研究力量,成立康巴文化生态保护促进会,加强对康巴文化的理论研究和人才培养,编制保护规划,对康巴文化遗产的概念、内涵、种类、历史、现状等进行全面深入研究,编纂《康巴文化研究论丛》,发行《康巴文化研究》,定期召开全国康巴文化研究学术研讨会,为申报康巴文化生态保护区提供理论支持和人才保证。

(三) 加强宣传,全方位展示康巴文化的独特魅力

利用报纸、电影、电视、网络等媒体广泛宣传康巴文化,在全社

会形成康巴文化是玉树文化标志性代表的意识，形成全社会共同保护与宣扬康巴文化的浓厚氛围。兴建历史文化博物馆、地震灾害遗址馆、图书馆、文化馆等公共文化设施，展示玉树地区深厚的文化底蕴，增强文化软实力，提升旅游业发展水平。

(四) 多措并举，切实加大对康巴文化的保护力度

设立专项保护资金，用于文化遗产项目和非物质文化遗产传承人的申报、保护、认定、资助和培养，珍贵资料和实物的征集和收购、项目展示区基础设施建设等各项工作。制定《玉树州民族民间文化保护条例》。利用现代科技手段，建立康巴物质文化与非物质文化遗产网络数字中心，以视频、文字、图片、录音等媒介，系统收集、管理、展示康巴文化遗产。

(五) 政策引导，鼓励企业积极投资康巴文化遗产开发事业

加大对各类经济实体的扶持力度，鼓励经济实体在保护的前提下，合理利用康巴文化资源，发展文化旅游事业。选择一批有开发能力和开发潜力的企业和单位进行试点，重点扶持与玉树灾后重建相关的康巴歌舞、康巴服饰、康巴饮食、康巴建筑、康巴医药、康巴体育等领域的产业项目，引领和带动更多的有识之士投身于康巴文化事业的发展。

(2010 年)

链接

国家级文化生态保护区

文化生态保护区是指在一个特定的区域中，通过采取有效的保护措施，修复非物质文化遗产(口头传说和表述，包括作为非物质文化遗产媒介的语言，表演艺术，社会风俗、礼仪、节庆，有关自然界和宇宙的知识和实践，传统的手工艺技能等

以及与上述传统文化表现形式相关的文化空间)和与之相关的物质文化遗产(不可移动文物、可移动文物、历史文化街区和村镇等)互相依存,与人们的生活生产紧密相关,并与自然环境、经济环境、社会环境和谐共处的生态环境。划定文化生态保护区,将民族民间文化遗产原状地保存在其所属的区域及环境中,使之成为"活文化",是保护文化生态的一种有效方式。文化生态保护区,不同于一般的文化保护区亦不同于传统的文化博物馆,其中"活态"的动态保护与恢复原住民自然生活的整体性保护是其区别于传统博物馆的静态保护、单项保护的典型特征。世界各国的文化遗产保护,大多经过了从静态、单项保护到活态、整体保护的过程。文化生态保护方面,欧洲起步较早。20 世纪初叶,北欧国家就开始"活态博物馆"建设。其模式是以一个特色文化乡村为核心建立一个文化生态博物馆。这个博物馆内,民俗风情、婚丧嫁娶、文化节日、表演游戏、集市贸易、民居民宅、玩具器物等各种物质与非物质文化都融入生活,成为文化空间的有机组成部分。文化生态保护区,打破传统静态的"死"的单项保护模式,以更加新颖、和谐、自然的方式整体保护民族文化赖以生存和发展的生态环境与各种要素,对于文化的活态传承意义非同一般。

文化生态系统是文化与自然环境、生产生活方式、经济形式、语言环境、社会组织、意识形态、价值观念等构成的相互作用的完整体系,具有动态性、开放性、整体性的特点。加强文化生态的保护,是文化遗产保护工作的重要组成部分。

截至目前,我国已建立的国家级文化生态保护实验区有:闽南文化生态保护实验区(福建省,2007 年 6 月)、徽州文化生态保护实验区(安徽省、江西省,2008 年 1 月)、热贡文化生态保护实验区(青海省,2008 年 8 月)、羌族文化生态保护实验区

(四川省、陕西省,2008 年 11 月)、客家文化(梅州)生态保护实验区(广东省,2010 年 5 月)、武陵山区(湘西)土家族苗族文化生态保护实验区(湖南省,2010 年 5 月)、海洋渔文化(象山)生态保护实验区(浙江省,2010 年 6 月)、晋中文化生态保护实验区(山西省,2010 年 6 月)、潍水文化生态保护实验区(山东省,2010 年 11 月)、迪庆文化生态保护实验区(云南省,2010 年 11 月)、大理文化生态保护实验区(云南省,2011 年 1 月)、陕北文化生态保护实验区(陕西省,2012 年 5 月)、铜鼓文化(河池)生态保护实验区(广西壮族自治区,2012 年 11 月)、黔东南民族文化生态保护实验区(贵州省,2012 年 12 月)、客家文化(赣南)生态保护实验区(江西省,2013 年 1 月)、格萨尔文化(果洛)生态保护实验区(青海省,2014 年 8 月)、客家文化(闽西)生态保护实验区(福建省,2017 年1 月)。

战略通道

——青海在丝绸之路经济带中的定位

2013年9月，习近平同志在出访中亚四国期间阐释了共同建设“丝绸之路经济带”的战略构想，释放出中国进一步向西开放、建设经济大走廊的强烈政策信号。随后召开的党的十八届三中全会，明确提出了推进丝绸之路经济带建设的战略目标。这是党中央站在战略高度，着眼世界大局，促进我国与相关国家务实合作、互利共赢的重大举措，对于进一步深化和扩大西部大开发，促进东中西部地区协调发展，以更高层次的开放促进全国发展具有重大意义。

这一战略构想提出以来，全国各地各部门特别是西部各省区积极实施赶超战略，迅速行动，开展了一系列贯彻落实工作，并取得阶段性成果。陕西借助西安国际港务区、综合保税区的优势地位，正在打造内陆型经济开发开放的新高地，大力建设丝绸之路经济带的新起点和桥头堡。甘肃积极推动华夏文明传承创新区建设，利用丝绸之路文化资源推动新一轮经济社会发展，加快建设丝绸之路经济带的黄金段。宁夏借助中阿经贸论坛的平台，于2012年9月获得国务院批准设立了覆盖全境的内陆开放型经济试验区，并提出打造丝绸之路经济带战略支点的战略构想。新疆于2011年10月设立喀什及霍尔果斯经济开发区，将对外开放上升为国家战略，打造我国开拓中亚、南亚、西亚和东欧市场的前沿阵地。新疆的定位是丝绸之路经济带的核心区、主力军和排头兵。

一、青海应是丝绸之路经济带的"战略通道"

青海是丝绸之路的重要组成部分。如何站位，抓住这一百年难遇、千载难逢的战略机遇，是我们亟待解决的重大课题。围绕青海在丝绸之路经济带建设的定位，许多专家学者积极建言献策，提出青海是丝绸之路经济带"战略基地和重要支点""绿色高地和重要战略支撑区""向西开放的重要腹地、能源资源的战略要地、能源进口的重要通道"等观点，各有侧重，不一而足。反复思量，笔者认为冠之以丝绸之路经济带的"战略通道"较为合适，不揣浅陋，提出拙见，以讨教于方家。为什么提出这样的定位？主要是基于以下因素和考虑：

(一) 丝绸之路"青海道"盛极一时

西汉中叶以前，整个青海是羌等民族聚居之地，两汉时期中原的统治到达青海东部地区。南北朝时期，吐谷浑人占据青海，势力西抵新疆的且末、于阗。今共和县铁卜加古城(伏俟城)就是吐谷浑后期的王城所在，伏俟城东连西平(今西宁)、金城(今兰州)，可与南北对峙的政权贸易通商，西接鄯善、喀什，可与中亚各国交通往来，是丝绸之路青海道上必经的咽喉要道。4 世纪特别是南北朝时期，中国北方出现了群雄割据的局面，河西走廊一带战事频繁，交通梗阻，东西往来的使节和商队纷纷改由青海通过，丝绸之路南道的作用因而凸显出来。这条古道经由今天的西宁、都兰、香日德、诺木洪，越阿尔金山到西域，是 6 世纪到 9 世纪前半叶古丝绸之路的一段干线。史料证明，这条古道早在西汉初叶就已存在，称为"羌中道"。都兰古墓中出土的汉代中原地区制造的油漆器、金银器和古罗马金币、波斯银币以及来自西亚和中亚的金银器、彩色玻璃珠等，不仅证明青海道在丝绸之路上发挥的重要作用，而且证明了青海道也是丝绸之路的重要通道。丝绸之路青海段上的文化遗产见证了中国古代辉煌文明和丝绸之路的历史，大量史料和出土文物表明，青海是古丝绸之路南线的重要通道，曾经为构建经亚欧大陆腹地一直延伸至地中海沿岸及欧洲的经济社会文化网络发挥了重要作用，在经济全球化不断深入的今天，这一古道必将焕发新的活力，为丝绸之路经济带建设发挥重要作用。

（二）唐蕃古道“青海段”半壁江山

“唐蕃古道”指的是1000多年前唐朝与吐蕃王国间人员往来的官道。这条大道起于陕西西安，终至西藏拉萨，跨越今陕西、甘肃、青海和西藏4个省区，全长约3 000千米，其中一半以上路段在青海境内。这条古道因延伸到印度与尼泊尔，也被学者们认为是丝绸之路的组成部分，不仅是一条驰驿奔昭、和亲纳贡、贸易交流的官驿达道，更是一条承载汉藏交好、科技文化传播的“文化运河”。白寿彝先生在《中国交通史》中说，疆域所及即交通所至。唐蕃古道并非一日间突然形成，而是伴随着历代君王对疆域的着力经营逐步形成的。也就是说，唐代以前，内地与河湟之间的交通道路就早已存在，文成公主入蕃古道名声远扬，也使古已有之的这一路段的路线进一步定型。千百年间，在祖国版图完整、民族团结、国家统一的人类文明的发展中，产生过极其深远的影响。至今在古道经过的许多地方，仍然矗立着人们曾经修建的驿站、城池、村舍和古寺，遗留着人们世代创造的灿烂文化遗存，传颂着数不清的反映汉藏人民友好往来的动人佳话。可以说，唐蕃古道青海段占据了整个古道的半壁江山，起了举足轻重的作用，再次证明青海战略通道的地理优势、环境优势、人文优势。目前，这条重新修整的唐蕃古道，对于向西开放，联通尼泊尔、印度和巴基斯坦的贸易发挥着重要的桥梁纽带作用。

（三）西部交通青海是战略枢纽

青海地处青藏高原中枢地带，尤其是青海东部素有“天河锁钥”“海藏咽喉”“金城屏障”“西域之冲”和“玉塞咽喉”等称谓,可见地理位置非常重要。青海省南连川藏、西接新疆、东邻甘肃,地处中巴经济走廊和丝绸之路经济带的十字要冲,是通往新疆的重要门户。打开今天的地图可以看到,青海省境内的公路、铁路网沿着古丝绸之路的印记,连接着甘肃、新疆、西藏、四川,是陆上丝绸之路在我国西部的通道和东西南北的枢纽,是从东亚到中亚、西亚乃至南亚的大多数国家更便捷的通道。由国道、省道干线公路、出省通道和资源开发、旅游公路构成的“六纵九横二十联”公路网四通八达;东连陇海、北接兰新、西通南疆、西南连接拉萨、东南通达成都的铁路网正在形成中;“一主八辅”的机场格局正在建设之中;特别是现代运输方式蓬勃发展,地下的输气输油管道、光缆,空中的输电线路不断向不同的方向延伸。一个立体交通网络的现代版“青海道”已初具框架,并迎来了新一轮的铁路建设高潮。兰新第二双线启动,修建通往阿拉山口的宽轨,开通连接内地与新疆的双向陆上大通道;加快建设格库、格成铁路,形成连接西南与新疆、中亚的大通道。这些不但为已经掀起大发展热潮的青海注入了提速发展的新动力,而且将有力地支撑未来“丝绸之路经济带”的形成和繁荣。

(四) 资源开发青海是战略基地

青海资源富集,特别是盐湖、石油天然气、有色金属等资源储量可观,已探明的129种矿产资源中,9种居全国首位,23种居全国前三位,54种居全国同类储量的前十位。不仅储量大,而且品位高、类型全、分布集中,开采条件优越,不少品种还具有稀缺性。同时,青海清洁能源约占全省能源的85%,是中国乃至世界上不可多见的清洁能源基地。青海水电资源得天独厚,太阳能、风能、可燃冰、盐湖锂多元丰富,储量可观。近年来,青海省以循环经济理念推动工业转型升级,基本形成了以资源加工型为主的骨干商品,以机电、高新技术为主的优势产品和以纺织和农畜产品加工为主的高原特色产品三大类出口产品结构。青海藏毯产业基地、海西州柴达木绿色食品暨保健品基地成为国家外贸转型示范基地。有贸易往来的国家和地区达到164个，主要分布在亚欧地区，年出口超1 000万美元的企业超过20家。这些都为青海融入丝绸之路经济带，加快与周边省区和中亚国家的产业合作提供了重要的产业基础。

（五）生态环境青海是安全屏障

青海地处三江源头，是北半球最重要的水源涵养地，每年向下游供水600多亿立方米；青海气候变化时间超前于全国6年左右，气温提升速度明显高于全国同期，是亚洲气候变化敏感区和启动区；青藏高原如巨大的天然屏障，一方面阻挡着北极南下的寒流，另一方面又阻挡着西北部沙漠的扩张和南方温暖潮湿的空气北进，是全国乃至东南亚生态安全屏障；青海具有独特的地理、生态环境，生物多样，成为现代物种分化和分布的中心之一，是我国重要的珍稀物种繁衍地和世界高原种质基因库；青海自然景观旅游资源丰富多彩，具有原生态、多样性和独一无二的自然美，是我国重要的生态旅游和探险活动场所。“大美青海”商标已被国家工商总局注册公告，这标志着“大美青海”已成为青海省重要的知识产权，具备了坚实的法律基础，成为全国为数不多的以省域形象定位的国家注册商标，将有力促进青海省精品旅游资源整合、优势产业打造和整体形象提升。近年来，青海省把保护生态作为义不容辞的神圣职责，大力实施生态立省战略，采取退耕还林、退牧还草、生态移民、天然林保护、发展生态产业等措施，扎实推进三江源生态保护与建设，并启动实施三江源综合试验区建设，着力打造国家生态文明先行区，生态保护和建设取得积极进展，为加强与中亚国家经贸合作提供了重要的支撑。

（六）稳藏固疆青海是战略要地

历史上，当政局稳定、民族和睦时，丝绸之路就呈现一派繁荣景象；当纷争不断、战乱丛生时，丝绸之路就衰落萧条。丝绸之路的兴衰表明：稳定是发展的前提，和平是繁荣的根基。西部地区是我国最重要的战略稳定带。青海西通新疆、南接西藏，是稳藏固疆的重要战略节点。作为多民族聚居的地区，少数民族人口270多万人，占总人口的47%，民族自治区域占全省土地面积的98%。同时，青海还是一个多宗教聚集的地区，境内少数民族普遍信仰宗教，藏传佛教和伊斯兰教影响深远。近年来，"三股势力"的渗透使我国边疆地区和谐稳定受到严重威胁，西方敌对势力相互勾连，暗潮涌动，对青海省实施分裂渗透和破坏活动，青海成为反分裂斗争的前沿阵地。近年来，青海省始终把做好民族工作，不断巩固和发展平等、团结、互助、和谐的社会主义民族关系，作为一切工作的基础，作出了创建民族团结进步先进区的战略部署，着力深化平安和法治青海建设，切实维护民族团结，推进藏区稳定，为繁荣丝绸之路经济带营造了良好的社会环境。

二、如何把青海建设成丝绸之路经济带的"战略通道"

可以说，无论是历史还是现实，青海都具备打造丝绸之路经济带战略通道的文化优势、地缘优势、资源优势和现实条件，在丝绸之路经济带建设中必将发挥更为重要的作用。我们必须认真学习贯彻习近平同志重要讲话精神，紧紧抓住这一重大战略机遇，积极行动，按照点、线、面结合，近、中、远结合，经济贸易、生态文化结合的原则和"五通"要求，发挥区域比较优势，优化顶层设计，加大开放力度，积极融入丝绸之路经济带建设，努力把青海建设成为丝绸之路经济带的战略通道。

（一）发挥青海资源优势，奋力打造高原特色循环经济体系

延伸盐湖化工、煤化工、有色金属及加工、油气化工等特色产业链，将柴达木循环经济区打造成为国家级的新型工业基地，大力推动新能源、新材料、特色农牧产品、生物医药等绿色产业发展，积

极承接东部地区装备制造、消费电子、特色纺织等产业转移,深入挖掘丝绸之路文化旅游内涵,不断提升现代服务业发展水平。

(二) 深化区域经济合作,共同建设“向西开放”的经贸共同体

以东部城市群建设为着力点,加快推动兰西经济区建设。办好青洽会等重要文化商业体育活动,适时在中亚国家举办青海商品博览会,积极参与周边国家和省市举办的商业文化活动。加强各省区之间产业政策、发展规划和重大项目的沟通协商,整合资源,实现共同发展。

(三) 争取国家政策支持,不断完善丝绸之路战略通道

加强综合交通体系建设规划,推进交通、电力、物流、信息技术等关键基础设施的建设,积极推进口岸开放,继续开辟更多的国际(境外)航线。争取国家支持适当放宽鼓励和吸引外资的产业指导目录范围,争取更多的国际多双边无偿援助项目。

(四) 创新对外开放的体制机制,推动内陆开放取得新突破

完善组织领导体制,探索建立跨部门协调机制。深化境外投资管理体制改革,加大“走出去”力度,推动与中亚国家的劳务合作。积极探索新的园区管理模式,支持无水港码头、保税区建设,加快试点经验的推广。申报一批国家级外贸转型升级示范基地,培育一批特色鲜明的向西出口基地。强化激励机制,积极引进一批具有国际经验的高端复合人才。尽早谋划在中国最西部的特区喀什组建窗口,赢得先机。

(2014 年)

着力打造丝绸之路经济带的重要节点

——关于设立国家级海湖新区的构想

建设“丝绸之路经济带”和“向西开放”是党中央的重大战略部署，对于进一步完善我国对外开放格局、经略周边环境、加快区域发展具有重大意义。青海既是丝绸之路的重要组成部分，也是丝绸之路经济带的战略通道。省会西宁，作为青藏高原现代化区域中心城市，在“丝绸之路经济带”建设上地位特殊、大有可为。如何发挥西宁在丝绸之路经济带中的辐射、带动、服务、支撑作用，是青海融入丝绸之路经济带的关键。建议设立国家级海湖新区，使之成为连通东西、纵贯南北的重要节点，从而达到以点带线、以线带面的效应，为丝绸之路经济带沿线西北省区城市之间以及同中西亚国家深度合作提供有力支撑。

一、西宁在丝绸之路经济带建设中地位特殊

横贯中西的丝绸之路，不仅是历史上东西方经贸往来的大通道，也是各区域、各文明、各民族文化交融、扩散的大熔炉。作为丝绸之路经济带的重要组成部分，西宁是丝绸之路经济带与长江经济带的重要结合点，是承东启西、扩大向西开放的重要节点，在我国建设丝绸之路经济带过程中具有重要的战略地位。

(一)历史上,西宁是丝绸之路和唐蕃古道的必经之地

青海地处青藏高原中枢地带,尤其是青海东部素有"天河锁钥""海藏咽喉""金城屏障""西域之冲"和"玉塞咽喉"等称谓,其地理位置的重要性可见一斑。丝绸之路青海道在西宁又分为北、中、南三条道。北道与丝绸之路的河西道相连接;中道和南道分别与丝绸之路的河西道、新疆的丝绸之路南道会合。据学者考证,丝绸之路青海道早在秦汉时期就已形成,在漫长的历史中,但凡丝绸之路河西道因战乱堵塞,丝路青海道就成为中西政治、经济、文化交往的主通道,而西宁则成为中原地区通往西域和西藏及南亚地区的主要中转站。如魏晋南北朝时期和北宋时期,河西走廊因战乱堵塞,西域使臣、商人等转道青海道经西宁而进入内地,再次证明西宁在丝绸之路中具有举足轻重的地位。

(二)现如今,西宁是丝绸之路经济带上承东启西的重要节点

青海省南连川藏、西接新疆、东邻甘肃,地处中巴经济走廊和丝绸之路经济带的十字要冲,是通往新疆的重要门户。打开今天的地图我们看到,青海省境内的公路、铁路网沿着丝绸之路的印记,连接着甘肃、新疆、西藏、四川,是陆上丝绸之路在我国西部的通道和东西南北的枢纽,是从东亚到中亚、西亚乃至南亚的大多数国家更便捷的通道。由国道、省道干线公路、出省通道和资源开发、旅游公路构成的"六纵九横二十联"公路网四通八达;东连陇海、北接兰新、西通南疆、西南连接拉萨、东南通达成都的铁路网正在形成中;"一主八辅"的机场格局正在建设中;地下的输气输油管道、光缆,空中的输电线路不断向不同的方向延伸。一个立体交通网络的现代版"青海道"已初具框架,西宁成为丝绸之路经济带上承东启西的重要节点,这些不但为已经掀起大发展热潮的青海注入了提速发展的新动力,而且将有力地支撑未来"丝绸之路经济带"的形成和繁荣。

(三) 看未来,西宁既肩负历史重任又面临严峻挑战

前不久,国家发展改革委、外交部、商务部联合发布了《推动共建丝绸之路经济带和21世纪海上丝绸之路的愿景与行动》,明确提出加快西宁开发开放,更加凸显了西宁在丝绸之路经济带中的战略地位和作用。可以说西宁既是青海融入丝绸之路经济带的关键,也为国家构建开放型经济新格局、打造中国经济升级版提供重要支撑,肩负的使命光荣、责任重大。

近年来,西宁经济技术开发区、海湖新区、多巴新城,依据各自功能定位,竞相发展,在全省经济社会发展大局中的龙头地位、引领作用日益彰显。但从整体上看,各功能区之间的发展仍是各自为战、步调不一,协同带动引领作用发挥不够,西宁"扩市提位"战略有待深度整合,城市基础设施有待完善,加快提升承载能力任务艰巨,城市综合服务功能还需进一步优化;市场体系发育较慢,市场主体量少质弱,深化改革任务艰巨;县域经济实力较弱,城镇化层次较低;经济结构重化工特征明显,保持经济快速增长与完成节能减排任务矛盾突出,建设生态文明新型城市任务艰巨。这些问题影响了西宁在丝绸之路经济带建设中发挥作用,如不加以解决,势必丧失良机,甚至拖慢丝绸之路经济带建设进程。如何立足地缘优势,打破"瓶颈"制约,在丝绸之路经济带中担当大任是必须考虑的一个现实问题。

二、西宁具备设立国家级海湖新区的先天优势

当前,全国各地积极响应"一带一路"战略,结合本地实际,制定出台了一系列规划方案,也启动了实施工作。有的省区立足实际,积极打造核心园区,努力构建丝绸之路经济带重要载体和平台,值得借鉴。建议学习外地经验,立足西宁优势资源,设立国家级海湖新区,以便整体谋划,整合资源,努力打造丝绸之路绿色通道、战略基地和重要节点。纵览现已获批的国家级新区,无一不是

利用其独特的战略地位与资源的比较优势而设立。从现实看，西宁具备设立国家级海湖新区的先决条件：

(一) 资源种类繁多

青海被称为“中国的乌拉尔”，有丰富的矿藏资源、盐湖资源和动植物资源，西宁则是这些资源的加工、运输、交易中心。青海资源富集，特别是盐湖、石油天然气、有色金属等资源储量可观，已探明的129种矿产资源中，9种居全国首位，23种居全国前三位，54种居全国同类储量的前十位。不仅储量大，而且品位高、类型全、分布集中、开采条件优越，不少品种还具有稀缺性。青海水电资源得天独厚，太阳能、风能、可燃冰、盐湖锂多元丰富，储量可观，青海清洁能源约占全省能源的85%，是中国乃至世界上不可多见的清洁能源基地。当前正在兴起的太阳能、风能、生物质能、地热能等清洁能源也将成为未来青海竞争的比较优势。

(二) 特色产业集聚

在循环经济产业、有色金属、化工和文化产业方面，虽然已设立的国家级新区中多有涉及，但西宁具有比较优势。如东川工业园区是全省重要的硅材料光伏产业园区，也是科技部批准的国家级光伏产业基地，已形成了多晶硅、单晶硅、太阳能电池及组件、太阳能光伏发电为一体的完整产业链条，在全国具有较强市场竞争力；西宁甘河工业园区某公司硅铁冶炼烟气余热发电项目是全国铁合金行业内第一家成功注册的清洁生产项目，电解铝及深加工、盐湖海钠盐化工一体化和紫金矿业铁废渣冶炼等一批项目也具有创新、竞争优势；青海藏药文化博物馆、青藏高原自然博物馆、青海昆仑玉博物馆为代表的生物科技产业园区，被国家文化部授予“文化产业示范基地”称号，其与多巴高原体育训练基地在培育发展具有青海特色的文化产业、促进文化体育产业融合发展、打造独具高原地域特色品牌方面潜力巨大。同时，依托青藏高原独特的地理位置和物种资源，西宁的经济、文化产业具有竞争力的稀缺性和发展的可持续性优势。

（三）民族融合发展

青海省多民族聚居，藏族、回族、土族、撒拉族和蒙古族等少数民族人口达 274.1 万人，占全省总人口的 46.98%，是全国少数民族人口占比最大的省份。西宁市作为省会城市，地处汉文化与藏文化的结合部，多民族聚集，多宗教并存，多文化荟萃，是典型的移民城市。世居青海的回族、撒拉族在宗教信仰方面与中亚国家有较强的共通性，这是青海特色人文交流资源，是架起交流之桥的宝贵资源，也是青海融入“丝绸之路经济带”的民族和文化优势。在西宁设立国家级新区，有利于汉族和少数民族之间、少数民族之间、移民之间人力资源优势和资金优势的聚合与共享，有利于创新意识、创新精神的培育，更有利于增进各民族交往、交流、交融，促进各民族共同团结奋斗、共同繁荣发展。

三、设立国家级海湖新区，全面提升西宁发展水平

推进设立国家级海湖新区与国家提出的“一带一路”倡议目标的内涵基本一致，要积极主动地把设立国家级海湖新区融入国家“一带一路”倡议中，把服务国家大局和促进自身发展有机结合起来。面对国内的激烈竞争，设立国家级海湖新区要想取得成功、实现战略目标，必须增强竞争意识，最大限度地挖掘内在潜力。因此国家级海湖新区规划、建设要重点关注以下几个方面：

（一）着力提高规划科学化水平

结合“一带一路”建设和“十三五”规划，研究制定西宁市融入“一带一路”建设的行动方案和规划。国家级海湖新区可借鉴青岛黄岛新区建设发展规划制定经验，高起点、高平台，邀请“国字号”知名规划设计单位组织编制，组建由院士领衔、国内外知名专家参与的咨询团队和编制团队，立足国家级海湖新区实际，将国际标准与本土优势融合，体现规划的前瞻性、战略性、长远性，先期做好土

地的使用规划，不但不挤占现有城市发展空间，而且要为新区发展预留土地储备。

(二) 着力建设“向西开放”的经贸共同体

以东部城市群建设为着力点，深化区域经济合作，加快推动兰西经济区建设；办好环湖赛、青洽会、清食展、藏毯会等重要文化商业体育活动，适时在中亚国家举办青海商品博览会，积极参与周边国家和省市举办的商业文化活动；加强各省区之间产业政策、发展规划和重大项目的沟通协商，整合资源，实现共同发展。另外，从区域资源传承看，丝绸之路作为古老的东西方文化交流桥梁和商贸通道，西宁旅游资源丰富，文化遗存多样，国际上品牌影响力也很强。西宁近几年积极整合旅游资源，打造西北地区重要的旅游集散地，并充分利用夏都西宁“cool”品牌，吸引外地游客来宁避暑休闲，这些都不失为西宁融入“一带一路”建设的重要策略。

(三) 着力突破行政区域限制

西宁地处河湟谷地，周边多具湿陷性黄土，能用于新区建设的用地有限，可考虑在整合现有西宁经济技术开发区(包括东川工业园、甘河工业园、生物科技产业园、南川工业园)、海湖新区、多巴新城和城北区建设用地的基础上，将平安县和曹家堡临空经济综合区纳入国家级海湖新区整体规划。西宁、海东同为青海省重点建设物流园区，围绕“物流区域—物流园区—物流节点—物流中心”的布局模式，两者结合将优化两市物流建设布局，为物流运输、仓储服务提供更为便利的服务，大大缩短青海到全国的物流时间，节约物流成本；由于西宁曹家堡机场地处海东市互助县境内，曹家堡临空经济综合区、综合保税物流区主要依托和发挥临空物流优势，其本身属于西宁发展重要组成部分，不宜分割。将海东市所属重点工业园区纳入国家级海湖新区建设规划，有利于打造青海东部城市群，促进兰西经济区核心地带发展。

此外，加强综合交通体系建设规划，推进交通、电力、物流、信息技术等关键基础设施的建设，积极推进口岸开放，继续开辟更多的国际（境外）航线，为打造集物流园区体系、运输平台、信息平台和仓储、配送、交易及配套服务功能为一体，辐射全省、连接周边省区及邻国的现代化综合航空物流基地创造条件。

（四）着力打造高原特色循环经济体系

目前，西宁经济发展的要素保障和约束条件趋紧，过度依赖资源的路径和开发模式难以为继。适应经济"新常态"，必须创新国家级海湖新区发展模式，广泛加强与丝绸之路经济带沿线国家之间的民族和文化交流，深度开发各民族民间手工产品、藏医药、清真食品等，开展国际贸易，互通互联，积极探索"保税仓储+保税展销"模式，打造丝绸之路经济带"黄金口岸"；发挥青藏高原农副产品集散中心的辐射调控作用，依托高原特色生物资源和绿色食品产业，推进农村改革，培育新型职业农民，加快推动城乡要素平等交换；大力发展循环经济，鼓励企业技术改造，推动光伏产业、铁合金、中藏药兼并重组，实施节能环保产业园建设；围绕产业链延伸和园区基础设施使招商引资精准发力，形成一批带动性强的产业项目；延伸盐湖化工、煤化工、有色金属及加工、油气化工等特色产业链，将柴达木循环经济区打造成为国家级的新型工业基地，大力推动新能源、新材料、特色农牧产品、生物医药等绿色产业发展。深化境外投资管理体制改革，加大"走出去"力度，推动与中亚国家的劳务合作，搭建国际经贸交流平台，提升西宁外向型经济发展水平。

（五）着力提升新区文化品位

青海作为华夏文明的重要"发祥地"、中华民族特色文化的重要"保护地"、中华多元一体文化的"缩影地"，其多元文化、特色文化的不断发展，促使国家级海湖新区要坚持守护文化根脉，实施文化引领战略，通过发展文化促进各民族的融合，促进农牧业和城市协同，促进东中西部地区的交流，彰显国家级海湖新区文化引领、开放创新、包容发展的作用。在城市建筑风格上,城北区、生物园区可更多体现藏式风情,东川工业园区、海东物流园区可更多体现伊斯兰式风格,多巴新城可更多体现蒙古族特色,海湖新区可更多体现现代化城市CBD面貌,使国家级海湖新区特色鲜明、模块清晰,彰显新区多元、融合发展的理念,全力打造有历史记忆、地域特色、民族特点的新型城镇。不断强化青藏高原特色文化产业的发展,依托优势文化产业、体育产业,以打造文化品牌、知名体育赛事为重点,开展国家级公共文化服务体系示范区创建,推动文化产业、体育产业服务城市文体事业的发展。

设立国家级海湖新区,积极融入"一带一路"建设,不仅是贯彻落实国家对外开放发展战略调整的重要行动,也是一次扩大西宁开放和快速发展的巨大历史机遇,是西宁突破区位劣势、拓展开放空间的重要引擎。乘着建设"一带一路"的东风,设立国家级海湖新区,以期为西宁的发展插上腾飞的翅膀!

(2015年)

关于建设沈那羌人国家考古遗址公园的建议

坐落于青海省西宁市城北区小桥村北的沈那遗址是约 3 500 年前的古羌人聚落，是远古人类从新石器时代向青铜时代过渡的一种文化遗存，1948 年由我国著名考古学家、人类学家裴文中先生发现，2006 年被国务院批准列入第六批全国重点文物保护单位名单。该遗存以齐家文化居住遗存为主，还有少量的马家窑文化马家窑类型、半山类型和卡约文化遗存。1997 年出土的一件大型铜矛为全国罕见，是迄今为止冷兵器时代考古发掘出土的体量最大的武器，被鉴定为国家一级文物。从现有资料看，沈那遗址是我国迄今为止发现面积较大、文化层堆积较厚、文化内涵丰富、保存现状较好的多种文化并存地点之一，它承载着丰富的历史文化信息，为研究齐家文化提供了非常重要的实物，具有独特的文化价值和考古价值。

随着西宁市经济社会发展及城市化建设进程的不断加快，沈那遗址的保护与村庄发展建设、村民生产生活需求之间的矛盾日益突出。一方面，依据遗址保护的相关法律法规要求，特别是沈那遗址被确定为全国重点文物保护单位以后，遗址保护范围内未进行基础设施建设，村民居住条件困难，民众生活受到严重影响，亟待改善；另一方面，遗址保护范围内的地区陷入发展瓶颈，工业企业建设被禁止，经济社会发展水平落后于其他地区。

因此，在更好地保护沈那遗址的基础上，通过建设国家考古遗址公园的形式，综合开发利用，建立文化遗存保护与经济建设、生态文明建设的共赢模式，就成为一个必须正视的课题。

考古遗址公园是以考古遗址本体及其背景环境为主体，融合了教育、科研、游览、休闲等多项功能的城市公共文化空间和遗址类文化景观，是对考古类文化遗产资源的一种保护、展示与利用方式。建设沈那羌人遗址国家考古遗址公园，对于推动遗址保护由行业保护走向全社会保护，缓解遗产保护与城市化进程之间的矛盾，促进遗址保护与发展利用的协调统一具有重要的现实意义。为此，笔者建议：

一、坚持统筹规划、持续发展原则

坚持“保护为主、抢救第一、合理利用、加强管理”的文物工作方针，体现文物保护“纳入经济和社会发展计划，纳入城乡建设规划，纳入财政预算，纳入体制改革，纳入各级领导责任制”的五纳入原则。从沈那遗址保护和西宁市城市发展的实际出发，严格按照国家文物局《国家考古遗址公园评定细则》所制定的遗址公园建设的评价标准、评价体系进行操作，科学规划，有序推进，努力实现遗址保护与利用的和谐共赢。

二、成立专门领导机构，统筹协调遗址公园的建设

制定相关政策措施，确定遗址公园建设管理主体，科学有序地开展环境整治、道路建设、整体风貌打造等工作；沈那遗址公园内文物本体的保护资金以政府投入为主，遗址公园和周边环境的建设要动员社会力量多元参与，引入社会资金和市场化管理模式，加强特色文化旅游项目、设施的开发。

三、积极推进沈那遗址可持续的考古与保护研究

有关部门应尽快制定《沈那遗址考古规划》，做好沈那遗址考古调查、勘探和发掘工作，全面掌握沈那遗址的范围、布局及地上、地下文物分布和埋藏情况，为遗址公园建设奠定坚实的基础；组织专家、学者进行考古调查与多学科的研究，进一步明确沈那遗址范围内的各类文化现象，充分揭示遗址的面貌，明确史前文化的序列。不断挖掘沈那遗址的深厚文化内涵，做到“保护措施到位，展示效果良好”。

四、根据沈那遗址的资源条件，科学评估、准确把握考古遗址公园的定位

在做好遗址本体保护的基础上，坚持前期调查论证。针对沈那遗址的特点，明确遗址保护主题，全面反映遗址文化内涵，与遗址保存环境相协调，有计划、有步骤地稳步实施遗址公园的基础设施建设项目，以彰显地域特色、提升文化品位；要以遗址的历史文化价值为保护、研究和展示的重点，展示沈那遗址重要的不可移动文物的布局、位置、规制、技法以及环境特征，突出展现遗迹的历史真实性；遗址展示要紧扣遗址的内涵和价值，采取有针对性、系统化、人性化的保护展示方式，既能满足遗址保护研究的需要，也要满足大众丰富精神文化的需求。

五、坚持科学保护与合理利用相结合

考古遗址公园具有面积大、文化遗存堆积复杂、文化内涵丰富多彩等特点，需要长期的发掘和研究才能揭示清楚。因此，要严格遵循遗址保护规律，除考古与保护工作需要外，应尽可能最大限度保存现状，防止破坏性开发和开发中的破坏；要统筹兼顾遗址公园的规模发展和内涵发展，建立保护管理体制和运行机制，寻求遗址

公园保护和合理利用的契合点，把沈那羌人国家考古遗址公园建设成青海省文化旅游的一张名片，发挥遗址公园的社会效益和经济效益。

六、坚持惠及民生，做到文化遗产"来源于群众，服务于群众"的文化遗产保护模式

当地居民为遗址公园建设做出了一定的牺牲，如何让他们成为文化遗产保护的受益者，切实妥善安置保护区内的居民，共享遗址公园保护的成果，是遗址公园建设所要考虑的重要问题。只有把沈那遗址的保护与城市文化建设，特别是与改善民众生活紧密联系在一起，才能为遗址的保护与利用找到真正的落脚点，才能使遗址成为广大西宁市民精神文化生活的组成部分，才能使遗址成为西宁城市文化的内核与灵魂。

因此，我们强调沈那羌人遗址的保护，不仅仅是指对文化遗产本体的保护，还要追求遗址文化内涵与周围景观的和谐一致，提升城市的文化品位。探索商业化运作、产业化经营发展路径，切实维护遗址保护区内居民的利益诉求，使城市和广大民众在遗址保护工作中受惠，协同推进遗址公园、休闲生态农业、湿地公园三位一体建设，统筹协调沈那遗址的保护与当地经济社会发展，处理好长远与当前、全局与局部的关系，促进社会效益、经济效益与生态效益的协调发展。

（2015 年）

推进“文化青海湖”品牌建设

2015年7月，我有幸参加了在海北州举行的首届青海湖文化论坛。本届论坛的宗旨在于充分利用高原自然生态、宗教文化、民族风情旅游资源，进一步挖掘和弘扬青海湖文化，把藏区青海湖文化与山水文化、海北旅游紧密结合起来，积极打造青海湖北岸特色旅游品牌，使青海湖文化旅游成为海北州旅游业发展的新动力和新方向，促进青海文化旅游业向着更加健康、更加科学的方向发展。

与来自省内外的30余位资深专家学者奔赴环湖各县及金银滩—原子城景区采风，让我们领略到了青海湖独特的美。无论是在油菜花海之间穿行，还是在纯净清澈的湖面泛舟，无论是飘曳于风中的经幡，还是鸟岛上纷飞的候鸟，总能让我们找到许多大美无言、震彻心灵的瞬间。而就青海湖的文化建设问题进行的论道，则使我受益匪浅。我想，景致中有文化、文化中有感情，是青海湖文化日趋灵动多彩所在。

“智者乐水，仁者乐山”，人们对于水的崇拜，自古有之。青海湖作为我国最大的内陆咸水湖，不仅是昆仑神话中的瑶池，也是我国最美丽的湖泊，还是藏民族心目中的圣湖，更是青海各族人民的母亲湖。如何推进青海湖文化品牌建设，是此次我们讨论的重点所在。与会专家学者旁征博引、引经据典，纷纷就青海湖文化建设

提出已见,并达成了以下几方面的共识:

一、大力培育青海湖景区文化品牌

青海湖地处农耕区和牧业区、中原文化和吐蕃文化、农耕文化和游牧文化交汇地带,是多元文化的集中展示地,文化资源丰富多彩。青海湖景区类型多样、内涵丰富的文化资源构成了青海湖独特的文化生态,传承着无形的历史文脉。青海湖不仅具有藏文化区的共同特点,拥有藏文化区共有的民族风情、文化渊源,同时还具有自己独特的水文化特点,包括祭海、转湖等历史悠久的文化习俗,以及昆仑文化、西王母文化等也在一定程度上影响着青海湖地区的文化发展,构成了青海湖独有的文化氛围。

二、注重挖掘历史、民族及生态文化内涵

深入挖掘地域历史文化,实现文旅结合、“形”“神”统一,是促进青海湖旅游更好更快发展的必然选择。青海湖旅游业发展要坚持自然、文化两种资源共同利用、同步发展的原则,形成两种资源并举,生态青海湖与文化青海湖建设并重。通过对青海湖历史、宗教、民俗等文化元素的提炼和升华,搭建起具有青海湖特色的旅游文化框架。充分挖掘与旅游产品相关的民风民俗、历史典故、神话传说、风土人情等,实现自然风光和人文景观有机结合,观景与品位文化相统一。同时,青海湖景区生态文化资源开发潜力大,蕴藏着极其丰富的高品位的自然风景资源,拥有众多体现大自然杰作的自然景观和人类文明活动所遗存的人文景观,这些资源是青海湖形象的构成要素之一。有着独特的、极其重要的自然生态、科教审美等方面的价值,蕴含着生态保护、生态建设、生态哲学、生态伦理、生态美学、生态教育、生态艺术、生态宗教文化等各种生态文化要素,是青海生态文化中的缩影。它具有生物的多样性,以其丰富的动植物资源、绚丽的湿地景观、优美的环境构成多样的生态文

化。只有加强了生态文化建设，才能体现青海湖景区的原真性和特色。

三、扩充文化外延，打造节庆文化品牌

近年来，以青海湖独特的自然、文化环境为依托的文体节庆活动逐步成为青海湖节庆活动的重头戏。影响较大的有环湖赛、摄影节、音乐节、诗歌节、雕塑节等，形成能够凸显青海湖文化特色和旅游特色的旅游产业。打造节庆文化品牌，通过节庆活动带动旅游产品提升，是青海湖近年来旅游发展的一个突出特征，也是青海省为提升青海湖旅游的市场影响力而采取的重要战略措施。青海湖景区借助这一优良的宣传平台，有力地提升了知名度、影响力和美誉度，成为展示和传播青海湖文化的重要景观。

不论地理、生态、资源地位，还是历史、文化、旅游地位，青海湖都堪称青海的“金名片”。青海湖文化论坛的召开，必将丰富青海湖旅游的文化内涵，提升青海湖旅游的品质。将参加此次论坛的专家学者的发言稿集结成册，在加强学习借鉴的同时，把好的思路融入青海湖文化旅游发展中，能够进一步彰显青海湖的文化魅力。

文化是旅游的灵魂，旅游是文化的载体。相信，不久的将来，一个民族传统文化与现代文化相互融合、人文景观与自然景观交相辉映、文化旅游设施与文化旅游生活相得益彰的青海湖文化新格局必将形成！

（2015 年）

关于丝绸之路青海道文化遗产保护与利用的建议

1877 年，德国地理学家李希霍芬在他所写的《中国》一书中，首次把汉代中国和中亚南部、西部以及印度之间的丝绸贸易为主的交通路线，称作“丝绸之路”。其后，德国历史学家赫尔曼在 1910 年出版的《中国和叙利亚之间的古代丝绸之路》一书中，根据新发现的文物考古资料，进一步把丝绸之路延伸到地中海西岸和小亚细亚，确定了丝绸之路的基本内涵，即它是中国古代经由中亚通往南亚、西亚以及欧洲、北非的陆上贸易交往的通道，因为大量的中国丝和丝织品经由此路西传，故此称作“丝绸之路”。

丝绸之路青海道是丝绸之路的重要组成部分，在 6 世纪到 9 世纪前半叶盛极一时。2007 年丝绸之路联合申遗时，中国申报的遗址点共 61 处，其中青海 6 处，即塔尔寺、瞿坛寺、街子清真寺、东关清真寺、日月山茶马互市、热水墓群。2013 年 9 月，习近平同志在出访中亚四国期间阐释了共同建设“丝绸之路经济带”的战略构想，并在随后召开的党的十八届三中全会上，提出了推进丝绸之路经济带建设的战略目标。我们要紧紧抓住这一千载难逢的战略机遇，积极融入丝绸之路经济带建设，努力把青海建设成为丝绸之路经济带的战略通道。

2016 年 8 月，省政协副主席李选生带领学习和文史委员会部分委员、专家赴海北、海西州对丝绸之路青海道文化遗产保护利用情况进行调研，实地察看了历史遗迹、海晏县和都兰县博物馆文物的保护和利用情况，听取了文管人员、属地领导和有关专家的情况介绍，形成了《关于丝绸之路青海道文化遗产保护与利用的调研报告》，得到了省委、省政府领导的重视，四位省级领导分别做了批示。骆惠宁书记批示：请省社科院会同文化厅牵头，展开对“古丝绸之路青海道”的系统研究，要注意古为今用。省委宣传部张西明部长批示：陈玮、红兴同志：请认真贯彻落实惠宁书记重要批示，组织精干力量，有针对性地列出选题，先以分报告的形式不断报来成果。请先行研究，形成思路后报我。当前，对丝绸之路青海道历史遗迹和文物保护利用还存在重视程度不高，宣传力度不够，学术研究和保护利用不到位等问题。为此笔者建议：

一、构建丝绸之路青海道研究体系

(1) 充分利用中外考古和研究机构关于丝绸之路青海道的研究成果，构建丝绸之路青海道研究体系，以青海为主体，构建丝绸之路青海道网络研究框架，在中国丝绸之路理论研究体系中赢得应有的地位。

(2) 在丝绸之路青海道的研究、宣传中，联手甘肃临夏州和新疆巴音郭勒州以及四川松潘县等，以联席会议等形式协同行动，开展工作。

(3) 进一步挖掘、丰富丝绸之路青海道遗迹的内容，组织力量调查研究，编辑出版丝绸之路青海道文化遗产书籍，赋予丝绸之路青海道应有且准确的历史定位，加强宣传，形成共识。

(4) 通过民主党派向中央和国务院提出综合性报告，将丝绸之路青海道纳入学生课本，建议教育部和中国地图出版社将丝绸之路青海道标入中小学历史课本和历史、交通地图。

二、加强对丝绸之路青海道的宣传

(1) 以重大研究成果为基础，以丝绸之路青海道品牌创立为依托，借助青海独特的人文、自然环境资源和立体交通网络，利用青海省打造“大美青海”“三江源”“环青海湖国际公路自行车赛”“青海夏都”等品牌效应，大力宣传丝绸之路青海道文化，增强影响力。

(2) 以丝绸之路青海道为主题，举办国内外专家学者参与的高端论坛和国际国内体育赛事，如丝绸之路青海道汽车拉力赛等。

(3) 充分利用现代传媒手段，与央视合作拍摄制作丝绸之路青海道纪录片，再现青海道历史文化和商贸繁荣的情景，扩大影响，提高公众认知度。

三、加大文博馆库建设力度

(1) 加大对省内丝绸之路重要节点上的有关市(州)及县的文物保护支持，统筹规划，重点扶持。

(2) 在德令哈市、都兰县等建立有“丝绸之路青海道”特色的博物馆，让更多有代表性、有价值的文物以真实面貌示人，变库存为馆藏。

(3) 借助现代化展陈手段进行多面、立体、直观、形象的宣传，让更多人了解这段历史。

(4) 加强对青海道历史遗迹的保护，规范、完善基础设施，明确标识，为有效开发利用创造条件。

四、撤销茫崖行委，设立县级市

茫崖是丝绸之路青海道通往新疆的出口要道，是连接青海和新疆的重要节点，“通甘进疆入藏”的区位优势突出，在“丝绸之路经济带”和青海省“四区两带一线”建设的战略格局中，有着非常重要的地位。按照国务院批转民政部《关于调整设市标准的报告》(国发[1993]38 号)中有关适当放宽标准的精神，茫崖设市条件基本成熟，建议省政府尽快筹划推动茫崖撤行委设市工作，使茫崖在丝绸之路经济带建设中更加充分地发挥作用。

(2016 年)

保护好、建设好、利用好“都市里的村庄”

——对沈那羌人国家考古遗址保护与建设的若干思考

青海自古便是羌族、小月氏、鲜卑、吐谷浑、吐蕃等多种民族聚集之地，其中羌人的分布范围之广和延续时间之长是其他民族无法相比的，有关羌人早期的历史活动的文献记录阙如，而沈那羌人遗址是羌族文化系的一个典型代表，具有重大研究价值，但保护与建设工作面临诸多困难，亟待解决。党的十八届三中全会在生态文明建设中提出了“建立国家公园体系”的构想。个人认为这一思路对于沈那羌人遗址的保护与建设具有借鉴意义，是缓解沈那遗址保护与西宁城市化进程矛盾的有效途径，应在沈那遗址保护中大胆引入这一概念，展开积极探索。

一、沈那羌人遗址既具有重大学术研究价值，又面临着保护与建设的困境

1948 年，沈那羌人遗址被我国著名考古学家、人类学家裴文中先生发现。遗址位于青海省西宁市城北区小桥大街毛胜寺西台地上，坐落于湟水及其支流北川河交汇处的二级阶地上，北起阴坡，南至坟墓沟，西临乱沟，东部台下即为宁张公路，总面积达 10 万平方米。该遗址是距今 4 000 年左右的古羌人聚落村，是远古

人类从新石器时代向青铜时代过渡的一种文化遗存，以齐家文化居住遗存为主，还有少量的马家窑文化马家窑类型、半山类型和卡约文化遗存。在沈那羌人遗址中，共发掘房屋 5 座、灰坑 10 个、墓葬 8 座，出土各类文物万余件（包括陶片）。其中最令人瞩目的是一件大型铜矛，被鉴定为国家一级文物，是迄今为止考古发掘出土的冷兵器时代体量最大的武器。

沈那羌人遗址是我国迄今发现面积较大，文化层堆积较厚，文化内涵相当丰富，保存现状较好的多种文化并存的一处齐家文化原始聚落遗址，是青海地区新石器时代考古文化的重要标尺，在学术研究、文化遗址保护等方面都具有重要的价值。

随着西宁市经济社会发展及城市化建设进程的不断加快，沈那羌人遗址的建设及其与村庄发展、村民生产生活需求之间的矛盾日益突出。一方面，依据遗址保护的相关法律法规要求，特别是沈那羌人遗址被确定为全国重点文物保护单位以后，遗址保护范围基础设施尚未完成建设。早在 2004 年，沈那羌人遗址博物馆就已开始动工建设，但 2005 年下半年因缺乏装修资金，至今仍未建成。如今，主体建筑的大门已被混凝土封死，所建房屋由于地基下陷，已经部分塌陷，院内杂草丛生。另一方面，遗址保护范围内禁止建设工业企业，经济社会发展水平落后于其他地区，遗址保护区内居民的生活受到影响。

因此，在更好地保护沈那羌人遗址的基础上，通过建设国家考古遗址公园的形式，综合开发利用，建立文化遗存保护与经济建设、生态文明建设的共赢模式就成为一个必须正视的课题。

二、建设国家考古遗址公园是保护开发文化遗址的有效途径

改革开放以来，我国经济迅猛发展，城镇化进程加快，给文化遗产保护带了前所未有的冲击与挑战。考古遗址保护这个“软指标”与经济社会发展这个“硬杠杠”之间的矛盾日益凸显，传统保护

理念和模式面临极大挑战。尤其是一些处于城市核心区的文化遗址，因文物保护的要求并未纳入城市建设规划中而“鹤立鸡群”，处于被遗忘的角落，遗址区内居民的发展诉求长期不能缓解，居民的经济收入和生活满意度等与区外存在明显差距，遗址所在的区域被人们称为“都市里的村庄”。

近年来，我国文化遗产保护工作日趋成熟，文化遗产大遗址保护领域提出了“国家考古遗址公园”这一新概念。2000 年，这一概念首次正式引入文化遗产保护领域，也标志着我国文物保护工作迈入了一个新的阶段。2009 年 6 月 12 日，国家文物局制定了《国家考古遗址公园管理办法(试行)》，科学规范了考古遗址公园的建设和管理。考古遗址公园是基于考古遗址本体及其环境保护与展示，融合了教育、科研、游览、休闲等多项功能的城市公共文化空间和遗址类文化景观，是对考古类文化遗产资源的一种保护、展示与利用方式，是适应新形势的遗产文化保护模式，具有鲜明的中国文化遗产保护特色，符合现阶段大遗址保护的实际需求。

国家考古遗址公园建设的长期实践证明，建设考古遗址公园有利于揭示遗址价值，实现整体保护；有利于推动考古学和文化遗产保护科学的发展，创新保护展示理念；有利于整合文化遗产资源，突出城市文化特色；有利于促进经济社会发展，改善民众现实生活和城市环境，动员社会各界参与文化遗产保护。结合西宁实际，充分利用本土资源，将沈那羌人遗址申报考古遗址公园并开发建设是发展生态文化的有益探索。

三、建设国家考古遗址公园必须处理好三个关系

考古遗址具有不可再生性，保护考古遗址的安全并永续传承文明，以便公众了解考古遗址所传达的历史信息和文化内涵是建设考古遗址公园的主要目的。以此为出发点，建设好考古遗址公园需要处理好以下三方面的关系：

（一）处理好考古遗址公园建设与遗址保护的关系

考古遗址是考古遗址公园赖以存在的母体，也是考古遗址公园壮大发展的根基。建设国家考古遗址公园要以持续的、与时俱进的考古工作和文物保护技术为支撑，制定阶段性遗址保护规划，并经权威部门批准，形成国家考古遗址公园的建设蓝图，展示遗址本身，揭示遗址的文化内涵和价值，弘扬优秀中华文化，提高公众文化素养，激发人民群众的民族自豪感和自信心。因此，只有围绕保护和建设文化遗址规划考古遗址公园，才能实现遗址资源的可持续发展。

（二）处理好考古遗址公园建设与城市发展的关系

习近平总书记指出：“历史文化是城市的灵魂，要像爱惜自己的生命一样保护好城市历史文化遗产。”规划科学、建设得法的考古遗址公园必然成为显明的城市地标，充分彰显城市在历史、社会、人文等方面的软实力，为城市经济社会发展带来难得的契机和动力。要从推动区域社会经济协调发展的高度来认识考古遗址公园建设，发挥好考古遗址在城市发展中的积极促进作用。紧密结合城市特点和城市功能，建设独具特色的考古遗址公园，实现遗址内在价值的“活化”，全面提升城市文化品位和居民的生活品质。

（三）处理好考古遗址公园建设与民生事业的关系

考古遗址公园建设涉及群众切身利益，必须一切为了群众，依靠群众，使群众从中得到更多实惠。要树立“以人为本”的核心理念，坚持文化遗产保护惠及民众的初衷，充分考虑遗址公园内居民的安置、户籍、就业、收入等问题，让他们从遗址公园建设中得到好处，尝到甜头。通过考古遗址公园的建设，有效带动旅游观光等相关产业发展，促进当地居民生活水平的提高，提高群众参与考古遗址公园保护与建设的积极性。

四、建设沈那羌人国家考古遗址公园的对策建议

积极申报并建设国家考古遗址公园是科学有序保护文化遗

址，促进当地经济社会发展，提高群众生活水平的有效途径，需要加强顶层设计，长远规划，精心实施。

(一) 坚持统筹规划，持续发展

考古遗址公园具有面积大、文化遗存堆积复杂、文化内涵丰富多彩等特点，需要长期的发掘和研究才能揭示清楚。要坚持“保护为主、抢救第一、合理利用、加强管理”的文物工作方针，体现文物保护“纳入经济和社会发展计划，纳入城乡建设规划，纳入财政预算，纳入体制改革，纳入各级领导责任制”的五纳入原则。从沈那羌人遗址保护和西宁市城市发展的实际出发，严格按照国家文物局《国家考古遗址公园评定细则》所制定的遗址公园建设的评价标准、评价体系进行操作，科学规划，有序推进。有关部门应尽快制定《沈那羌人遗址考古规划》，做好沈那羌人遗址考古调查、勘探和发掘工作，全面掌握沈那羌人遗址的范围、布局及地上、地下文物分布和埋藏情况，为遗址公园建设奠定坚实的基础。严格遵循遗址保护规律，除考古与保护工作需要外，应尽可能最大限度保存现状，防止破坏性开发和开发中的破坏，努力实现遗址保护与开发共赢。

(二) 实现科学定位，深入挖掘

在做好遗址本体保护的基础上，坚持前期调查论证。针对沈那羌人遗址的特点，明确遗址保护主题，全面反映遗址文化内涵，与遗址保存环境相协调，有计划、有步骤地稳步实施遗址公园的基础设施建设项目，以彰显地域特色、提升文化品位。要以遗址的历史文化价值为保护、研究和展示的重点，设立“遗址原貌展示区”，展示沈那羌人遗址重要的不可移动文物的布局、位置、规制、技法以及环境特征，突出展现遗迹的历史真实性和完整性。紧扣遗址的内涵和价值，修建沈那羌人遗址博物馆。设置“文物陈列区”，此区域集中展示遗址中出土的铜矛、陶器、石器、骨器等文物；设置“遗迹展示区”，将那些比较分散、不利于原地保存、规模较小的具有科研价值、展示价值的历史遗迹，采用整体搬迁的形式，予以集中保护和展示；设置“发掘史展示区”，展示沈那羌人遗址发掘考古简史，陈列考古工作者的各种工具和工作笔记。采取有针对性、系统化、人性化的保护展示方式，设置“多媒体展示区”，采用屏幕滚动播放的方式向公众展示沈那羌人遗址分布、考古发掘成果等信息，通过数学化人机互动平台让公众能够迅速地对沈那羌人遗址公园所包含的信息有大致的了解。满足大众丰富精神文化的需求，设置“羌文化展示与体验游区”，还原羌人的日常生活，直观地展现古羌人的生活习俗、节庆活动等内容，在此游客还可以亲身体验。

(三) 实行专门领导，专业管理

学习其他地区遗址公园建设的经验，确定遗址公园建设管理主体，制定专项管理措施，成立沈那羌人遗址公园管委会，科学有序地开展园区管理、环境整治、维护建设、资金保障等工作。设立专项资金用于沈那羌人遗址公园的建设与维护，以政府投入为主，动员社会力量多元参与，引入社会资金和市场化管理模式，加强特色文化旅游项目、设施的开发。设立“羌文化研究中心”，将遗址公园打造成为“羌文化专题教育基地”，并定期组织参观、研讨等学习研究活动。组织专家、学者，并联合本地或外地高校历史专业师生进行考古调查与多学科的研究，充分揭示遗址的面貌，明确史前文化的序列，不断挖掘沈那羌人遗址中羌文化的深厚底蕴和内涵。要统筹兼顾遗址公园的规模发展和内涵发展，建立保护管理体制和运行机制，寻求遗址公园保护和合理利用的契合点，把沈那羌人国家考古遗址公园建设成青海省文化旅游的一张名片。

(四) 努力改善民生，惠及民众

要把妥善安置保护区内的居民、共享遗址公园保护的成果作为遗址公园建设的首要问题进行调查研究，把沈那羌人遗址的保护与城市文化建设，特别是与改善民众生活紧密联系在一起。把民众受惠作为遗址保护与开发的落脚点，使遗址文化成为广大市民精神文化生活的组成部分，成为西宁城市文化的内核与灵魂。在遗址公园内设置“羌文化商业街”，探索商业化运作、产业化经营发展路径，切实维护遗址保护区内居民的利益诉求，使城市和广大民众在遗址保护工作中受惠。

沈那羌人遗址的保护，不仅仅要追求对遗址本体的保护，还要追求遗址文化内涵与周围景观的和谐一致，全面提升城市的文化品位。只有统筹协调沈那羌人遗址的保护开发与当地经济社会的发展，处理好长远与当前、全局与局部的关系，我们才能够保护好、建设好、利用好西宁“都市里的村庄”——沈那羌人遗址，实现社会效益、经济效益与生态效益的协调发展。

（2015 年）

以科学发展观为指导推动政策研究工作走创新之路

调查研究工作是党委工作的基础。围绕青海工作的大局和省委的中心任务，针对经济社会生活中的问题和矛盾，深入调查研究，提供决策咨询服务，是政策研究部门的基本职责。实现科学发展离不开科学决策，科学决策是科学发展的重要环节。

重视和坚持调查研究，是我们党的优良传统和作风。“没有调查研究就没有发言权。”这是毛泽东同志在新民主主义革命时期提出的著名论断。邓小平同志指出：“离开了调查研究，任何天才的领导者也不可能进行正确领导。”陈云同志也曾指出：“领导机关制定政策，要用 90%以上的时间作调查研究工作，最后讨论作决定用不到 10%的时间就够了。”胡锦涛同志强调：“调查研究是我们的谋事之基、成事之道。各级党委、政府和领导干部要切实加强本地区、本部门有关情况和工作的调查研究，为制定政策、开展工作奠定坚实的基础。”重视调查研究，坚持理论和实际的统一是革命和建设事业的基本保证。调研工作是保证科学决策与实现正确领导的基本前提。在闯出一条欠发达地区实践科学发展观的成功之路当中，调查研究工作更加重要。

多年来，省委高度重视调研工作，专门听取政研室工作汇报，并不断改善政研部门的工作条件和工作环境，聘请 12 位国内知名专家学者作为特约政策研究员。省委领导经常就改革和发展中的问题深入基层调查研究，取得了丰富的成果，尤其是近年来关于科学发展、保护生态、改善民生、区域经济发展、特色产业发展、旅游名省建设等方面的调研成效明显，为出台相应的政策奠定了基础。同时也要看到，政策研究工作还存在不适应、不符合的问题，还需要进一步提高质量和水平。政策调研工作要走创新之路。

一、要有强烈的责任心和使命感

当前是青海改革开放以来发展速度最快、发展质量最好、城乡面貌变化最大、人民群众得到实惠最多的时期，但是也存在不少困难和问题：经济发展总体水平不高，自主创新和自我发展能力不足，增长方式粗放；生态环境脆弱，基础设施条件和公共服务能力仍然薄弱，经济社会之间、城乡之间、区域之间发展不平衡；就业压力大，城乡居民收入总体水平偏低，部分群众生活还比较困难；体制机制性障碍仍然存在，新的利益纠纷和社会矛盾不断显现，干部队伍的思想观念、工作作风还不能完全适应新形势、新任务的要求。对此需要研究新情况，把握新特点，提出新思路，解决新问题。而要使政策措施切实有效、有针对性，就要有扎实的调研工作。我们做这项工作的同志负有很重的责任，同时也说明只要我们用心去做，调研工作是大有可为的。

二、要认识和把握政策研究工作的特点

政策研究工作既不是纯粹的理论研究，也有别于具体的工作部署，而是一种理论与实践相结合的对策性应用研究。“研以致用”是我们工作的出发点。具体来说，调研选题必须紧扣现实工作需要，出发点也是为省委决策提供急需而有效的对策建议；调研成果必须有实用价值，落脚点是解决改革和发展中的具体问题。因此，政策研究工作不能离开党中央对政治建设、经济建设、文化建

设和社会建设的总体要求，这是大背景。不能离开省委的中心工作和关注的重点，不能离开现实经济社会中存在的突出问题和主要矛盾，不能抛开这些坐而论道、空发议论。而要围绕中心工作考虑决策需要，关注重点热点问题，做到有的放矢，对急迫问题以及领导关注的重要问题，必须集中力量，及时调研，快速反应，适时提供情况和建议，以适应和满足决策者的需要。

三、创新政策研究工作的机制

做好调研工作，必须形成健全的调研工作机制，使调研工作更加科学化、规范化，真正成为一项深入持久的基础性工作。要围绕中心，服务大局，根据省委工作实际合理确定每年的调研重点和调研选题。确立调研重点和调研选题后，要制定详细的调研工作方案，以确定调研目的、调研时间、调研地点、调研对象、调研方法及预期成果等。调研工作特别需要利用外脑和协作，要形成“大调研”的格局。首先是拓展联系，整合调研力量。以扩大纵向、横向联系为主线，以借用外脑、沟通信息、整合资源、协同配合为重点，形成多层次、多渠道、开放性政研工作格局。其次，加强对全省调研工作的组织与协调，加强与全省党委政研系统的纵横联系，发挥在大调研格局中的主导作用。再次，以重大课题调研和研讨为纽带，与社会各界知名专家学者建立联合攻关网，与各州、地、市，省直有关部门开展联合调研、委托调研，延伸调研触角。最后，完善政研大政网，加强与全国其他省市的信息交流。

四、创新政策研究工作方法

召开调查会、研讨会，走访调查、蹲点调查、典型调查、实地考察等，是我们经常运用的调研工作方法，应继续坚持。与此同时，还需要适应经济社会发展变化的新情况，拓展调研渠道，创新调研方式，要学会使用统计调查、问卷调查、抽样调查、网络调查等现代方法，提高调查效率和质量；充分利用现代信息技术和手段进行资料的收集、整理和加工，为调研乃至决策提供快捷、全面、翔实的信息资料；还要掌握一些经济学、社会学、信息论、系统论、控制论以及规划与优选、预测与评价、计算机仿真等方面的知识和分析技能，对已掌握的调查资料进行多层面、多角度的系统研究。只有把调查研究和现代调研手段结合进来，才能提高调查研究的科学性和时效性，提高调研工作的效率和调研成果的质量。调查研究既是科学，也是艺术。要做一个有心人，在实践中不断积累经验，丰富技巧，提高能力。

五、要切实改进工作作风，深入实际搞好调查研究

陈云同志曾指出："调查研究贵在深入翔实和缜密，在以大量的事实为基础，形成对情况的整体把握。"在新时期新阶段，新矛盾新问题层出不穷，要高度重视调研工作，树立调研出观点、调研出思路、调研出灵感的思想，而不能闭门造车、闭目塞听，不能从"文件中来，到材料中去，以会议贯彻会议，以文件落实文件"。调研的内容要具有全局性和前瞻性，要围绕党在理论上的新创造新成果，围绕省委的中心工作、围绕社会热点难点问题开展调研，充分发挥了解社情民意的"千里眼""顺风耳"作用和辅助省委决策的"思想库""智囊团"作用。

不论运用什么样的调研方式，都要注重全面、深入、求实。要走出去、沉下去、钻下去，深入实际、深入基层、深入群众，认真思考、深刻分析、精心研究。兼听则明，要了解正反两个方面的情况，不能只听一面之词，更不能先入为主，戴着有色眼镜搞调研，努力做到多层次、多方位、多渠道地了解情况。既要到工作局面好和先进的地方去总结经验，更要到困难多、情况复杂、矛盾尖锐的地方去研究问题。不能只报喜，不报忧；不能只总结经验，不反映教训。对调查了解到的真实情况和各种问题，要敢于"较真"和"碰硬"，有

一说一，有二说二。只有客观反映情况，尤其是将那些具有倾向性的问题和矛盾以及民间疾苦、群众意见如实地反映到领导机关，才有助于领导机关做出正确的决策，制定创新有效的政策，使有关问题得到及时解决。

六、要努力提高自身素质和调研工作能力

调查研究是运用科学理论去探索未知，认识事物发展方向，寻求解决问题方法的一种复杂的脑力劳动，是一项高度依赖调研人员素质的工作。从事这项工作，需要刻苦学习理论，要有较高的马克思主义理论水平和全面把握党的路线、方针、政策的本领，要有较高的政治洞察力和鉴别能力，要有解放思想和敢于创新的意识，要有实事求是的精神和严格的科学态度，要有较强的分析研究和文字表达功底，要有比较广博的政治、经济、法律、历史和科技等各种知识，要有较好的电脑、网络等现代办公技能，更重要的要有甘于寂寞、能够吃苦、无私奉献的精神品质。这要求我们博学厚积、常勤精进、沉潜味道，不断提高自身思想和业务素质，努力做到站得高、看得远、想得深、写得好，不断提高调查研究工作的水平，以更好地适应建设富裕、文明、和谐新青海的要求。

创新是社会进步的不竭源泉，也是调查研究工作者可贵品质和必须遵循的重要准则。扎实的理论功底，较高的政策把握水平，活跃的创新思维能力，是搞好调查研究，写出有分量、有重要价值的调研成果的基本条件。我们要努力走创新之路，不断提高调研工作水平，使调研工作成为探索青海经济社会发展规律和特点的途径，科学决策的基础，改善工作方式方法的前提，为新青海建设作出更大贡献。

（2012 年）

深化省情认识　明确发展定位
全力推动青海经济社会跨越式发展

省委召开这次研讨会，对我们进一步深化对省情的认识，科学编制好“十二五”规划，加快建设富裕、文明、和谐新青海进程具有十分重要的意义。本人就青海发展战略定位及青海“十二五”时期经济社会发展重点做一发言。

一、不断深化省情认识，发展思路更加清晰完善

“十一五”时期，省委、省政府全面贯彻落实科学发展观，不断深化省情认识，积极探索具有青海特点的科学发展模式，在强卫书记来青海不久，即提出青海在地理、资源、生态及稳定方面具有重要战略地位的认识，省十一次党代会提出未来五年至2020年的奋斗目标是建设富裕、文明、和谐新青海。强调树立“自信、开放、创新”的青海意识，把科学发展作为第一要务，把保护生态作为重要责任，把改善民生作为当务之急，大力实施科教兴青、人才强省、资源转换、开放融入、民众创业、可持续发展等“六大战略”。在战略步骤上，提出强基础、上台阶，提水平、达目标的“两步走”战略目标。在统筹区域发展上，提出了“四区、两带、一线”的区域发展格局。在十一届三次全体会议上，又提出了生态立省战略，这和前六个战略并称“七大战略”。四次全会上提出要闯出一条欠发达地区

实践科学发展观的成功之路，六次、七次全会上进一步提出积极探索具有青海特点的科学发展模式，这一模式就是全力推动跨越发展、绿色发展、和谐发展与统筹发展。可以说，这一系列发展思路尤其是“四个发展”的提出，是省委立足省情实际对青海发展思路做出的新概括，标志着我们对青海发展规律的认识达到了一个新高度。

二、对青海经济社会发展阶段性特征的认识

省委、省政府把这些积极探索成功之路的成果，充分运用到新青海建设的伟大实践，带领全省各族人民，妥善应对国际金融危机的冲击，努力克服玉树地震等特大自然灾害的不利影响，使青海面貌发生了历史性变化。全省综合经济实力明显增强，人民生活水平和质量明显提高，发展基础和条件明显改善，生态环境恶化的趋势得到有效遏制。可以说，当今青海已经进入经济加速发展、产业加快转型的关键阶段，站在加速起飞的新的历史起点上。在这个新阶段，青海经济呈现出一系列重要特征，主要表现为：

(1) 贫穷落后依然是青海省的基本省情，发展不足仍然是最大现实，基础设施建设滞后仍然是制约青海经济发展的主要瓶颈，工业化仍然处于初期阶段，抓项目，强基础，加快推进新型工业化任重道远。

(2) 城镇化进程加快，但发展极不平衡，城乡二元结构突出，统筹区域、城乡协调发展的任务异常艰巨、异常繁重。

(3) 农牧业综合生产能力增强，特色种养总量扩大，但农业生产力水平依然低下，基础脆弱、生产经营方式落后的状况还未从根本上改变，农牧民增收难度加大，解决贫困问题的任务异常艰巨。

(4) 公共服务能力不断增强，社会事业呈现新面貌，但就业总量压力和结构性矛盾依然严峻，缩小与全国在城乡收入水平和基本公共服务上的差距的任务极其艰巨，化解社会矛盾与改善民生

的要求紧迫。

(5) 改革开放向纵深推进,大美青海美誉度进一步提升,同时开放水平还有待提高,利用国际国内两种资源、两个市场的能力还有待加强。

(6) 生态环境建设成效显著,经济结构加快调整步伐,但经济社会加快发展与生态环境保护矛盾依然突出,土地、水、矿产资源约束日趋凸显,经济结构调整任务繁重。

三、对“十二五”时期青海发展战略定位的建议

第五次西藏工作座谈会明确提出西藏要成为“两个屏障”“两个基地”“两个目标”的六项战略定位。2010 年《国务院办公厅关于进一步支持甘肃经济社会发展的若干意见》(国办发[2010]29号)对甘肃也进行了战略定位。青海和西藏同属青藏高原,两者之间有很强的同质性,又有异质性。“西藏有的青海都有,青海有的西藏不一定有。”同甘肃在许多方面也比较相似,前些天,国家发改委宏观经济研究院常务副院长王一鸣在省政府务虚会上,提出青海要对自身有一个明确的定位,他也提到有两个定位青海不能少,即生态屏障和建设高原特色经济区。那么青海发展如何进行战略定位呢?结合强卫书记总结的地理、生态、资源和稳定四个重要战略定位,我个人认为,青海可战略定位于“两个屏障”“四个基地”“三个目标”“一个示范区”。

(一)“两个屏障”,即重要的国家安全屏障和重要的生态安全屏障

这个安全屏障主要基于地理和稳定两方面的考虑,地理上,青海自古以来就是内地连接西藏、新疆,巩固边疆的纽带和必经通道,是西藏和新疆的战略后方。稳定上,青海多民族聚集,多宗教并存,始终处在与达赖集团分裂破坏渗透活动斗争的前沿阵地,既是阻止疆独势力向内地渗透的重要屏障,也是支持西藏繁荣稳定

的战略后方。生态屏障，主要指青海在全国乃至世界上都具有无与伦比的生态地位。这也是我们提出生态立省战略的根据。

（二）“四个基地”，即重要的资源开发基地、清洁能源基地、藏医藏药基地和高原特色农畜产品基地

四个基地的提法应该说和王一鸣不谋而合，他提出的建设高原特色经济区，具体说来就是我提出的四个基地。我们知道，青海自然资源富集，在能源结构中清洁能源约占85%，这一结构在中国乃至世界上也是不多见的。青海发展藏医藏药得天独厚，而且已经走在西藏的前面。青海全省平均海拔3 000米以上的特点，决定青海具有发展高原特色农畜产品独特的地域、冷凉气候和资源优势。

（三）“三个目标”，即重要的中华民族特色文化保护地、世界高原旅游目的地和水资源保护地

青海民族文化资源和历史文化资源丰富，热贡文化是国家批准设立的我国第三个文化生态保护实验区。大美青海已经唱响全国，青海原始纯朴的自然环境，雄奇壮美的高原景观，古老神秘的文化遗迹，风格迥异的民族风情，完全可以成为世界高原旅游目的地。青海是我国重要水资源涵养区和产水区。黄河、长江、澜沧江地区河流密布，湖泊、沼泽众多，雪山冰川广布，是世界上湿地面积最大、分布最集中、海拔最高的地区。除地表水外，青藏高原多年冻土区还有总储量达9 528立方千米的地下冰。

（四）“一个示范区”，即促进各民族共同团结奋斗、共同繁荣发展的示范区

国家给甘肃的定位也有这一条，相比甘肃而言，青海更具特色。自古以来，青海就是多民族聚居的地方，世代繁衍生息在青海高原的各民族在漫长的历史发展进程中，早已形成了相互依存、休戚与共、各民族多元一体的格局，结成了牢不可破的血肉纽带和兄弟情谊，创造了丰富的民族宗教和历史文化，共同促进了雪域高原

的繁荣和发展，捍卫了祖国的统一和民族团结。

四、对“十二五”时期青海发展战略重点的思考

(一) 着力重大项目带动，促进经济社会跨越式发展

青海地处偏远，发展滞后，产业结构以资源型重化工为主，在较长时期内，经济增长对投资有更强的依赖。西部大开发以来，青海省投资对经济增长的贡献率一直在70%以上。加快“四个发展”，必须要持续扩大投资规模，继续实施项目带动战略，大力加强交通、能源、水利、信息等基础设施建设，优化投资对发展的拉动力。

(二) 着力推进工业化，促进工业结构优化升级

要以低碳、循环、生态、绿色为发展方向，以发展园区经济为载体，以发展循环经济为主要途径，构建特色鲜明、优势突出的现代产业体系，走新型工业化道路。具体而言，就是要依托优势资源，发展壮大优势企业，推动青海优势特色产业向“增加总量、扩大规模、提升层次、产业集群”转变，推动生产要素向支柱产业、骨干行业集中；推进资源开发向“联合开发、精深加工、综合利用”转变，充分发挥结构调整对经济发展的促进作用，促进工业结构优化升级。

(三) 着力加速城镇化步伐，推进“兰西格”经济区建设

要按照统筹规划、合理布局、完善功能、以大带小的原则，科学规划城镇功能定位和产业布局，强化城市产业功能，促进城市和小城镇协调发展。加快推进以西宁为中心的城市群建设。在乐都建一个省级的承接产业转移的集中区。加快柴达木城镇化和城乡一体化进程。加快兰西格经济区建设，着力构筑西部地区新的增长极，促进兰新、青藏铁路沿线经济带崛起。

(四) 着力转变农牧业发展方式，加快高原特色青海特点现代农牧业建设步伐

从青海省实际出发，坚持用工业化的思路指导农牧业，用市场

经济的理念经营农牧业，用现代管理的方式改造农牧业，加快构建现代农牧业产业体系。突出产业园区建设，重点建设海东农业"百里长廊"，推动生态畜牧业示范区建设。加快发展现代设施农牧业。以农畜产品精深加工为方向，支持重点龙头企业做大做强。

(五) 着力建设生态文明，推动绿色发展

在青海实施生态立省战略，发展生态文明，标志着我们对生态的认识上升到了一个新的战略高度。我们既要继续实施好三江源、环湖流域等生态保护工程，又要大力发展生态畜牧业、生态旅游业，大力发展民族文化产业，大力发展循环经济，抢占绿色经济的制高点，努力在新一轮的发展中赢得先机、把握主动。

(六) 着力保障和改善民生，加快发展社会事业

青海经济发展滞后，民生保障水平低。因此，必须把民生作为当务之急，坚持"小财政办大民生"的理念，集中有限的财力，切实解决好重点领域和重点群体的民生问题，加快发展各项社会事业，推进基本公共服务均等化，尤其要把解决贫困问题放在突出的位置，多方施策，确保扶贫攻坚目标如期实现，使发展成果惠及全省各族人民。

(七) 着力扩大开放，构建开放型经济新格局

必须进一步牢固树立大开放大发展、不开放不发展的意识，坚定不移地走开放融入之路，充分利用市场机制、合作机制和互助机制，加强与周边省区在能源、矿产资源开发、基础设施、旅游等多方面的联合协作。加强与对口支援省市、国家部委及中央企业的联系沟通，推动援青工作向更宽领域、更深层次发展。

(2009 年)

充分认识青海发展的阶段性特征

近年来,省委、省政府带领全省各族人民,积极探索具有青海特点的科学发展之路,妥善应对国际金融危机的冲击,努力克服玉树强烈地震等自然灾害的不利影响,使青海面貌发生了历史性变化,新青海建设的发展思路更加清晰,发展举措更加有力,发展后劲更加坚实。可以说,青海已经进入经济加速发展、产业加快转型的关键阶段,站在加速起飞的新的历史起点上。同时,青海仍处于并将长期处于社会主义初级阶段,贫穷落后依然是基本省情,发展不足仍然是最大现实,这是基于省情认识得出的结论。这一结论,有这么五条特征:

一、综合经济实力明显增强,同时长期形成的结构性矛盾和粗放型增长方式尚未根本改变

坚持把发展作为第一要务,聚精会神搞建设,一心一意谋发展,不断夯实发展基础。经过改革开放特别是西部大开发 10 年来的努力,经济实力大大增强。2010 年,实现生产总值 1 350 亿元,固定资产投资完成 1 068.7 亿元,财政一般预算收入达到 205 亿元,迈上了一个新台阶。同时要看到,青海刚刚步入工业化中期阶段,生产力总体水平不高,自主创新能力不强,长期形成的结构性矛盾和粗放型增长方式尚未根本改变。突出表现在三点:一是经

济增长主要依靠工业带动,原材料工业比重大,加工制造业比重低于全国水平 25 个百分点,轻工业发展滞后,轻重工业之比为 7∶93,工业总体处于全国产业链的低端环节。传统农牧业比重高,人均设施农业面积不足全国的一半,农业基础薄弱,加工转化率不足 30%。服务业增加值占国内生产总值的比重仅为 37%,远低于东部发达省份,而且主要以餐饮、商业等传统服务业为主,金融、保险、信息和现代物流等现代服务业正处在培育发展过程中。二是经济增长在很大程度上依赖于物质资源的投入,依靠能矿资源、土地、劳动力等要素的低成本优势,2009 年全省万元生产总值能耗为 2.689 吨标准煤,是全国平均水平的 2.4 倍。三是自主创新能力不强,缺乏核心技术,缺少知名品牌,研究与开发支出占 GDP 的比重为 0.4%,仅为全国平均水平的四分之一。区域创新能力、企业创新指标、创新绩效在全国分别排在倒数 2、3、4 位。专业技术队伍占从业人员的比例只有 3.4%,低于全国 5.5%的水平。科技转化率低,科技进步水平指数位于全国第 24 位。可见,转变经济发展方式、促进经济结构调整和产业优化升级的任务刻不容缓。

二、协调发展取得显著成绩,同时城乡、区域、经济社会发展不平衡问题依然突出

坚持统筹城乡、区域、经济社会协调发展,把解决好农业、农村、农民问题作为工作的重中之重,把逐步缩小区域发展差距作为重大战略任务,协调发展取得显著成效。西部大开发以来,青海的城镇化率由 2002 年的 37.7%,提高到 2010 年的 44.76%,每年有大量农牧民转为城镇居民。生产总值年均增长达到 12%,高出全国同期平均水平 1.8 个百分点,城乡基础设施建设取得突破性进展。同时要看到,青海仍处在城镇化加速推进的过程中,城镇化水平远低于全国平均水平。2010 年,全省农牧民年人均纯收入只有 3 863 元,还不到城镇居民人均可支配收入的三分之一。同全国相

比，青海城乡居民收入差距持续扩大，从西部12省区看，青海城乡居民收入位次由2000年的第7位降至2010年的第10位。虽然区域发展不平衡是大国经济发展的一般现象，全国有东中西问题，但在青海这一问题更加突出。海西州和果洛州，人均地方一般预算收入相差7.7倍，海西州和玉树州，人均地方一般预算收入相差24.5倍。这些年经济快速发展，但社会事业发展和社会领域改革相对滞后，上学难、看病难、就业难等关系老百姓切身利益的问题比较突出，社会保障、医疗卫生等公共服务起步晚、起点低。从西部省区看，城乡低保标准依然呈下降趋势，分别由2008年的第2位和第3位下降到2010年的第7位和第5位。就业方面，每年有10万城镇人口需要解决就业问题；农牧区有近百万富余劳动力需要向城镇和二、三产业转移。实现城乡、区域、经济社会全面协调发展的任务艰巨繁重。

三、人民生活水平和生活质量明显提高，同时贫困人口和低收入人口还有相当数量

坚持以人为本，把实现好、维护好、发展好最广大人民根本利益作为一切工作的出发点和落脚点，让改革发展成果惠及全省各族人民。从2002年到2010年，全省城镇居民和农牧民年人均可支配收入增长2.2倍以上，城乡居民人均住房面积分别由16.9平方米增加到27.8平方米、由16.3平方米增加到22.72平方米，彩电、冰箱、洗衣机等家用电器广泛进入普通家庭，汽车也开始走进寻常百姓家。2010年，全省用于民生方面的支出达到550亿元，占财政支出的74%。“小财政办大民生”的发展思路，有力推进了新农合、城乡生活保障、城镇居民医疗保险、国有关闭破产企业退休人员医疗保险、游牧民定居工程等进程，九年义务教育得到全面普及，人民生活普遍改善，幸福感日益提升，老百姓的日子一天比一天过得好。同时还要看到，青海仍处于低水平、不全面的发展和不

平衡的小康，民生水平依然偏低，社会事业发展仍然滞后。2010 年，虽然全省 GDP 增长了 15.3%，增速为 30 年来最高，但占全国比重仍只有 3‰，GDP 排名列全国第 30 位，城乡居民收入均排名全国第 29 位。根据全面建设小康社会进程统计监测，2008 年，全省总体实现程度为 57.2%，比西部平均水平低 9.1 个百分点，比全国低 17.4 个百分点。2010 年，全省农牧区还有 138.36 万名贫困人口。这些充分说明，让全省各族人民都过上富裕美好的生活还任重道远。

四、生态环境建设成效显著，同时资源约束和环境保护压力不断加大

坚持资源开发与生态保护的有机统一，把保护生态作为义不容辞的神圣责任，大力实施生态立省战略，退耕还林、退牧还草、生态移民、天然林保护力度不断加大，三江源地区不再考核 GDP，生态环境保护和建设取得积极进展。2000 年到 2009 年，森林覆盖率由 4.4%提高到 5.3%，植被覆盖率由 51.39%提高到 53%，生态环境局部有所改善，三江源水源涵养功能初步恢复。同时要看到，生态环境恶化趋势尚未得到根本扭转。水土流失和土地沙漠化趋势加剧，全省受风、水、冻融侵蚀的面积已占全省总面积的 46%。由于气候变化及草场严重超载，草地退化程度日益加重，3 800 万公顷草地中有三分之一发生退化。工业化、城镇化进程加快，土地开发利用强度增大，一些重要生态功能区和敏感区受到不同程度的影响，致使生态失衡问题凸显。随着藏医药行业的迅猛发展，生物物种保护与藏药产业化发展的矛盾日渐突出，给生物物种资源保护带来较大压力。既要加快发展，又要保护生态，资源约束和环境保护的压力日趋增大，转变经济发展方式任务异常艰巨。

五、社会形势总体稳定，同时引发社会不稳定因素日益增多

坚持推动民族地区经济社会的跨越式发展，把维护稳定作为

重中之重,确保社会长治久安。“十一五”期间,尽管经历了国际金融危机、玉树强烈地震、突发事件增多等困难和挑战,全省经济依然持续快速增长,社会各项事业全面进步,为社会稳定奠定了坚实的物质基础。改革开放30年来,国有企业改革、政府机构改革、农村税费改革、社会保障制度改革等一系列关系国计民生的重大改革措施,都没有因社会稳定问题而受阻。在西藏、新疆等地发生重大不稳定事件的情况下,全省始终保持社会稳定、民族团结、宗教和睦,创建全国民族团结进步示范区具有比较扎实的工作基础和群众基础。同时要看到,青海既处于黄金发展期,又处于矛盾凸显期。西方敌对势力利用达赖集团对我遏制的既定战略不会改变,达赖集团挟洋自重,图谋分裂国家的顽固立场不会改变。境内外敌对势力、敌对分子对青海省藏区的渗透、颠覆破坏活动,一直是维护社会稳定面临的最大威胁。由人民内部矛盾引发的群体性事件,数量明显增多,涉及面日益宽泛,主体成分多元化,组织化倾向明显。近年来,公安机关在处置群体性事件时,暴力抗法现象时有发生,已经成为影响社会稳定的突出问题。互联网在方便人们生产生活、促进经济社会发展的同时,由于管理等问题,也给社会稳定带来一些消极影响,成为境内外敌对势力、敌对分子进行政治、文化、意识形态渗透的“桥头堡”、恶意炒作的“主阵地”和非法组织活动的主要平台、违法犯罪活动的重要工具。因此,深入研究新形势下的稳定工作,着力推进社会管理创新,对于维护社会稳定至关重要。

综合所述,青海虽然已经站在新的历史起点上,经济社会发生了翻天覆地的变化,但面临的矛盾和问题依然很多。建设富裕、文明、和谐新青海,是青海各族群众梦寐以求的美好愿景和矢志不渝的奋斗目标。正是因为青海长期贫穷落后,所以更加渴望过上富足安康的生活,发展已经成为青海各族人民内在的共同追求;正是因为青海改革开放以来始终坚持把发展作为第一要务,人民生活一天比一天好，所以发展是硬道理的思想已经深入人心，不可逆转；正是因为青海各民族在漫长的历史发展进程中，早已形成了相互依存、休戚与共，各民族多元一体的格局，并结成了牢不可破的血肉纽带和兄弟情谊，所以更加珍惜稳定和谐的社会环境，这也是谋求自身发展的内在需要。

尽管青海集中了西部地区、民族地区、高原地区和欠发达地区所有发展特点和困难，尽管加快经济发展方式转变、保障和改善民生、维护社会和谐稳定、保护生态的任务艰巨繁重，前进的道路上还会遇到这样或那样的矛盾和问题，但客观分析青海面临的形势，总体发展环境比"十一五"更加有利，仍处于大有作为的重要战略机遇期。只要准确把握发展大势和阶段性特征，充分利用各种有利条件，站在新的起点上谋划未来，励精图治，奋发进取，青海完全有基础、有能力顺势而为，乘势而上，实现跨越式发展和长治久安。

（2011 年）

青海贯彻落实十八届三中全会《决定》的四个着力点

党的十八届三中全会是在全面建成小康社会决定性阶段召开的重要会议。全会通过的《中共中央关于全面深化改革若干重大问题的决定》，是我们党历史上第一个全面深化改革的文件，是指导当前和今后一个时期我国改革发展的行动纲领。在全面深化改革中，经济体制改革是重点。对青海这样一个资源能源丰富、生态地位重要、经济相对落后的省份来讲，学习宣传贯彻好全会精神，必须充分认识全会的历史地位和深远影响，全面审视当今世界和当代中国发展大势，科学判断有利条件和不利因素，进一步增强进取意识、机遇意识、责任意识，结合省情特点，深入分析研究全会精神相关利好，积极主动地研究改革问题，只争朝夕地推动改革事业，不断以改革红利促进青海跨越式发展。为此，必须抓好以下四个着力点：

一、着力构建生态补偿机制

青海生态地位极其重要，是我国重要的生态安全屏障。建立健全生态补偿机制，不仅对青海生态文明先行区建设至关重要，而且对推进全国生态文明建设意义重大。

(一) 青海是亚洲乃至北半球气候变化的启动区

青海地处江河之源，境内河流、湖泊、冰川众多，面积达到 1 800

多平方千米，是长江、黄河、澜沧和黑河的发源地，每年向中下游输出优质淡水资源600亿立方米，养育着全国三分之二的人口，被誉为“中华水塔”“地球之肾”，是亚洲乃至北半球气候变化的启动区。

（二）青海生态类型独特多样，90%的国土面积为限制开发区域和禁止开发区

当前，虽然我们在三江源生态补偿机制、国家草原生态保护补助奖励机制和森林湿地生态效益补偿等方面进行了积极的试点，但是大规模的真正意义上的生态补偿机制还在探索之中。全会提出：“实行资源有偿使用制度和生态补偿制度，坚持谁受益、谁补偿原则，完善对重点生态功能区的生态补偿机制，推动地区间建立横向生态补偿制度。”全会明确提出要建立横向的生态补偿机制，这是全会的一个亮点，为我们青海坚定推进生态文明先行区建设增添了新的推动力，带来了一个十分难得的发展机遇。全会强调，完善发展成果考核评价体系，加大资源消耗、环境损害、生态效益等指标的权重，纠正单纯以经济增长速度评价政绩的偏向，这就从考评机制上为建立和完善生态补偿机制奠定了良好的基础。我们要在推动国家建立健全以国家为主、省区间互利互惠、规范长效的生态补偿机制，制定和完善生态补偿法规的基础上，推动国家建立大江大河流域生态补偿机制，设立纵向水资源保护补偿基金；健全流域间横向协作联动和水资源有偿使用制度，明确补偿范围和标准，实现受益地区对保护地区的补偿；鼓励社会力量参与以及碳汇交易等新型补偿方式，统筹解决生态建设与环境保护、农牧民生产生活、基本公共服务、基层政权运转、农牧民转产创业等问题，推进生态文明建设，使生态保护区人民共享全国改革发展成果，走人口与资源环境协调发展的路子。

二、着力构建资源性产品价格形成机制

价格改革一直是我国经济体制改革的一项重要任务。经过多

年努力，一般商品和服务领域的价格市场化程度已显著提升，但在煤、电、油、气等资源性产品领域，价格形成机制还不够合理，价格低于国际一般水平，没有反映出资源的稀缺性。在青海省经济结构中，资源性产品占有十分重要的地位，是经济社会发展的重要支撑。其价格的波动，直接影响着整个经济结构的调整和相关产业的发展。全会提出："加快自然资源及其产品价格改革，全面反映市场供求、资源稀缺程度、生态环境损害成本和修复效益。"这对推进资源性产品价格改革，理顺资源价格，发挥价格杠杆作用，实现资源有效利用和节约，转变经济增长方式，完善社会主义市场经济体制具有重要的现实意义。当前，青海省资源性产品价格存在的问题主要是：部分地区供水价格仍然偏低，污水处理费标准偏低，推行非居民用水超定额加价制度、居民用水阶梯式水价等节水制度难度较大；发电份额主要集中在个别大型电站，难以形成多元化的市场竞争主体，影响竞争性的电力市场形成；电力资源由电网统购统销的格局没有打破，没有形成科学合理的输配电价体系，销售电价种类过于复杂；缺电局面将会持续存在，外购电价格高出青海省的平均上网电价；现行的成品油定价机制具有一定的滞后性，易引发投机行为和社会质疑；经济发展相对滞后，调整天然气终端销售价格的压力较大；等等。

根据全会提出的改革思路，结合青海省经济发展实际和"十一五"时期价格改革经验，青海省资源性产品价格改革，要坚持市场化的改革取向，深化资源要素价格改革，充分发挥市场在资源配置中的决定性作用，逐步理顺资源性产品价格关系，建立能够反映资源稀缺程度和市场供求关系的价格形成机制，促进资源可持续开发利用，为建设节约型社会、转变经济增长方式创造良好的价格体制条件和政策环境。

由于煤、电、油、气等资源性产品是现代社会日常生活的重要组成部分，在重点理顺价格关系、提高经济效益、促进节能减排和环境保护的同时,还应完善价格调整与利益调节机制。总之,既要使资源价格能合理反映成本构成,又要使改革兼顾群众日常生活基本需要,促进改革公平正义,让广大居民共享改革发展成果。

三、着力健全资源有偿使用制度

资源有偿使用制度是指国家采取强制手段使开发利用自然资源的单位和个人支付相应费用的一整套管理措施。使用自然资源必须付费,这是天经地义的。但当前资源及其产品的价格总体上偏低,所付费用太少,没有体现资源稀缺状况和开发中对生态环境的损害,必须加快自然资源及其产品价格改革,全面反映市场供求、资源稀缺程度、生态环境损害成本和修复效益。全会提出:"坚持使用资源付费和谁污染环境、谁破坏生态谁付费原则,逐步将资源税扩展到占用各种自然生态空间。"资源富集是青海经济社会发展最重要的优势之一。青海资源税征收的项目有石油天然气、煤炭、光卤石、金属矿产品和非金属矿产品五大类几十种。其中,石油天然气是从量计征,其余是从价计征。2012 年,共征收 17.8 亿元上缴财政。加快资源税改革,对于促进资源型地区资源优势转化为经济优势,增强自主发展能力,缩小区域发展差距意义重大。

下一步,国家会陆续出台有关资源税改革的配套方案,我们要主动研究问题,积极建议中央给地方政府下放部分资源配置权,进一步明确中央与地方政府在资源配置方面的权责利,增强地方政府的话语权。尽快改革资源税计征方式,由从量定额征收改为从价定率征收。充分考虑资源的稀缺性和不可再生性,资源开发造成的生态环境恢复成本等因素,适当提高资源税税率。扩大资源税税目,将黄金等重要资源纳入资源税征收范围。将青海确定为矿产资源从价计征改革试点地区。同时,要采取有效制度约束开发企业税负转嫁。如石油资源税上调后导致油价进一步提高,煤炭资源税提高后导致电力价格上涨等。因此，推动资源税改革，必须要建立抑制改革成本转嫁与合理使用资源税的制度框架，使改革的成本由国家、地方、企业和民众共同承担，尽可能限制资源开发企业转嫁成本而最终让民众买单。

四、着力扩大向西开放

习近平主席在访问中亚时提出了共同建设丝绸之路经济带的重大战略构想。全会提出："加快同周边国家和区域基础设施互联互通建设，推进丝绸之路经济带、海上丝绸之路建设，形成全方位开放新格局。"加快融入丝绸之路经济带对青海内陆开发开放，实现跨越式发展提供了重要的历史机遇。其主要优势有区位优势、民族优势、自然资源优势和特色产业优势等，同时也面临着一些突出问题和困难，包括基础设施建设相对滞后，缺乏省际综合运输通道；对外开放水平较低，与中亚国家经贸联系较少；生态环境保护压力大，产业承载能力有限；产业基础薄弱，创新能力不足；缺乏开拓国际市场的能力，"走出去"能力较弱等。我们要辩证分析青海在丝绸之路经济带中的优势和不足，充分认识自身的地位和作用。笔者认为，可以这样定位：青海是丝绸之路经济带向西开放的重要腹地、能源资源的战略要地、能源进口的重要通道。结合青海和周边省区经济发展及对外开放情况，青海在丝绸之路经济带建设中应着力打造"特色经济先行区"。为此，需要采取以下措施推动青海加快融入丝绸之路经济带：

(一) 发挥青海资源优势，大力打造高原特色循环经济体系

加大盐湖化工、煤化工、有色金属及加工、油气化工等特色产业链的延伸，将柴达木循环经济区打造成为国家级的新型工业基地，大力推动新能源、新材料、特色农牧产品、生物医药等绿色产业发展，积极承接东部地区装备制造、消费电子、特色纺织等产业转移，深入挖掘丝绸之路文化旅游内涵，不断提升现代服务业发展水平。

（二）深化区域经济合作，共同建设“向西开放”的经贸共同体

以东部城市群建设为着力点，加快推动兰西经济区建设。办好青洽会等重要文化商业体育活动，适时在中亚国家举办青海商品博览会。积极参与周边国家和省市举办的商业文化活动。利用西北其他省区的资金、技术、人才等优势实现共同发展。加强各省区之间产业政策、发展规划和重大项目的沟通协商。

（三）争取国家政策支持，不断完善丝绸之路战略通道

加强综合交通体系建设规划，推进交通、电力、物流、信息技术等关键基础设施的建设，积极推进口岸开放，继续开辟更多的国际（境外）航线。争取国家支持适当放宽鼓励和吸引外资的产业指导目录范围，争取更多的国际多双边无偿援助项目。

（四）创新对外开放的体制机制，推动内陆开放取得新突破

完善组织领导体制，探索建立跨地区跨部门联动协调机制。深化境外投资管理体制改革，加大“走出去”力度，推动与中亚国家的劳务合作。积极探索新的园区管理模式，支持无水港码头、保税区建设，加快试点经验的推广。申报一批国家级外贸转型升级示范基地，培育一批特色鲜明的向西出口基地。强化激励机制，积极引进一批具有国际经验的高端复合人才。

（2013 年）

让夕阳生活更优雅

——关于加强西宁地区老年教育的建议

当前我国已进入老龄化社会，2015年底我国60岁以上老年人口已经达到2.22亿人，占总人口的16.1%。预计2020年老年人口将达到2.43亿人，未来20年我国人口老龄化形势将更加严峻，并且我国的人口老龄化与工业化、城镇化相伴随，老龄问题的严峻性是全世界少有的。

老年人口规模的迅速扩大，带来了对老年教育和学习服务的巨大需求。在这一背景下，"老年教育热"悄然兴起，很多地方老年大学报名场面火爆，入学名额供不应求，出现"一座难求"的现象。如安徽合肥市老年大学，所开设的249个班，班班爆满，学员人数极度饱和。南京金陵老年大学招生之际，凌晨3点排队都未必排得上，"蹲班占坑"的现象频现，最长的学员已经在老年大学读了20多年还不愿毕业。外头的人想进去，里头的人不想出来！由此可见，"活到老，学到老"，继续受教育，既是老年人的权利，也是一项"刚需"。

2016年10月，国务院办公厅印发《老年教育发展规划(2016—2020年)》(以下简称《规划》)，对加快发展老年教育、扩大老年教育供给、创新老年教育体制机制、提升老年教育现代化水平作出明确部署，提出到2020年，以各种形式经常性参与教育活动的老年人占老年人口总数的比例达到20%以上的目标。西宁市作为全国首位度[①]最高的城市，大力发展老年教育，是积极应对人口老龄化、建设学习型社会的重要举措，也是满足老年人多样化学习需求、提升老年人生活品质的必然要求。

一、西宁地区老龄化及老年教育之现状

与全国形势趋同，青海省老龄化呈快速发展趋势，截至2015年底，青海省60岁及以上老年人口已达到65.39万人，占全省总人口的11.21%，70岁以上高龄老人达30.51万人，在省辖8个市州中，西宁地区老龄化程度达到13.05%，高出全省1.84个百分点。加之，西宁作为青海首善之地，各州县，尤其是青南三州的离退休人员相当比例选择西宁作为养老之地，因此，西宁地区养老服务"输入性"压力巨大。随着时代的变化，物质条件的不断丰富以及家庭小型化、空巢化的发展趋势，大量老年人希望通过接受老年教育增长知识、丰富生活、陶冶情操、增进健康、融入社会，提升老年人生活品质。但西宁地区老年教育尚处在起步阶段，还存在不少问题：

（一）老年教育资源供给不足

目前，西宁地区较具规模的老年教育机构有3所，即省老干部局管辖的省老干部大学和省民政厅、老龄委管辖的省老年大学和市老年大学，年均招生规模不足3 000人。西宁市老年教育如果仅仅依靠老年大学，已不能满足新时期老年人终身学习的强烈需求，再加上西宁地区整体办学力量明显不足，老年教育资源供给远远不能满足西宁地区"银发群体"规模化和多样化的学习需求。社区教育是服务市民终身学习、服务社会治理创新、服务学习型城市

---

① "城市首位度"是美国学者马克·杰斐逊于1939年提出的一个概念，指一个国家（或区域）首位城市与第二位城市的人口规模之比。

建设的重要载体，也是积极应对人口老龄化问题的重要抓手。老年人行动多有不便，因此送教上门、就近入学是打通第三龄[①]人生教育“最后一千米”的关键环节。但是，由于受场地、经费、师资等条件限制，西宁地区存在老年教育授课形式单一，教学质量良莠不齐，教学内容和资源相对滞后，教师教学水平和社区服务能力参差不齐的发展不均衡状况。

（二）老年教育的顶层设计滞后

老年教育既不是“广场舞”式的大众娱乐活动，更不是帮扶社会弱势群体的民间慈善行为，而是政府应对日益严峻的老龄化进程、减少人口老龄化给社会可能带来各项负面影响所必须采取的战略措施之一。只有完善老年教育的顶层设计，强化老年教育中心机构的示范引领作用，创新建立“多层次、互补型、全覆盖”的老年教育体系，才能从一个方面将人口老龄化的负面影响降到尽可能低的程度，从而为整个经济社会的健康有序运转提供积极保证。中共中央、国务院印发的《国家中长期教育改革和发展规划纲要（2010—2020 年）》第一次将“重视老年教育”纳入国家教育大战略格局。《老年教育发展规划（2016—2020 年）》为各地发展老年教育指明了方向。目前，青海省老年教育还缺乏具体的中长期规划。因此，作为省级老年教育事业的顶层设计，亟待进一步完善。

（三）运行保障机制不健全

首先，资金投入难保障是目前老年教育的一大瓶颈。目前，全省社区教育经费人均 2 元，只在城西区得到了落实，其他区县均无经费保障，多以老年人自费为主，缺乏有力的资金支持使西宁地区老年教育这个“朝阳产业”发展后劲不足；其次，老年教育的师资保

① 在国外，人们习惯于将人生划分为四个相继的年龄期：儿童及青少年期；职业及谋生期；退休期；依赖期。“第三年龄”指的就是退休期。它之所以受重视，是因为退休后的“第三年龄”从时间上看大约占据了人生的三分之一。

障问题也不容忽视。放眼国内，老年大学的师资还未充分利用高校的师资力量，高校尚未把老年教育纳入自己的系统，许多从事老年教育的专兼职教师课酬普遍偏低，不利于师资队伍的稳定和专业化发展。由于受专业师资、管理人员的专业素养和教学场所等主客观条件制约，还不能充分满足老年学员的社会化、个性化需求等；再者，老年教育缺乏必要的制度保障，造成社会普遍视老年教育为“可有可无”“锦上添花”的教育，政府和民众关切程度远不及学前教育和基础教育，各地多采取“依靠老领导、依仗老面子、依托老关系、依附老部下”来发展老年教育。

（四）社会力量参与度不足

老年教育供给严重不足，老年大学定位不适应新形势的需要，老年教育途径形式过于单一，社会力量的潜力和作用没有充分调动起来。除专业社会机构外，无论是高校还是企业、社会团体、社会义工，主动参与老年教育的积极性和主动性都不高，尚未建立政府积极推动、社会力量广泛参与和个人志愿者自觉行动的三方联动工作格局。

二、加快西宁地区老年教育之建议

当前，青海省正处在全面建成小康社会的攻坚期，如何有效化解“未富先老”的难题，探索出一条依托文化养老来满足老年人精神需求的内在权利诉求之路，这就需要我们紧扣社会发展脉搏，整合社会各方资源，汇聚社会各方力量，着力打造具有青海特色、齐抓共建的老年教育大平台，使西宁地区老年教育走在全省乃至西部地区前列。

（一）扩大老年教育资源供给

《规划》提出，要优先发展城乡社区老年教育，促进各级各类学校开展老年教育，推动老年大学面向社会办学。大力发展社区老年教育是扩大老年教育资源的有效补充，转变以往社区服务功能，整合社区服务机构与教育机构资源，引导老年人在家门口就近入学。加强高校老年大学建设是扩大老年教育资源供给的另一条重要途径。高校的教学基础、办学经验丰厚，参与老年社会教育在师资、软硬件设施等方面优势明显，是加强老年教育工作、满足老年人口日益增长的精神文化需求不可或缺的资源，有关部门应出台相应政策法规支持高校开设老年大学。推动老年大学面向社会办学也可弥补老年教育资源的不足，推进养教结合，把老年教育纳入社会养老、社区养老、居家养老体系，在发展新型养老服务业中拓展老年教育的内容。

（二）做好老年教育顶层设计

老年教育事业的顶层设计，应该包括发展规划、管理体制和运行机制三个方面。目前，国家已经出台了《规划》，那么，青海省和西宁市应尽快出台《老年教育发展规划》实施方案，要坚持“党委领导、政府主导、社会参与、全民行动”的老龄工作方针，以扩大老年教育供给为重点，以创新老年教育体制机制为关键，明确西宁地区老年教育当前和今后一段时期内的发展目标、重点任务、基本原则、管理体制、运行机制，系统全面地规划老年教育的施教主体、保障措施等关键问题，逐步形成组织、教育、文化、民政、老龄、社区等多部门和组织共同推进老年教育协调发展的新格局。

（三）创新老年教育体制机制

加强老年教育工作必须创新老年教育体制机制，探索老年教育的新模式。因此，必须构建多层机构相互配套的运行机制，使城市老年教育形成“市、区、镇街、社区”四级教育网络格局，实现老年教育的基层化与大众化。与之相配套的，还要有健全的保障机制。要采取多种方式努力增加对老年教育的投入，充分发挥政府和市场的双重作用，本着“政府投入为主，社会资助为辅，受教育者适当收费”的原则，形成政府、市场、社会组织和学习者等多主体分担和筹措老年教育经费的机制，切实拓宽老年教育经费投入渠道，为加快推动西宁地区老年教育发展提供强有力的财力、物力保障。

（四）拓展老年教育方法路径

根据《规划》要求，到2020年，全国县级以上城市原则上至少应有一所老年大学，50%的乡镇（街道）建有老年学校，30%的行政村（居委会）建有老年学习点，各省（区、市）选取若干个养老服务机构，开展养教结合试点。《规划》明确提出要探索以开放大学和广播电视大学为主体，建设老年开放大学。到2020年，力争全国50%的县（市、区）可通过远程教育开展老年教育工作。我们要顺势而为、应势而动，在已有老年教育机构基础上，发挥青海广播电视大学系统办学优势，建设青海老年开放大学，依托"各级电大＋教学点＋教育基地"的办学模式，盘活存量、扩大增量、整合资源，减少重复建设，加速推动老年教育的触角伸向基层、伸向社区、伸向广大农牧区，有效缓解老年教育供需矛盾，实现老年人就近入学、方便学习的目的。发挥青海广播电视大学远程教育优势，搭建老年教育在线学习平台，制定老年教育数字化学习资源标准体系，建立资源共享共建机制，源源不断地将海量、优质的课程资源送到学习者家门口，实现足不出户满足老年人多样化、个性化的学习需求。同时，老年人还可以通过游学、网络微课程等各种形式参与到老年教育中。

（五）强化老年教育队伍建设

要加强队伍建设，弥补老年教育师资力量的不足。加快培养一支结构合理、数量充足、素质优良，以专职人员为骨干、与兼职人员和志愿者相结合的教学和管理队伍。青海省要尽快出台相应政策，鼓励高等院校开展老年教育的相关专业，支持相关专业毕业生及行业优秀人才到老年教育机构工作，鼓励各级各类学校教师到老年教育机构做兼职教师。

习近平总书记曾说过，“壮心未与年俱老”（陆游诗句），只要心态年轻，何惧岁月催老？只要不断学习，人生自会开阔。随着老年教育的不断推进，相信每个人都可以更优雅地老去，拥有更丰富的人生。

（2016 年）

论文

青海历史文化的三大特色

历史文化是一个地区社会的文明财富和底蕴、社会和谐的基石、生存与发展的灵魂。梳理青海历史文化特色，对推动新青海建设、增强文化自信和自觉具有重要意义。笔者认为，青海的历史文化至少有三个方面的特色：

一、青海是华夏文明的重要“发祥地”

（一）青海高原是黄河流域人类活动最早的地区之一

据考古挖掘，在沱沱河沿、海西小柴旦湖等地发现距今 2 万—3 万年前的旧石器时代物品。在距今 6 800 年的贵南拉乙亥、宗日文化遗址，距今 4 000 年的马厂文化遗址，乐都柳湾原始社会公共墓地、民和喇家遗址，发现了许多精美的生活器具和玉器、青铜器等礼器，以及中国最早的小麦麦种。在尖扎发现距今 5 000 年刻有北斗七星和牛郎星的石刀，使我国观测天文的历史提前 1 000 多年。

（二）青海高原是彩陶的王国

青海彩陶，出土数量堪称中国第一。马家窑文化以风采卓异的彩陶器为基本特征，其数量之多，制作之精美，冠诸远古文化之首。乐都柳湾墓地是中国乃至世界迄今为止发掘墓葬最多、出土彩陶最多的一处原始社会公共氏族墓地，共清理各种文化类型墓葬1 700余座，出土彩陶文物2万多件。在同德、大通等地出土的舞蹈纹彩陶盆、双人抬物彩陶盆也令世人震惊。

（三）青海昆仑文化是中国史前文化的重要组成部分

青海地域文化中的昆仑文化作为中国传统文化的根母文化，象征着中华文化的凝聚力和向心力，象征着中华民族博大坚韧、自强不息、富于创造的精神力量，对中国文化发展产生了深远的影响，并吸引着许多海内外华夏子孙不远万里，远渡重洋前来寻根觅祖，顶礼膜拜，是当下和今后凝聚全球华人的精神纽带。以昆仑山及其相关的神话人物、神话故事为主体的昆仑神话，是中国三大神话传说中影响最大、叙事形态最古朴、资料保存最系统的神话系统。

（四）青海高原是羌部落起源地

距今5 000—4 000年的古羌人以青海羌塘地区几百个盐湖为住地，演变形成了三个羌族文化中心，并创造了盐的文明。传说中的炎帝部落，既是生活在青海高原古代先民羌人的祖先，又是华夏族的结合体。汉字中许多表示“好”和相当于这个意思的字和偏旁，如羊、祥、羹等都与羌人有关，是对羌人文明崇拜的反映，也是华夏文化中羌人文化的遗存。

二、青海是中华民族特色文化的重要“保护地”

（一）青海民间歌舞文化异彩纷呈

青海的民间歌舞多姿多彩，十分丰富。汉族舞蹈欢快喜庆，河湟“花儿”旋律优美、曲令丰富，民歌《四季歌》广为传唱，舞蹈《花儿与少年》曾风靡全国。土族舞蹈热情纯朴，“安召”“轮子秋”等舞蹈多次在国家、省级重大活动中亮相展示。回族、撒拉族舞蹈柔美抒情，宴席曲、骆驼舞具有鲜明的民族风格。藏戏色彩独特、内涵丰富，中国艺术界评价“青海藏戏甲天下”，民歌“拉伊”婉转悠长，藏族舞蹈浪漫豪放。寺院舞蹈宗教色彩浓厚，神秘而粗犷。据统计，全省民间舞蹈有 1 400 种左右，民歌近万首。

（二）青海民间节庆文化丰富多彩

青海河湟地区素有“花儿的海洋”之誉，“花儿会”场面宏大、特色鲜明。土族“纳顿节”极具民族特色，被称为世界上历时最长的狂欢节。同仁地区的“六月会”，原始文化气息极为浓厚，至今已延续近 500 年。蒙古族“那达慕”活动就是以马为主题，集音乐、舞蹈、体育为一体的民族文艺盛会。玉树地区的赛马会集骑术、服饰、歌舞表演于一体，规模宏大、场面壮观、久负盛名。

（三）青海民族文化特色浓郁

藏族服饰颇为精致、华丽和考究，文化艺术、建筑、医学、科技等独具特色，《格萨尔王传》卷帙浩繁，哲理深邃，流传久远，是世界上最长的一部英雄史诗，也是藏族历史的一部百科全书。回族在宗教与聚居分布上十分严谨讲究，各种风味小吃自成体系。土族婚礼别具一格，婚俗中有许多载歌载舞的场面，妇女的服饰华美、艳丽，刺绣品巧夺天工，行销海内外。撒拉族的撒拉曲等音乐语汇美不胜收，充满诗情画意，撒拉族的民居、服饰、歌舞特色浓郁。青海汉族过年时所要的社火是集音乐、舞蹈、曲艺、戏剧、杂技表演为一体的综合性艺术。

（四）青海非物质文化遗产内涵丰富

青海非物质文化内涵丰富，独具民族风格、宗教色彩和鲜明的地方特色。农民画色彩艳丽，构图饱满、造型夸张，乡土气息浓郁。各族妇女的刺绣艺术，地域特色浓郁，品种丰富，花样繁多。热贡艺术集唐卡、堆绣、雕塑、建筑彩画、图案、酥油花等多种艺术形式，被誉为“我国民族艺术宝库中的一颗瑰丽明珠”，2006 年被列入首批国家级非物质文化遗产保护名录。2009 年被列入联合国教科文组织人类非物质文化遗产代表作名录。据调查，全省百年以上的非物质文化遗产有 21 大类、200 余种。

三、青海是中华多元一体文化的“缩影”

（一）青海土地广袤，多民族聚居、多宗教并存

青海是我国地域面积最大、人口密度最小、海拔最高、少数民族人口比例最高、民族自治面积最大的省。青海从古代早期的羌、小月氏、匈奴、鲜卑、吐蕃等各部，到现在世居的汉族、藏族、回族、土族、蒙古族、撒拉族等6个民族，其中土族、撒拉族是青海独有的少数民族。青海兼具藏传佛教、伊斯兰教、道教和儒教四种宗教。青海呈现出一幅多民族、多元文化相互融合、和谐相处的绚丽画卷。

（二）各民族共同创造了多元地域文化

青海从史前的拉乙亥文化遗址、新石器时代马家窑文化遗址、铜石并用时代齐家文化遗址、青铜器时代卡约文化遗址等史前文化，早期的羌文化、鲜卑文化、吐谷浑文化、吐蕃文化，到当代汉族的儒道文化、藏族的佛苯文化、回族与撒拉族的伊斯兰文化、蒙古族的萨满文化和各民族的民俗文化，乃至“五个特别”的青藏高原精神、“人一之、我十之”的实干精神、自信开放创新的青海意识、玉树抗震救灾精神等为代表的新时代文化，无不充分显示青海各民族共同开发、创造多元地域文化的史实。

（三）青海拥有丰富的历史文化资源

在第三次全国文物普查中，全省共登记不可移动文物6 493处，其文化类型丰富多样，涉及古遗址、古墓葬、古建筑、石窟寺及石刻、工业遗产、文化线路、近现代重要史迹及代表性建筑等。现有国家级重点文物保护单位18处，省级重点文物保护单位315处。国家级历史文化名城1座，省级历史文化名城3座。

“青海青，黄河黄，还有那滔滔的扬子江，牛儿肥，马儿壮，昆仑山下好牧场，白云千里鸟飞翔，我们发源在青藏高原，这里是我们中华民族的故乡。”这是20世纪40年代，罗家伦先生用《中华民族

的故乡》这首诗来阐释青海在中华文明史中的重要地位。青海历史文化作为中华文化的一部分，是多元文化，具有风格迥异的人文景观和绚丽多彩的诸多亚文化；是包容文化，始终以其宽大的胸怀和开放的姿态，进行情感和文化上的交流和认同，体现中华民族兼容并蓄的特点；是特色文化，是保持特色、主导特色、开创特色的文化；是不断发展的文化，始终紧跟时代步伐，不断传承创新，丰富和扩大着内涵与外延。由此可以说，青海是华夏文明的重要“发祥地”，是中华民族特色文化的重要“保护地”，是中华多元一体文化的“缩影”，不但符合实际情况，而且也是我们发展特色文化，建设文化名省必然要遵循的依据之所在。

（2011 年）

大美青海之于美丽中国的九个关键词

十八大报告首次提出要建设美丽中国，顺应了人民群众对美好生活的新期待，彰显了执政党治国理政的新理念，昭示出整个中华民族永续发展的美好愿景。早在 2007 年青海就提出“大美青海”这一旅游形象符号。美丽中国，大美青海，美美与共，熠熠生辉。多年来，经过全省上下的深入研究，潜心挖掘，着力打造，大美青海的内涵越来越丰富，形象越来越清晰，地位越来越凸显。

关键词之一：故乡

赫赫我祖，来自昆仑。在中国目前的民族构成中，至少有包括汉族在内的三分之一以上的民族，与曾经生息在青海地区的古羌族群有着直接的渊源关系，他们的原始神话传说和文化传承脱离不了昆仑文化这一母题。在神话学家眼中，从盘古开天辟地、女娲炼石补天、后羿射日、嫦娥奔月，到王母临汉、黄帝创世、大禹治水、精卫填海……这些躲在神话故事背后的，正是我们民族最早的祖先身影。有专家学者称：昆仑山是创世神话、英雄神话和创造神话三位一体的东方奥林匹斯山。如今看来，其意义远不止此：青海是黄河、长江、澜沧江、黑河的源头，同时也是中华民族的故乡。中华民国时任国民政府考试院院长的戴传贤先生在 20 世纪 30 年代就指出:“青海是中国文明的策源地,滔滔河水,终于流成了泱泱大国。”他撰文称“中华民族的古代文明,几乎都可以在青海溯源觅踪的”,“青海是中国文化的鼻祖,中国百姓的老家”,“从青海的山脉、水源清楚知道,中国文化发祥地不在别处,就在青海高原”。他还说:“如把中国与欧洲比,青海就是希腊;如果把中国比春秋,青海就是岐山。”我国考古学的奠基人裴文中先生指出:“彩陶发达的中心无疑是黄河流域,西起青海,东迄河南,青海史前文化与中原有一脉相通之处,其为中国文化的孕育地当无疑问也。”20 世纪 40 年代,著名学者罗家伦先生来青海作了一次学术考察,有感而发,挥笔写下了题为《中华民族的故乡》的诗歌,来阐述青海在中华文明史上的地位和作用。“青海青,黄河黄,还有那滔滔的扬子江,牛儿肥,马儿壮,昆仑山下好牧场,白云千里鸟飞翔,我们发源在青藏高原,这里是我们中华民族的故乡。”这首诗至今仍收录在台湾的国文教材里,也被谱成曲子,广为传唱,家喻户晓,影响深远。正是这些史前遗产完美地串起了青海从蛮荒到青铜文明文化遗存的全景,验证着青海是华夏文明的重要“发祥地”之一。

关键词之二:屏障

青海被联合国教科文组织誉为世界四大无公害超净区之一,我国“两屏三带”生态安全战略格局的核心组成部分,是祖国天然的生态安全屏障。从气候上看,青藏高原的隆起,改变了大气环流方向,对北半球的环流产生重大影响,直接影响着我国气候的形成和演变,成为亚洲乃至北半球气候变化的“感应器”和“敏感区”。从生物物种上看,这里发育了热带季雨林、山地常绿阔叶林、针阔叶混交林及山地暗针叶林等森林生态系统类型,形成了广袤的内陆湖泊、河流以及沼泽等水域生态系统类型,孕育了高原特有的高寒草甸、高寒草原与高寒荒漠等生态系统类型,为不同生物区系相互交汇与融合提供了特定的空间,成为许多物种的分化中心,不仅衍生出众多高原特有品种，而且为某些古老物种提供了天然庇护场所。三江源地区是中国乃至世界上面积最大的生态保护综合试验区，是全球高海拔地区生物多样性最集中的地区，被誉为“高寒生物自然种质资源库”。2005 年 12 月 15 日，时任总书记胡锦涛同志在青海考察工作时强调：“青海是我国淡水资源的主要补给地和生物多样性最集中的地区之一，保护和建设好这里的生态环境，不仅关系到青海各族群众的生活和发展，而且关系到全国的生态安全和中华民族的长远发展。”

关键词之三：腹地

中国腹地广阔，像四川盆地、关中盆地、贵州山地这样地形复杂，远离边境，就是腹地。青海地处西北和青藏高原腹地，雄踞世界屋脊青藏高原东北部，境内山脉高耸，江河溪流纵横交错，内陆湖泊星罗棋布，草原起伏绵延，盆地浩瀚无垠，戈壁、湿地、沙漠、灌丛、森林应有尽有，是中国地形的一个缩影。巍巍昆仑绵延东西，唐古拉山、巴颜喀拉山和祁连山脉横贯昆仑南北，构成青海的地貌骨架。“远看是高山，近看似平川”，这是对青海独特地貌贴切的描述。同时，青海的地理位置意义重大。平时，这辽阔的面积与独特的地形地貌，是我们生存和发展的基础，一旦进入战争等非常时期，就可周转回旋，休养生息。青藏高原周边雪山耸立，冰川广布。这一座座高耸云天、披冰挂雪的山峰构筑了难以逾越的天然屏障，有效阻挡了喜马拉雅山以南国家对祖国的威胁。

关键词之四：支点

青海东邻甘肃达中原，西接新疆通中亚，南连西藏到南亚，纵深面积广阔，自古以来就是内地连接西藏、新疆的必经通道，是稳藏固疆的纽带，政治军事地位十分重要。早在 20 世纪 30 年代，著名记者范长江就看到了这一点，他在《青海纪行》中提出“伟大的青海是中华民族的一个支撑点"的著名论断。新中国成立后，国家相继修筑了青藏公路、青藏铁路和进藏输油管道，使青海不但成为进藏物资的战略储备基地，也成为维护西藏及其他藏区稳定和边境安全的战略要地。同时，青海是汉藏政治、经济、文化的交汇点，也是影响全国藏区社会稳定的中心点。全国除西藏之外有 10 个藏族自治州，其中 6 个在青海。青海藏区是藏传佛教后弘期的发祥地，是黄教创始人宗喀巴的诞生地，也是高僧大德和藏学人才辈出的地方。全省信仰藏传佛教的人口有 145.3 万多人，占总人口的 26.56%。长期以来，青海藏区和西藏、新疆、甘肃、四川等地在民族、宗教、文化、亲缘等多方面有着深厚的历史渊源，共同的民族文化、共同的宗教信仰，使青海藏区与西藏及其他藏区形成了特殊的经济文化圈，一直是境外敌对势力利用民族宗教问题进行分裂渗透破坏活动的重点地区。历代中央政权为了维护整个藏区的稳定，大都采取"稳藏必先安青"的策略，通过赐封青海籍藏传佛教高僧、在青海屯兵、兴办藏学等措施，维护了我国藏区稳定和中华民族的整体利益。在当前"稳藏必先安青"的策略仍具有现实意义。青海作为反分裂反渗透的前沿阵地，维护青海藏区的长治久安，不仅关乎全国藏区的发展和社会稳定，也关乎国家的安全和统一。

关键词之五：大美

与江南秀美小巧相比。青海之美，堪称"大美"。大山、大江、大河、大湖，集于一地。雄浑之美，壮观之美，磅礴之美，深邃之美，显于一域。人到此地，豁然开朗，心旷神怡。青海地理面积有 72 万平方千米，占全国面积的 1/13，在这里，青南高原高寒区、西北干旱区和东部季风区自然交汇，三种地理特色浓缩到青海大地，带来的是景色的无限大美。青海共有世界级旅游资源 11 个，国家级旅游资源 80 个，省级旅游资源 200 多个。有被《中国地理》杂志评为中国最美的湖泊之首的青海湖和中国最美的三大草原之一的祁连山牧场。有三江源、年保玉则、可可西里等在世界上具有较高品位、不可复制的旅游资源。有汉族、藏族、土族、蒙古族、撒拉族等相互影响、交相辉映的民族文化。这些自然、文化元素注入青海原生态美而增添了无穷魅力,或大方端庄,或小家碧玉,或柔美温柔,或风情万种,这些相聚于一点却并不矛盾,美得和谐自然,美得令人心颤。

关键词之六:水塔

青海被誉为"中华水塔""地球之肾",是我国重要的产水区。全省水资源总量 629.3 亿立方米,全省年耗水量占水资源的 2.1%,向下游地区输水量占水资源量的 97.7%。黄河 49.2%、长江 1.8%、澜沧江 16%、黑河 40%的水量从青海流出,青海是我国重要的水资源涵养区。全球 15 座 8 000 米以上高峰中有 5 座、7 000 米以上的雪峰有将近 40 座都在喀喇昆仑山脉,是世界最高峰和大冰川密度最大的地方。除地表水和全国最大的湿地外,青藏高原多年冻土区还有总储量达 9 528 立方千米的地下冰,可见青海是全国重要的水资源安全战略要地。

关键词之七:资源

青海矿产资源丰富,在已发现的 134 种矿中,探明有储量的 108 种,有 11 种矿产储量位居全国首位,78 种居全国前 10 位。青海是全国最大的盐湖化工基地。青海盐湖资源丰富,尤以察尔汗盐湖为代表,是我国最大的钾镁盐矿床,各类资源总量达 600 亿吨以上,除有丰富的氯化钠、钾、镁、锂以外,还拥有储量可观的硼、溴、铯、铷等稀有元素。青海已形成盐湖化工循环型产业体系。2012 年,青海钾肥占全国总产量的 68.2%。青海是全国重要的有色金属基地。青海有色金属成矿条件优越,铜、铅、锌、金、铁等有色金属储量大,开发前景较好,祁连山、柴北缘、东昆仑、三江北等成矿带都有形成大型乃至超大型矿床的前景。近年来，青海着力构建镁、铜等有色金属产业链，有色金属工业实现增加值占全省规模以上工业增加值的四分之一。青海是全国重要的新材料产业基地。青海积极发展新材料产业，重点发展晶体硅材料、薄膜材料、绿色电池材料、磁性材料、新型合金材料和新型化工材料，着力将资源优势转化为产业优势。青海是全国重要的国际藏毯基地。青海是藏毯发源地，有国际地毯行业公认的编织地毯的最佳原料——西宁大白毛，历经两千余年的积累实践，青海藏毯企业在生产方式、生产工艺、产品研发等方面已处于国际领先地位。2003年，青海省就提出把西宁打造成"世界藏毯之都"。目前，青海藏毯产量已占全国藏毯产量的90%以上，出口额占全国手工地毯的30%。青海是全国重要的藏医藏药基地。青海有中藏药材(植物、动物、矿物)1 660种，大部分动植物天生具备抗高寒、抗缺氧、抗疲劳的特性，优于其他地区的生物，具有很强的药用价值，有广阔的开发前景和形成产业规模的物质基础。其中198个品种是国家和省内确定的重点品种。青海藏医药有两千多年的发展历史，形成了深厚民族特色的民族医药学和独特的理论体系。

关键词之八：能源

青海的能源非常丰富，水能、太阳能、风能等禀赋优势明显。青海境内河流落差大，水能资源1万千瓦以上的河流有108条，理论蕴藏量2 187.3万千瓦，具备建设全国重要水电基地得天独厚的条件。黄河水能资源最为集中，省境内总规划装机2 044万千瓦，年总发电量近700亿千瓦时，已建成大中型电站10座，装机1 008万千瓦。随着黄河龙羊峡以上河段以及澜沧江水电开发步伐的加快，青海必将成为全国重要的水电基地。青海太阳辐射强度大，日照时间长，年总辐射量达5 800兆焦/平方米—7 400兆焦/平方米，直接辐射量占总辐射量的60%以上，是全国太阳能最丰富的地区。特别是柴达木盆地，年辐射总量大于 6 800 兆焦/平方米，有可利用的荒漠化土地 10 万平方千米，非常适宜规模化开发。太阳能发电理论装机容量可达 30 亿千瓦。近年来，青海加快推进光伏及相关配套产业发展。建成并网光伏电站 210 万千瓦，产值逾千亿元的太阳能产业集群业已形成，成为全国最大的光伏发电及产业基地。青海省煤炭远景储量 380 亿吨，累计探明储量 56 亿吨，保有储量 55 亿吨。保有资源储量中，炼焦用煤约 36 亿吨，无烟煤 1 亿吨，动力煤 18 亿吨。2012 年，全省煤炭产量 2 606 万吨，其中，动力用煤 883 万吨，炼焦用煤 1 723 万吨，上年度库存炼焦用煤 209 万吨。近年来，青海不断提高煤炭资源综合利用水平，重点发展煤炭洗选、煤基多联产和煤炭深加工业。随着察汗诺煤基多联产、西宁甘河煤基多联产等项目开工建设，青海全力打造以煤化工、能源、盐湖化工、冶金相结合为特色的全国重要的新型煤化工基地。青海风能资源较丰富，部分区域属于风能可利用区，年平均风功率密度多在 50—100 瓦/平方米。全年风能可用时间 3 500—5 000 小时，出现频率 50%—70%。全省风能资源的分布特点是西北丰富，东北匮乏，北部又大于南部。《青海省风电发展规划》规划了 44 处风电场，总装机 1 615 万千瓦。此外，全省可燃冰的远景储量至少有 350 亿吨油当量。

关键词之九：枢纽

青海地处青藏高原中枢地带，尤其是青海东部素有“天河锁钥”“海藏咽喉”“金城屏障”“西域之冲”和“玉塞咽喉”等称谓，可见地理位置非常重要。青海曾经是盛极一时的东西方大通道，青海留下的丰厚的文化遗产，见证着丝绸之路、唐蕃古道曾经车马辐辏、商旅云集的荣耀。丝绸之路青海段联系着中国的漠北、西域、西藏高原、印度等地的交通，而唐蕃古道被誉为汉藏两个民族团结和友谊的纽带，是汉藏两个民族共同发展的金桥。西部大开发以来，青藏铁路建成通车，一个以兰青、青藏铁路为主体，辅以相应干支线，沟通省内大部分州地市的铁路路网基本形成。未来几年，随着兰新高铁的投入运营及格尔木至敦煌、格尔木至库尔勒、格尔木至成都、西宁至成都铁路的规划建设，青海将形成中国西部最通达、最便捷的铁路网络，成为连接我国东部与西部、西南与西北、内陆与边陲的交通枢纽和欧亚大陆桥的重要通道。

走遍五湖四海，大美唯有青海。笔者不揣浅陋，归纳提炼大美青海之于美丽中国的九个关键词，以求教于方家，以期国人充分认识青海的战略地位，辩证分析青海的发展优势，尽情享受青海的大美风光。

（2013 年）

浅谈建立西宁国家级经济技术开发区的意义

为了实施西部大开发，经国务院批准建立西宁国家级经济技术开发区(以下简称"开发区")，这对促进青海省资源开发、强省富民具有十分重要的意义。

一、开发区与开放城市、经济特区的区别

经济技术开发区与开放城市相比，在享受优惠政策方面，有一定的区别。经济技术开发区在出国审批手续、所得税、工商统一税和关税等方面除享受沿海开放城市外商投资企业的所有优惠政策外，利用外资项目的审批权限，可以进一步放宽，大体上比照经济特区的规定执行(经济特区的审批权限为3 000万美元以下)。

经济技术开发区与经济特区相比，也存在着一些明显差别：

(1) 开发区是在所属人民政府直接领导和具体管辖下的一块实行某些特殊政策的开放区域。

(2) 在经济结构上，开发区是以发展先进的工业生产和科研为主，第三产业主要依托所在的城市，为区内的生产经营和生活需要提供服务；特区则以出口加工业为主，工贸结合，金融与旅游等第三产业协调发展，产业结构合理，发展科技先进的外向型经济。

(3) 在优惠政策上，开发区只有生产、科技领域才能按15%的

税率征收企业所得税；特区则不论生产型或非生产型，均可享受这一待遇。

二、办开发区的条件和意义

建设开发区必须具备一定的内外部条件，必须大量投入设施的投资，每平方千米达1.3亿—1.5亿元；必须以老城区为依托，有土地资源；必须具备铁路、公路、航空等交通条件；必须具有国内国际市场渠道；必须有较为丰富的专业技术人才资源。

1984年5月，中央决定进一步开放14个沿海港口城市。在这些开放城市，有条件的地方逐步兴办经济技术开发区，通过采取类似特区的优惠政策，吸引外资，开发新技术、新产品、新兴工业。经济技术开发区在吸引外商投资的优惠政策是：

(1) 在经济技术开发区内开办的“三资”企业的生产性企业，从事生产、经营所得和其他所得，按15%的税率征收企业所得税。其中，经营期在10年以上的，经企业申请，市税务机关批准，从开始获利的年度起，第1—2年免征所得税，第3—5年减半征收。

(2) 开发区所在地的市人民政府，有权决定减、免开发区的地方所得税。

(3) 开发区的中外合资企业的客商从企业分得的利润汇到境外，免征所得税。

(4) 客商在中国境内没有设立机构而有来源于开发区的股息、利息、租金、特许权使用费和其他所得，除依法免征的外，都按10%的税率征收所得税。

(5) 开发区企业进口自用的建筑材料、生产设备、原材料、零配件、元器件、交通工具、办公用品等，免征工商统一税。

为了实施西部大开发战略，在青海省大的投资环境还难以短期内显著改善的情况下，先在条件相对优越的西宁市兴办一个国家级经济技术开发区，以用上、用足、用好中央赋予经济技术开发区的优惠政策，为青海省招商引资创造一个比较完善、配套的“小气候”作为青藏高原与国内外市场接轨的前沿，成为青海省资源开发的主战场，成为全省外向型经济的桥头堡和生长点，发挥它的窗口和辐射作用，具有十分重大的意义。

三、建立开发区的基本方针与基本原则

从沿海开放地区的建设实践看，内陆开放城市西宁在选择和确定开发区的规模、速度和步骤上，最重要的是必须坚持实事求是，一切从实际出发，量力而行的“引凤筑巢”和“筑巢引凤”的方针，也就是说，要按照切实可行的总体规划，引进一个项目，开发一片，收益一片，逐步开发，直至完成总体开发。真正搞好开发区土地的合理开发与综合利用，具体必须坚持以下五个原则：

(一) 坚持全面规划与分期建设相结合的原则

从本地区实际出发，在总体规划下，有计划、有步骤分期分批地逐步建成。首先是集中力量把起步区建设好，不能把摊子铺得过大。起步区的建设，既要考虑到与近期产业衔接起来，又要考虑今后发展的需要。

(二) 坚持引进能够开发利用当地资源，振兴当地经济的先进技术的原则

要分析当地经济水平、技术现状、资金特点，从振兴当地经济着眼，从充分开发利用当地资源着手，使引进的技术，兴办的企业能够促进当地的老企业技术改选，促进农业产品结构的调整，促进外贸从出口原料转变为出口制成品，从出口粗加工品转变为出口精加工品。

(三) 坚持内联与外引并举的原则

开发区需要着眼于引进“三资”企业和“三胞”投资企业，以外向型为目标；同时也要大力引进内联企业，使外向型经济和内向型

经济一起发展。

(四) 坚持多种经济成分并存的原则

开发区内兴办企业不受所有制形式的限制,企业管理体制和形式不拘一格,不论国内外、省内外,还有国有、集体、民营企业和个体工商户,都可以进区兴办企业、科研机构和服务业等。

(五) 坚持“三低二高”的原则

在引进项目时,要坚持低耗水、低耗能、低污染、高载值、高效益的原则,以保证城市生态环境的平衡。

四、办好西宁开发区的几点建议

(1) 西宁国家级经济技术开发区,要全面规划,集中力量,由小起步,滚动开发,逐步扩大。开发区内可分为若干小区,如综合工业区、高新技术产业区、生活服务区等。

(2) 开发区管理模式采取省市共管,以市为主,大体分为决策层、管理层和经营服务层,各司其职,各尽其责。

(3) 要把办经济技术开发区同老企业和老城的改造有机地结合起来,防止把老企业放在那里不管,又到开发区去建一大批新厂的外延式投入。

(2000 年)

对外贸易与经济增长相关性分析

一、理论回顾与问题的提出

第二次世界大战以来，由于新科技革命的出现，进一步推动了生产和交换活动的国际化进程，大大加强了各国间的相互往来与依赖。当今的世界几乎没有一个国家能够封闭锁国而取得经济的迅速发展。发展对外贸易，对任何国家的国民经济而言都显得十分重要。因此，关于对外贸易与经济增长相互关系以及对外贸易能否促进经济增长等问题，便自然而然地成为贸易理论和发展经济学界一直争论的焦点之一。

在对外贸易与经济增长关系问题上大体有三种观点：一种是经济学家罗伯特逊(D·H·Roberson)和R·纳克斯建立的R—N理论的观点，即认为对外贸易是经济"增长的发动机(the engine of gronth)"，国际贸易不仅能带来直接的或静态的利益，而且能带来间接的或动态的利益；另一种是持否定态度的劳尔·普雷维什和辛格的观点，他们认为对于初级产品出口国家而言，对外贸易甚至还会导致贫困化增长；还有一种则是持折中态度的克拉维斯的观点，即"贸易只是增长的侍女(Trade as a Handmaiden of Growth)"，而不是"增长的发动机"。对外贸易在不同国家的不同时期有着不同的重要性，它既不是增长的充分条件，也不是必要条件，而且还不一定必然对经济有益。

从以上的理论回顾中可以看到，在对外贸易是否能促进经济增长问题方面仍有分歧。由于中国是发展中国家，是大国案例的典型，而一般理论都假设大国很难从开放中得到经济增长的好处。如果中国的案例进一步验证了对外贸易促进经济增长的关系，那么就有理由认为广大发展中国家必须采取适当的促进对外贸易发展的外向型经济政策。因此，无论从理论方面还是从实践方面而言，研究中国对外贸易与经济增长的相互关系就显得非常必要。青海省作为内陆经济不发达省份，其对外贸易与经济增长的相互关系是与全国呈现一致性，还是有特殊性，若有特殊性，特在何处？原因何在？

二、对外贸易与经济增长相互关系的实证分析

（一）1978—1998 年间我国对外贸易与经济增长的关系

选取 1978—1998 年作为样本区间，是为了保证经济变量所经历时期的经济体制与经济政策的一致性。在中国当代经济史上，1978 年可以说是一个分水岭，其前后的经济体制截然不同。中国从 1978 年开始实施经济改革与对外开放政策，从而使中国对外经济联系加强，经济得以迅速增长，这一过程之中，对外贸易扮演了举足轻重的角色。

表 1　中国经济增长与进出口发展概况　（单位：亿美元）

年 份	国内生产总值(A)	进出口总值(B)	进口总值(C)	出口总值(D)	B/A (%)	C/A (%)	D/A (%)
1978 年	2 157.2	206.4	108.9	97.5	9.6	5.0	4.5
1979 年	2 588.6	293.3	156.7	136.6	11.3	6.1	5.3
1980 年	3 011.9	381.4	200.2	181.2	12.7	6.6	6.0
1981 年	2 843.5	440.3	220.2	220.1	15.5	7.7	7.7

（续表）

年 份	国内生产总值(A)	进出口总值(B)	进口总值(C)	出口总值(D)	B/A(%)	C/A(%)	D/A(%)
1982 年	2 801.4	416.1	192.9	223.2	14.9	6.9	8.0
1983 年	2 997.2	436.2	213.9	222.3	14.6	7.1	7.4
1984 年	3 077.7	535.5	274.1	261.4	17.4	8.9	8.5
1985 年	3 049.1	696.0	422.5	273.5	22.8	13.9	9.0
1986 年	2 957.2	738.5	429.1	309.4	25.0	14.5	10.5
1987 年	3 215.7	826.5	432.1	394.4	25.7	13.4	12.3
1988 年	4 013.0	1 027.9	552.8	475.2	25.6	13.8	11.8
1989 年	4 485.2	1 116.8	591.4	525.4	24.9	13.2	11.7
1990 年	3 880.3	1 154.4	533.5	620.9	29.8	13.7	16.0
1991 年	4 063.5	1 356.3	637.9	718.4	33.4	15.7	17.7
1992 年	4 834.5	1 655.3	805.9	849.4	34.2	16.7	17.6
1993 年	6 012.9	1 957.0	1 039.6	917.4	32.5	17.3	15.3
1994 年	5 424.5	2 366.2	1 156.1	1 210.1	43.6	21.3	22.3
1995 年	7 003.4	2 808.6	1 320.8	1 487.8	40.1	18.9	21.2
1996 年	8 169.0	2 898.8	1 388.3	1 510.5	35.5	17.0	18.5
1997 年	8 982.2	3 251.6	1 423.7	1 827.9	36.2	15.9	20.4
1998 年	9 588.9	3 239.3	1 401.7	1 837.6	33.8	14.6	19.2

1. 对外贸易与经济运行轨迹

1978 年以前，由于受自给自足的小农经济思想的影响和传统的产品经济观念的束缚，我国的对外贸易始终是充当调剂国内产品余缺的一种手段而发挥互通有无的作用，没有被置于发展经济的战略地位。由表 1 知，到 1978 年进出口贸易的规模仍然很小，进出口额、进口额和出口额分别为 206.4 亿美元、108.9 亿美元和

97.5 亿美元。自从 1978 年以来，随着改革开放政策的推行，中国对外贸易取得了长足发展，对外贸易规模迅速扩大，1998 年进出口额、进口额和出口额分别达到了 3 239.3 亿美元、1 401.7 亿美元和 1 837.6 亿美元，比改革开放之初的 1978 年各增长了 14.7 倍、11.9 倍和 17.8 倍。在此期间，国内生产总值也由 1978 年的 2 157.2亿美元上升到 9 588.9 亿美元，增长了 3.5 倍。中国对外贸易与经济增长运行轨迹的趋势基本一致，即当经济发生波动时，对外贸易也随之发生波动。这一点在国内生产总值与进出口额及进口运行轨迹中表现得尤为显著，而出口额随国内生产总值波动的周期依然存在，只是变动幅度不大罢了。

然而在 1979—1998 年的 20 年间，国民经济与对外贸易的总体发展趋势在逐年上升，呈现出较为密切的依存关系。这与世界许多著名经济学家对长期经济发展的研究结果是一致的，即“在一国经济发展的低级阶段或经济发展的‘起飞阶段’，对外贸易与国民经济依存关系的曲线是升扬的，例如战后经济发展较快的韩国、新加坡、马来西亚等国”。

2. 对外贸易依存度的变化趋势

我们已经知道，中国对外贸易与经济增长运行轨迹的趋势基本一致，或者说是平行的。但是，日本经济学者小岛清认为，从更长时期的经济增长过程来看，如果贸易量的增加同国民经济的增长是平行的，这并不能说明贸易的扩大带动了经济增长，也不一定是贸易的特殊贡献。要表示贸易对经济增长所起的作用，把贸易量的扩大同国民经济的增长加以对比更为合适。因此，为了进一步探索对外贸易与经济增长的相互关系，这里再从对外贸易依存度的变化趋势加以分析。

外贸依存度是指一国进出口贸易额与其国内生产总值之比，即外贸依存度＝进出口额/国内生产总值(或国民收入，但很少使用)。为了便于分析，本文又引入了出口依存度和进口依存度的概念。所谓出口依存度，就是一国出口额与国内生产总值之比；进口依存度，是指一国进口额与其国内生产总值之比。

上述指标所阐述的经济含义是比较直接的，即在一国的经济增长中，对外贸易与国内经济的相互关系及其与整个世界经济发生联系的程度。

表1反映出我国国民经济发展中对外贸易依存度逐年提高，经济增长与对外贸易间的关系越来越紧密。1998年外贸依存度高达33.8%，比1978年的9.6%提高了24.2个百分点。1998年出口依存度和进口依存度各达到19.2%和14.6%，分别比1978年提高了14.7和9.6个百分点。我国目前外贸依存度和出口依存度均高于美、日等发达国家以及印度、巴西等发展中国家。尽管存在因汇率及计算方法上的影响而高估的现象，但起码从一定程度上说明了我国自从改革开放以来，国内经济建设已经在相当大的程度上依赖国际交换的扩大，国民经济的增长与对外贸易的发展密不可分。

3. 回归分析

西北大学董秘刚先生，采用普通最小二乘法进行回归分析，其目的在于能够定量地对1978—1998年间我国对外贸易与经济增长的相互关系加以证明。其结果表明：1978—1998年间我国进出口总额与国内生产总值之间具有较密切的关系，20年来，进出口总额每增加1亿美元，导致国内生产总值平均增加2.0955亿美元。当进口额每增加1亿美元时，就会使国内生产总值平均增加4.595亿美元；当出口额每增加1亿美元时，就会使国内生产总值平均增加3.7834亿美元。可见，1978—1998年间，我国进口对经济增长的作用较出口对经济增长的作用要稍微大一些。

4. 关于对外贸易与经济增长相互关系之结论

实证分析表明：1978—1998年间，我国对外贸易与经济增长的相互关系是日趋密切的依存关系，这不仅是经济发展和经济体制转变的客观要求，而且是发展进程中的必然现象。这与《世界发展报告》(1991 年)的研究结果是一致的。世界银行(1991 年)对近 50 年来世界经济发展的研究表明，一个国家的经济增长依赖于外贸，而外贸发展取决于经济增长。贸易同经济之间是平行发展的关系。

总而言之，中国也和其他国家一样，外贸与经济增长之间存在着双向的因果关系。一方面，外贸发展取决于经济增长；另一方面，经济增长也依赖于外贸发展。

(二) 1980—2000 年间青海对外贸易与经济增长的关系

无论是对一个国家，还是一个省，对外贸易在国民经济中的地位和作用是不言而喻的。

1. 对外贸易对青海省经济发展的贡献

(1) 对外贸易在国民经济中的作用加强。对外贸易作为青海省经济与世界经济联通的桥梁，对青海省的经济发展起到了积极的作用。国民经济发展对对外贸易的依赖程度不断提高。根据对 1991—2000 年 10 年数据的计算，青海省外贸依存度平均为 6.63%，外贸出口对 GDP 的贡献率平均为 5.85%，均有较大幅度的上升。青海省利用“两种资源”，开发“两个市场”，使青海省国内生产所创造的价值，通过直接或间接参与国际分工实现的价值越来越大，对外贸易已成为推动青海省国民经济持续、快速、健康发展的不可缺少的部分。

(2) 对外贸易发展为青海省改革和开放创造了基本条件。对外贸易的发展为青海省改革和开放的持续发展创造了基本条件，在经济发展的各个时期，外汇紧缺一直是进口原材料、引进国外先进技术和设备及利用外资的不利因素。1980—2000 年青海省累计出口创汇 14 亿美元。改革开放以来，青海省工业特别是制造业设备的更新、技术的引进，促进了青海省生产力的提高,这与对外贸易的贡献密不可分。先进技术、设备的进口不断扩大,为企业进行技术改造和重点工程建设创造了条件。青海省技术引进主要涉及能源、机械、石化、冶金、邮电、交通等行业,先进技术与青海省产业发展相结合,促进了产品的更新换代,提高了青海省企业参与国际竞争的能力,加快了青海省产业结构的调整。

(3) 对外贸易的发展扩大了劳动就业。青海省的出口产品仍以劳动密集型产品为主。据测算,每出口 1 亿元的产品可为 1.2 万人提供就业机会,按近年来的出口规模计算,青海省出口的产品可以扩大就业大约 12 万人。同时进口也为扩大劳动就业起到了促进作用,按青海省每亿元工业生产成本约容纳 8 000 个劳动力计算,2000 年进口的生产资料大约可解决 5 000 人就业。从 1980 年以来,青海省对外贸易一直是改革开放的主力军,为改革开放做出了重大贡献,在经济发展中不断释放出能量。

(4) 出口的多样化与放开经营促进了企业改革的进程。从党的十三大关于外贸体制改革的“自负盈亏、放开经营、工贸结合、推行代理制”方针的提出,到确立社会主义市场经济目标,提出中国利用市场机制走向开放型经济的发展方向。依靠市场机制发展出口的一个最重要的政策就是放开经营,外贸改革特别是逐步放开外贸经营权的改革,使青海省获得经营权企业数量迅速增加,打破了国有外贸企业垄断经营的局面,出现了外贸企业、生产企业、科研院所、三资企业、民营企业几路大军共同开拓国际市场的局面。经营权的放开就带来竞争,有序的竞争促进了企业的发展,促进了企业改革的进程,加快了与国际接轨的步伐,从而使青海省经济更多分享了对外贸易带来的间接好处。

青海省从 1980 年起实行进出口自营政策。对外贸易与青海经济增长的关系如何?

表2 青海经济增长与进出口发展概况 （单位：亿美元）

年 份	国内生产总值(A)	进出口总值(B)	进口总值(C)	出口总值(D)	B/A (%)	C/A (%)	D/A (%)
1980年	11.93	0.09	0.05	0.04	0.75	0.42	0.34
1981年	9.84	0.13	0.05	0.08	1.32	0.51	0.80
1982年	10.36	0.15	0.04	0.11	1.45	0.39	1.06
1983年	11.47	0.23	0.10	0.13	2.00	0.87	1.13
1984年	11.35	0.25	0.11	0.14	2.20	0.97	1.23
1985年	11.24	0.34	0.13	0.21	3.03	1.15	1.88
1986年	11.14	0.43	0.17	0.26	3.88	1.51	2.37
1987年	11.65	0.51	0.11	0.40	4.40	0.97	3.43
1988年	14.77	0.54	0.08	0.46	3.66	0.57	3.09
1989年	16.03	0.65	0.06	0.58	4.04	0.40	3.64
1990年	13.86	0.70	0.02	0.68	5.07	0.17	4.90
1991年	13.64	0.78	0.02	0.76	5.72	0.18	5.54
1992年	15.33	1.04	0.14	0.90	6.78	0.89	5.89
1993年	19.07	1.24	0.23	1.02	6.52	1.18	5.34
1994年	15.70	1.43	0.20	1.24	9.13	1.26	7.87
1995年	19.73	1.62	0.24	1.38	8.21	1.22	6.99
1996年	22.08	2.25	0.90	1.35	10.19	4.08	6.11
1997年	24.43	1.64	0.40	1.24	6.71	1.64	5.08
1998年	26.63	1.14	0.10	1.04	4.28	0.38	3.91
1999年	28.80	1.08	0.21	0.87	3.75	0.73	3.02
2000年	31.82	1.60	0.48	1.12	5.03	1.51	3.52

注：国内生产总值按每年外汇管理局公布的人民币对美元年平均折算率折算

由表2知，到1992年，青海省进出口贸易的规模仍然很小，进出口额、进口额和出口额分别为1.04亿美元、0.14美元、0.9亿美元，分别占GDP的比重为6.78%、0.89%、5.89%。从1993年之后，青海省进出口贸易获得长足发展，1993年青海省外贸出口首次突破1亿美元大关。2000年进出口额、进口额、出口额分别为1.6亿美元、0.48亿美元、1.12亿美元，比自营进出口之初的1980年增长了16.8倍、8.6倍、27倍，比1992年各增长了53.8%、42.9%、24.4%。在此期间，全省国内生产总值由1980年11.93亿美元上升2000年到31.82亿美元，增长了1.7倍，比1992年增长了1.1倍。可见1980—1992年期间，对外贸易增长幅度远远高于国内生产总值的幅度。而1993—2000年期间，国内生产总值的增幅年均达7.6%，高于进出口总值的增幅(年均3.7%)，远远高于出口的增幅(年均1.49%)。这表明对外贸易，尤其是出口贸易对国内生产总值增长的拉动作用减弱。

2. 青海外贸依存度的演变

外贸依存度是指一国对外贸易总额与国内生产总值(GDP)的比值，用于衡量该国经济对国际市场依赖程度的高低。对外贸易分为出口和进口两部分，相应的，外贸依存度可分为出口依存度(即出口额与国内生产总值的比率)和进口依存度(即进口额与国内生产总值的比率)两个概念。在实际工作中，人们往往更重视出口依存度，它比外贸依存度更强调出口贸易对经济发展的带动作用，而且可以避免进出口贸易值的重复计算。从长期看，一国或一个省的出口和进口是趋于平衡的。因此，两者考虑其一即可。

自1980年以来，青海省对外贸易有了一定的发展，1980—2000年间，青海省进出口总额的年均增长速度达到15.54%，其中出口年均增长18.12%，进口年均增长12.09%。相应的，外贸依存度随之增长，外贸依存度由1980年的0.75%上升到1994年的9.13%，出口依存度由1980年的0.34%上升到1994年的

7.87%。1994 年之后，青海省的外贸出口逐年下滑，呈现出徘徊不前的状态，2000 年外贸依存度仅为 5.03%，出口依存度仅为 3.52%。而同期全国的外贸依存度为 44.43%，出口依存度为 23.13%，西部地区出口依存度多数省区在 5%左右。这说明青海省经济增长与对外贸易的发展相关性减弱。

3. *青海对外贸易与经济增长相互关系之结论*

实证分析表明：1980—2000 年间，青海省对外贸易与经济增长的相互关系，由于青海的经济发展水平、出口商品结构等诸多因素影响，以 1994 年为分水岭，分为两个不同的阶段：前一阶段，对外贸易尤其是出口贸易与经济增长呈现日趋密切的依存关系，出口有力地促进了经济增长；后一阶段，对外贸易尤其是出口与经济增长的相关性减弱，有的学者认为这一阶段青海省外贸出口对经济增长是负拉动。由于两者之间的关系比较复杂，说“负拉动”未免过于草率，但 1994 年之后，相关性减弱，外贸出口徘徊不前，也是不争的事实，青海经济增长主要靠投资、消费拉动。

三、青海经济发展与出口贸易的关系

研究青海对外贸易与青海经济增长的相关性，首先必须研究青海经济发展与出口贸易的关系。经济发展与经济增长是有区别的：经济增长只是经济总量或人均经济量的增加，是创造 GDP 的生产能力大小的表现；而经济发展不仅包括经济在量的方面的增长，还包括结构转换和经济、社会在质的方面的改善，是经济、社会状况的综合表现。经济发展与经济增长在方向和结果上也常常存在着不一致的现象。

经济发展与经济增长又有着紧密的关系：经济增长是经济发展的基础，是实现经济发展目标的物质保障，而经济发展则给经济更大的增长空间，经济增长是手段，而经济发展才是目的。二战以来，国外的学者和一些国际经济组织在其经济分析报告、著作中对经济发展与出口贸易的关系有过大量的研究、探讨。在研究这一问题时，大多数人只用出口额与国内生产总值作比较，而不用进出口额与国内生产总值作比较。其原因主要有二：一是避免重复计算；二是出口额比进口额更能真实反映一国经济发展的水平和参与国际经济的程度。故用出口额与国内生产总值作比较，在很大程度上已成为一种国际惯例。

(一) 经济发展是扩大出口贸易的基础

出口贸易属于流通领域，是把一国或一省的经济同国际市场乃至整个世界经济联系在一起的重要渠道之一。一个国家或一个省区经济的发展对出口贸易起着主导的决定作用，是扩大出口贸易的基础，决定着出口贸易的商品结构、出口商品的数量、出口商品的质量档次、出口交易的履约率等。就青海情况而论，青海的出口贸易商品结构呈现"五多五少"（半成品多，制成品少；初加工产品多，深加工产品少；中低档产品多，高档产品少；传统产品多，创新产品少；一般产品多，拳头产品少）这样一种明显的落后状态。同样，因为青海省经济发展水平的制约，青海省的出口创汇额在近期内也很难有大的突破。所以，从根本上说，青海的出口贸易能不能够有一个较大的突破，关键要看青海省的经济发展情况，取决于青海省工农业生产的技术水平和劳动生产率的提高。

(二) 扩大出口贸易将对一国(或一省)经济发展起到巨大的促进作用

联系青海省的实际，这种促进作用主要表现在三个方面：

1. 有利于扩大利用外资的规模

利用外资的规模，归根到底取决于偿还能力。青海省作为一个经济落后的发展中国家的一个省，建设资金短缺在今后相当长的时间内将是经济生活中的一个突出问题。为了实现青海省经济发展的长远目标，保证青海省的经济持续快速增长，保证西部大开发的顺利实施，就一定要坚持对外开放的方针，积极合理有效地利用外资。但利用外资存在着一个外汇偿还的问题,都要以青海省的出口创汇作为基础。可见,扩大出口贸易,增加外汇收入,乃是扩大利用外资规模,加速青海省经济发展的重要条件。

2. 有利于扩大国外先进技术和设备的引进

科学技术是第一生产力,一国(或一省)科学技术的发展状况及其在生产上的应用,直接决定着它的生产力和经济发展速度。青海省的农业生产,目前基本属于手工劳动,工业企业的技术设备也落后陈旧,都急需进行全面的技术更新和设备更新。因此,要想大幅度地提高青海省的社会生产力,必须要用现代化的科学技术和先进的设备来武装国民经济各部门。在现代条件下,科学技术也是一种商品,它的发明、使用和转让都受到商品经济一般规律的制约。现代国际贸易的特点之一,就是技术贸易的迅速发展及其在国际贸易中所占的比重逐渐提高。青海省要增强经济发展的后续能力,加快经济的发展速度,扩大引进国外先进技术和设备是势在必行。而扩大引进又必须以扩大出口贸易,增加外汇收入,即提高青海省的外汇支付能力作为先决条件。

3. 有利于促进国民经济各部门的平衡发展

首先,建立在扩大出口贸易基础上,有计划、有重点地把外资和国外技术引导到青海省经济发展急需克服的某些薄弱环节,或在全省总体经济发展战略中属重点发展的部门,以及结合青海省的生产力布局,强化现已形成的工农业生产基地,促进青海省部门经济结构和地区经济结构的合理调整,有利于各部门和地区经济的协调发展。其次,扩大出口贸易本身也可促进工农业生产和其他各项事业的发展。最后,根据市场的需求,用一部分出口创造的外汇收入,进口一定数量的生活必需品,可调剂和补充这类商品的市场供给,促进供求平衡。

总而言之,生产决定流通,国民经济的发展决定出口贸易的规模和构成。但流通又反作用于生产,出口贸易反作用于国民经济。

两者相互作用，相互依存，相互制约，相互促进。

四、制约青海外贸出口徘徊不前的基本因素分析

(一) 经济发展水平落后，产业结构和产品结构不合理，导致出口商品技术含量和附加值不高，结构有待优化

从出口商品结构看，虽经多年努力有了比较明显的改善，全省出口商品已实现由初级产品和粗加工制成品为主逐步向出口制成品转变的第一阶段调整，但远未实现粗加工向精加工产品转变的第二阶段调整，全省出口粗放经营的状况仍未彻底改观，出口商品结构层次仍然较低。主要表现在：第一，全省出口初级商品和工业制成品比例是 16∶84，而全国是 11.2∶88.8，青海省工业制成品的出口比重比全国低 4.2 个百分点；第二，从工业制成品内部看，这个结构与全国水平甚至发达国家水平相似，但 84%的工业制成品中，大部分是资源和劳动密集型产品，技术含量和附加值不高，机电产品和“双高”产品只占 12%，比全国同类商品占出口总额的 57.15%低 45.15 个百分点。可见，机电产品已成为我国第一大出口商品，在扩大外贸出口方面起了不可替代的作用，而青海省由于出口商品结构有待优化，高技术含量、高附加值产品在全部出口中所占比例较低，影响了青海省出口规模的扩大。

(二) 引进外资能力不强，不利于出口商品结构的改善

直接利用外资能力是反映一个地区吸收、融合运用国际资本的能力，是地区经济开放度、市场发展潜力、产业政策导向、劳动成本、人才集中度、政策法律保障体系等投资环境因素的综合反映。全国直接利用外资能力平均水平为 11.8%，广东省为 31.88%，上海市为 12.65%，西部地区为 12.65%，青海省以 0.32%居西部地区的第 11 位，远低于西部其他省区（表 3、表 4）。

表 3 直接利用外资能力对比

地区	1999 年固定资产投资额		1999 年使用国外贷款		直接利用外资能力	
	亿元	位次	亿美元	位次	%	位次
全国	29 854.71		403.19		11.18	
重庆	562.87	5	2.39	4	3.52	2
四川	1 220.66	1	3.41	2	2.31	5
贵州	333.60	9	0.41	9	1.02	8
云南	717.28	2	1.54	5	1.78	6
西藏	56.60	12				
陕西	619.27	4	2.42	3	3.24	3
甘肃	384.08	7	0.41	8	0.88	9
青海	128.13	11	0.05	11	0.32	11
宁夏	130.61	10	0.51	7	3.23	4
新疆	534.65	6	0.24	10	0.37	10
广西	620.20	3	6.35	1	8.48	1
内蒙古	383.37	8	0.65	6	1.40	7

2000 年全国外商投资企业出口 1 194 亿美元，占出口总额的 47.9%，同期青海省外商投资企业出口 202 万美元，仅占出口总值 1.8%。由于外商投资企业规模不大、技术含量不高，影响青海省出口商品结构的改善，由于外商投资企业的出口占全省出口的比重太低，影响青海省出口规模 扩大。

间接利用外资能力反映一个地区在国际金融市场的间接筹资能力，地区金融市场开放广度和深度、经济增长稳定度、政治与企业信誉度的一个敏感性指标。随着经济开放程度的提高，间接利用外资的规模，会比直接利用外资的规模更大，增幅更大。1999

年全国平均水平为0.96%，总体水平还不高，广东省为1.23%，青海省以0.83%居西部地区的第7位，属中上游。

表4 间接利用外资能力对比

地 区	1999年末各项贷款余额		1999年使用国外贷款		间接利用外资能力	
	亿 元	位 次	亿美元	位 次	%	位 次
全 国	93 734.30		109.00		0.96	
重 庆	1 611.68	5	0.90	9	0.46	9
四 川	3 924.16	1	5.10	1	1.08	5
贵 州	899.83	9	1.54	5	1.42	2
云 南	1 617.35	4	0.88	8	0.45	11
西 藏	74.59	12				
陕 西	2 105.84	2	1.18	7	0.46	10
甘 肃	1 211.22	8	1.66	4	1.14	4
青 海	290.67	11	0.29	11	0.83	7
宁 夏	338.38	10	0.31	10	0.76	8
新 疆	1 386.78	6	1.47	6	0.88	6
广 西	1 719.19	3	2.94	3	1.37	3
内蒙古	1 248.21	7	2.89	2	1.92	1

由于青海省间接利用外资能力不强，影响了青海省经济结构、产业结构的调整，不利于投资环境的改善，对外贸出口的扩大产生一些间接的负面影响。

(三) 外贸出口经营主体结构不尽合理，国有外贸企业效益低下，非国有企业出口处于起步阶段，参与国际竞争的能力尚未充分发挥

全年国有企业出口占全省出口总额的91.28%，而青海省国

有外经贸企业大多存在经营机制落后、效益低下等问题，2000 年全省有 12 家外经贸企业全部面临破产。省内“三资”企业也同样存在着效益不佳的状况，据对省内 9 家“三资”企业的调查看，2000 年 9 家“三资”企业主营业务收入为 50 752.32 万元，利润总额共计 1 390 万元，每个企业利润总额不足 160 万元，9 家“三资”企业要支付从业人员劳动报酬达 804.49 万元。从 1999 年、2000 年出口主体结构看，在出口创汇的群体中，国有企业依然是主力，这样的经营主体结构不利于经营风险转移及全省出口规模的扩大。

表 5　1999 年、2000 年青海省出口主体结构

年份	国有企业	集体企业	中外合作企业	中外合资企业	外商独资企业	私营企业
1999 年	98%	1.09%	0.04%	0.35%	0.48%	0.04%
2000 年	88.36%	5.11%	0.06%	4.4%	1.18%	0.89%

(四) 出口市场构成及贸易方式较为单一

(1) 从青海出口市场的构成看，2000 年与青海省有贸易往来的国家和地区 60 个，全年对亚洲出口 8 004 万美元，占出口总值的 71.46%；对欧洲出口 1 189 万美元，占出口总值的 10.62%；对美洲出口 1 595 万美元，占出口总值的 12.72%。这种过于集中的出口市场格局，对青海省的出口规模的扩大带来很大的影响，主要出口市场一有风吹草动，势必对青海省出口带来很大的负面影响，亚洲金融危机之后，青海省外贸出口下降幅度较大，1999 年青海省出口仅 0.87 亿美元，比 1996 年下降 35.6%。

(2) 加工贸易所占份额较低。自改革开放以来，加工贸易在我国从无到有，从小到大。加工贸易涉及我国绝大部分产业，在促进区域经济繁荣、推动利用外资、引进先进技术、扩大出口和科学管理等方面发挥了积极作用，在我国国民经济中的地位举足轻重。2000 年全国加工贸易出口 1 377 亿美元，占出口总额的 55.26%。

同期青海省加工贸易出口仅 1 306 万美元，占出口总值的 11.66%，比全国加工贸易占出口总值的比重低 43.6 个百分点。

从上可见，出口市场的狭窄和贸易方式的单一，制约了青海省外贸出口的发展。

表 6 青海省“九五”出口贸易方式结构

年　份	一般贸易比重(%)	加工贸易比重(%)
1996 年	92.14	7.86
1997 年	90.58	9.42
1998 年	93.98	6.02
1999 年	93.47	6.53
2000 年	88.34	11.66

(五) 专业外贸企业缺乏核心竞争力及专业流程不畅

外贸企业存在的问题，从静态看，是资产质量差。根据青海省 1999 年的调查，省级专业外贸公司不良资产占涨面净资产的比例超过 70%，其中已造成实际损失的占 56%。从动态看，缺乏核心竞争能力是外贸企业生存和发展面临的一系列矛盾的焦点所在。这是因为：

(1) 核心竞争力弱，导致获利能力差，从而造成企业抵御风险的能力和消化不良资产的能力低。

(2) 核心竞争力弱，导致上、下游客户的素质不高；素质不高的客户又是经营高风险和不良资产的根源。

(3) 核心竞争力弱与缺乏凝聚力互为因果。由于核心竞争能力弱，导致企业没有凝聚力；没有凝聚力，无法吸引和聚集大批优秀人才，必然会使企业不能建立起核心竞争能力。这两者相互作用的结果，是经营风险上升、不良资产增加，企业缺乏持续发展能力。

(4) 核心竞争力的建立和提高,并非一朝一夕和指日可待的,是企业长期自觉努力、锲而不舍的结果;在目前的产权制度和治理结构安排下,实现这一目标尤其困难。

目前,绝大多数外贸企业的业务流程,基本上是业务人员包揽了从选择客户、签订合同、组织生产、验货报关、货款承付的全部环节。这种经营方式在打破"平均主义""大锅饭"体制弊端方面起到了积极而有效的作用。但随着外部环境的变化,其局限性日渐显现,并已经成为外贸企业进一步生存和发展的主要障碍:

(1) 经营资源分散。业务员和经营小组各自为战,每个经营单位相当于一个"个体户",企业就是一个汇合了诸多个体商户的"贸易市场"。没有体现企业作为一个系统的整体价值。

(2) 管理失控。企业经营者对经营活动的具体过程和环节不了解,签约、出运、价格、佣金、费用等收入支出的许多环节处于黑箱状态,漏洞多、风险高、效益差。

(3) 客户信用管理处于"真空状态"。企业的价值是由现金流量决定的,为企业创造现金流量和造成现金流量损失的来源和途径都是客户,所以客户管理是企业管理的重点内容。但是,由于实行"核算到人、考核到人"的体制,管理者仅了解财务账面的经营额和盈亏额,对客户的资信、经营能力和潜力知之甚少,与此有关的基础管理十分薄弱,既不知道经济效益好坏、经营额增减的根源在哪里,也不知道企业潜在风险在何处、发展的潜力在何方,结果导致了企业无核心竞争力。要改变这种状况,从长期看,根本的办法是技术创新;从短期看,现实的选择是经营方式创新,优化业务流程。

(六) 外经贸人才的缺乏和有限的人才流失,是制约青海省外贸发展的重要因素

一方面会外语、懂业务、善经营的复合型人才数量不足、质量不高;另一方面由于社会转型、经济转轨和企业结构调整,各种矛盾错综复杂,人们心理上受到的冲击前所未有,再加上一些企业经

营者“武大郎开店”,嫉贤妒能,大搞顺我者昌,逆我者亡,有些企业经营者趁企业破产之机,大捞特捞,中饱私囊,使不少有正义感的人甚感伤心、寒心,对外贸的前途感到绝望,于是外贸企业最可宝贵的资源——业务员,带着客户、带着商品纷纷调走,甚至不辞而别,给外贸企业带来严重的难以恢复的创伤,留着的人也是惶惶不可终日,无心于工作,做一天和尚撞一天钟,导致专业外贸企业出口数量在全省出口总额中比重大幅度下降,由原来的90%下降到20%,以致全省的外贸出口徘徊不前。

五、扩大青海省外贸出口的对策建议

(一) 实施产业结构带动战略,提高出口产品竞争力

青海省对外贸易的规模和结构,一方面反映着青海省参与国际分工的方式、层次和程度;另一方面也是提升产业结构,将青海省要素的优化配置与国际市场联通的渠道。要适应国际贸易向高附加值、高技术含量、精深加工产品发展的趋势,扩大青海省产品在国际市场的占有份额,必须提高出口产品的国际竞争力。要加快出口商品结构升级,以附加值高、需求弹性大的机电产品和制成品对传统劳动密集型一般加工制成品进行替代。选择一批重点出口产品和出口优势企业予以政策、资金方面的扶持,争取创出青海特色的出口商品,提高出口市场竞争力,争取每年有3—6个新产品进入国际市场。确立以西部矿业有限责任公司、民和镁厂和青海制胶总公司为代表的科技兴贸重点企业,协助申请500万元以上的机电产品出口技改专项贷款。利用高新技术改造青海省特色的冶金、有色金属、盐化、高原特色农产品、藏药等优势产业,提高传统出口产品的技术含量和附加值。遏制以廉取胜、以量取胜的粗放经营方式的蔓延,积极培植新的出口增长点。只有这样,出口贸易增长才能真正通过刺激技术进步的机制,发挥对GDP增长的发动机作用。

(二) 实施加工贸易扩大战略,增强结构优化带动作用

要以扩大加工贸易的总量为基础,以提高加工贸易的技术含量和增强其对青海省经济的带动作用为重点,促进加工贸易发展。

(1) 推进加工贸易的产业结构升级,由以往劳动密集型为绝对主导逐步向劳动密集与技术、资金密集型产业并重的方向发展。

(2) 延长加工贸易的链条,使加工贸易与青海省经济基础产业关联程度趋向紧密。

(3) 为了发挥比较优势,要巩固传统产业的加工贸易。

(4) 逐步提高加工贸易的技术档次,培育技术先进、规模领先的大项目,以发挥加工贸易的规模经济优势。

为了保证这一战略的实现,要制定合理的政策,重点是制定有效的产业发展政策,对上游工业的技术进步给予扶持和鼓励,提高为加工贸易配套产品的供给能力。同时,尽快解决加工贸易使用本地产品退税政策,鼓励加工贸易采用本地产品。抓住发达地区向中西部地区转移加工贸易的机会,有效地承接产业结构梯次扩散。

(三) 实施市场多元化战略,努力扩大市场容量

扩大市场规模、优化出口结构,必须有多元化的市场拓展作保证。要根据国际贸易格局的变化,调整出口市场规模,在巩固传统市场的基础上努力开拓新的市场。要改变出口市场过于集中的状况,逐步实现以新兴市场为重点、以周边国家贸易为支撑、发达国家和发展中国家市场合理分布的市场结构。具体来讲,市场多元化的重点是,向纵深拓展欧洲、北美市场,恢复和稳定东南亚市场,积极开发中东、非洲、拉美市场,稳步扩大俄罗斯和东欧市场。发达国家市场的开拓要以商品结构的优化为保证,在维持传统商品出口的同时,要提高出口产品的技术含量,增加技术、知识密集型产品的出口,逐步扩大参与高水平分工的比重,获取更多的比较利益。新兴市场的开拓要适应不同的消费层次,根据青海省产业结构和产品结构的特点,针对不同国家和地区制定相应的出口政策。

(四) 重塑外贸经营主体,培育出口增长点

(1) 扶持重点企业扩大出口。对重点联系的企业竭尽所能给予倾斜,使其挖掘潜力,扩大出口,使全省外贸出口稳定增长有可靠的依托。

(2) 扶持特色产业和出口商品基地扩大出口。

(3) 扶持民营企业扩大出口。对民营企业侧重在信息、人才培养、政策及渠道方面搞好服务。

(4) 千方百计扩大外资企业出口所占比重。

(五) 改善青海省投资环境,积极合理有效利用外资

利用外资对促进青海省出口具有重要作用,集中表现在:随着外商投资企业数量的增加,将提高青海企业的国际竞争力,扩大青海省的进出口规模。

1. 改善投资软环境,积极引进外资

(1) 加快政府职能转变,使企业自主权完全到位,尽快建立高层次、有权威、多领域统一对外的中介机构,为外资的进入创造良好的法律环境、经济环境、财务环境和市场环境。

(2) 坚持引进外资与产业结构调整相结合,进一步优化外资结构和投向行业,重点应放在基础设施建设、青藏高原特色经济的发展和建设上。

(3) 加强对外商投资企业出口增值率等指标的有效监管,切实提高引进外资对青海省出口的带动作用。

2. 为尽快提高青海省企业的国际竞争力,应降低引资门槛以利于外资向青海省移动,通过扩大利用外资改变青海地区存量资产和新增资产的质量

东部经验证明,部分亏损企业通过合资,生产工艺、技术开发、经营管理、营销网络渠道,会随着资金流入而进入合资企业,它不仅改善了企业的经营状况和资产质量,而且也提高了产品的国际竞争力。具体措施:

(1) 在投资导向目录中制定有利于外资流向青海省的减免税款、审批投资限额等优惠政策,使青海省企业通过合资,产品的国际竞争能力短期内能有一定的提高。

(2) 鼓励已在东部投资的跨国公司,到青海追加投资设立新企业,实行东西部差别税率的所得税政策,使这些新设企业资产从一开始就形成高质量的增量资产。

(3) 允许并鼓励外商以并购方式进入青海地区,实施对亏损企业资产重组试点,为青海省原有资产存量由低质量向高质量转变,开辟新渠道。

(六) 努力办好国家级西宁经济技术开发区

1984 年 5 月,中央决定进一步开放 14 个沿海港口城市。在这些开放城市,有条件的地方逐步开办了经济技术开发区,通过采取类似特区的优惠政策,吸引外资,开发新技术、新产品、新兴工业。就全国而言,开发区的出口占全部出口相当大的比重,具有举足轻重的地位。2000 年,国务院批准西宁经济技术开发区为国家级开发区。在青海省大的投资环境还难以在短期内显著改善的情况下,下大力气办好西宁经济技术开发区,以用上、用足、用好中央赋予经济技术开发区的优惠政策,真正体现“三个为主,一个致力于”,即出口为主、兴办工业项目为主、利用外资为主,致力于高新技术,为青海省招商引资创造一个比较完善、配套的“小气候”,作为青藏高原与国内外市场接轨的前沿,成为青海省资源开发的主战场,成为全省外向型经济的桥头堡和生长点,成为出口创汇的生力军,发挥它的窗口和辐射作用,是具有十分重大意义的。

(七) 建立符合世贸规则的外经贸宏观调控机制和加强部门协作,加快外经贸政策促进和信息服务体系的建设

1. 进一步加强对外经贸的宏观调控

我国“入世”标志着整个国民经济将逐步融入经济全球化进程,经济运行逐步实现国际化,强化外贸管理机构的宏观调控职能

十分重要。要根据符合国际惯例的要求和有利于运用世贸组织规则的原则强化改革，建立统一、高效、有权威的指挥协调机构，把握青海省产业发展状况和竞争态势，有效运用世贸组织规则允许的保护性措施的过渡期来维护青海省企业的原有市场及合法权益，减缓对青海省产业的冲击；强化对各涉外部门的管理协调，建立有效的监测和考核制度，加大各级部门发展外向型经济的责任，以形成发展外向型经济的合力。

2. 加强部门协作，形成做好外经贸工作的合力

随着经济全球化和我国社会主义市场经济体制的逐步建立，政府管理工作已经形成你中有我、我中有你的局面，加强部门间协调与合作不仅可以保证政策的宏观整体性和实际可操作性，为企业的发展创造良好的环境，而且可以避免相互扯皮和推诿，提高工作效率。外经贸主管部门要通过多种形式，进一步积极主动加强与当地财政、税务、海关、金融、外汇、商检等部门的协作，为外经贸发展创造一个良好的外部环境。

3. 外经贸政策促进和信息服务体系

我国现有的出口促进政策有许多无法与世贸规则相适应，如贴息、补贴、所得税返还等，违反了补贴和反补贴协议；因此，青海省要建立符合世贸规则的外经贸政策促进体系，以保持和加强对外经贸的促进作用。主要内容是建立中小企业信用担保基金、退税质押机制、出口信用保险体制、中小企业国际市场开拓基金等，帮助企业特别是中小企业解决贷款难、规避市场风险、加强产品宣传等。同时建立外经贸信息服务体系，对企业提供国际市场商情信息、外经贸政策法规信息和宏观经济环境信息，帮助企业了解国际市场需求，寻找结识贸易伙伴，用足用好政策，更好地走出去参与国际市场竞争。

4. 强化中介机构作用

我国已加入 WTO，经济入世的前提是政府要“入世”，政府先要从过去的所谓“全能”政府向“有限”政府和“市场”政府转型。据

统计,在 WTO 的 23 个协议中,有 21 个与政府有关。WTO 主要义务的承担者是成员方政府,其约束的主要对象和被提出争论的主体也是政府。政府不能做的工作将要通过中介机构来做,如商会、协会,加强对企业的管理和服务,提高行业自律能力,规范外经贸经营秩序。

(八) 提高素质,增创外经贸复合人才新优势

人是生产力中最活跃的因素,以人为本的管理是现代企业管理的主要内容之一。尽快培养和造就一支胜任入世挑战的全省外经贸干部队伍,是发展青海外向型经济的关键。因此,应注意调整人才结构,坚持引进和培养并举,尽快壮大高素质的领导、企业家两支队伍,逐步建立全省现代外贸企业人才开发体系。

(1) 建立人才培训体系。发挥行业、地区、部门和企业优势,采取有效措施培训实用型的外经贸人才;借助外力,争取国家支持,培养适应青海外经贸事业发展的高层次人才。

(2) 完善人才培训机制。根据整体人才资源开发的需要,逐步建立一套政府调控、行业指导、单位自主、个人自学的人才培训机制,使人才培训制度化、规范化、科学化。

(3) 按照市场规律建立和完善人才的激励机制,加大智力和知识参与分配的力度,进一步拓宽视野,转换思路,树立不求所有,但求所用的用人新观念,多渠道、多形式、多层次引进人才。

(2001 年)

“大美青海”的深刻内涵与品牌建设路径研究

在新的历史起点上，在全面建设小康社会具有决定意义的新阶段，如何完善、提升、运用“大美青海”品牌形象，为全省经济社会发展服务，是摆在我们面前的一个重要课题。强卫书记指出，要进一步提升“大美青海”品牌形象和内涵，深入挖掘大美青海的人文精神、文化气派和文明底蕴，赋予大美青海更深、更广、更多的内涵，这是塑造大美青海形象的迫切要求。深入挖掘“大美青海”的深刻内涵，深入探讨“大美青海”品牌建设的路径，对建设高原旅游名省和文化名省，推进经济社会跨越式发展具有重要意义。

一、“大美青海”品牌建设的重大意义和作用

青海由于自然条件、地理位置、历史因素，一直是我国经济欠发达的省份之一。长期以来，外界对青海形成高寒缺氧、环境恶劣、人烟稀少、经济落后，遥远、荒凉的“刻板印象”，青海被严重误读。多年来，青海省委、省政府十分关注“地区形象”建设问题。特别是省第十一次党代会以来，为推动青海经济社会发展，省委、省政府决定实施高原旅游名省战略，通过举办“大美青海”系列活动，将有着“原生态、多元、和谐”内涵的“大美青海”打造成强势的文化旅游品牌，发挥“大美青海”的品牌效应，充分挖掘品牌在提升青海

形象、促进青海文化旅游发展的潜在价值,"大美青海"越来越成为国内外知名的文化品牌和地区形象。地区形象也称为省域形象,是以地区政治、经济、文化、法律、科技、教育、生态、环境为发展背景,通过立体透视,呈现该地区在价值取向、行为方式、地形地貌、社会风尚、社会秩序、进取精神、公民素质、地域文化、时代感等方面给人们留下的总体印象,具有独特性、科学性、持久性、感召性。在改革发展的大背景下,地区形象建设问题已成为地区发展战略的重要内容。加强"大美青海"品牌形象建设,对树立良好的地区形象、推进区域经济社会协调发展,具有重大的现实意义和积极的推动作用。

(一)"大美青海"品牌成为青海跨越式发展中一面高扬的旗帜

塑造良好的"大美青海"形象,可大大提升青海的整体品位,提高知名度、美誉度,扩大影响力,增强吸引力,最大限度地获得外界的认知,在内外交往中更加方便快捷,更加受到尊重友好。"大美青海"品牌形象是经济社会发展的助推器,成为实现跨越式发展中一面高扬的旗帜。

(二)"大美青海"品牌是重要的无形资产

"大美青海"品牌形象的设计与塑造,可进一步引导公众形成和加深对青海的美好印象,促进自身品牌价值的提升,也可产生连锁性"滚雪球"效应,带来极大的综合效益。"大美青海"品牌建设实质上是一种带有开发性质的综合投资和长期投资,犹如企业品牌一样,是一笔巨大的无形资产。

(三)"大美青海"品牌是促进区域协调发展的新动力

"大美青海"品牌形象建设有助于调理"机体"平衡,和谐内外环境,形成区域发展的合力。一方面,良好的青海形象可使区域内部的公众产生归属感和自豪感,增加向心力和凝聚力,产生"家和万事兴"的良好效果,形成积极向上的内燃动力;另一方面,良好的青海形象可增强吸引力和辐射力,最大限度地拓展外部发展空间和资源利用空间，吸引调动外界各方面的积极因素为我所用，借水行舟，借力发展，成为区域发展中的有生力量。

（四）“大美青海”品牌是优化招商引资和拓展旅游业的金字招牌

“大美青海”的品牌形象与区域内的基础设施条件、企业素质、城市风貌、办事效率、信誉观念以及居民精神状态等紧密关联，是一个地区的形象招牌，这块招牌的含金量对投资商的投资决策和旅游者的出游行为有着重要影响。良好的青海形象魅力能使投资者增强信心，尽快做出投资决策，能使旅游者产生宾至如归的感觉，做出更多出游选择。

二、“大美青海”品牌形象的深刻内涵

“大美青海”有着深刻而丰富的内涵，既包含了青海省自然禀赋的各个方面，也涵盖了人文的多个领域，同时又是形象而具体的诸多品牌的聚合，是一个综合全面的概念。青海地处青藏高原，地域辽阔，资源富集，山川壮丽，民风淳朴，民族文化源远流长，有万山之宗、江河源头、中华水塔等美誉。青海民族文化的多样性、气候的多样性、生物的多样性、资源的多样性、高原风光的多样性，构成了“大美青海”的突出特色和文化名片，刻画出青海的形象内涵和本质，体现出青海山川的磅礴之美、富饶之美，青海历史的厚重之美和人与人、人与自然之间的和谐之大美。天地有大美，大美属青海。

（一）自然之美

青海之美，美在自然，美在以山为骨骼，以水为血脉，具有原生态、多样性和独一无二的自然美。青藏高原、内陆盆地和黄土高原三种地形共生；大陆季风气候、内陆干旱气候和青藏高原气候三种气候交汇。青海是世界上无公害的超净区之一，有世界上最大面积的高寒湿地、高寒草原、灌丛和森林。独特的生态系统，直接影响着我国气候的形成和演变，而且对东亚甚至北半球的大气环流

都有极其重要的影响。青海是名山大川的故乡，巍巍昆仑绵延东西，唐古拉山、巴颜喀拉山和祁连山脉横贯昆仑南北，大江大河发源于此，既有纵横交错的江河溪流，又有星罗棋布的内陆湖泊。黄河、长江、澜沧江、黑河、青海湖，汇集起中华大地水之动脉，构筑成祖国天然的生态屏障。这里还是全球重要的高原旅游目的地，大自然鬼斧神工的造化，使这里既有终年积雪的冰峰，又有一望无际的草原；既有坦荡无垠的茫茫戈壁、沙漠，又有桃红柳绿的黄河、湟水谷地，构成一幅幅充满神秘野性、神奇魅力的大自然壮美画卷。面对中华水塔三江源、候鸟天堂青海湖、高原珍稀动物王国可可西里、碧水丹山坎布拉、佛教圣地塔尔寺、史前大灾难喇家遗址、天下黄河贵德清、在那遥远的地方——金银滩，还有天境祁连、万丈盐桥、隆宝滩、年宝玉则、嘛呢石城等自然人文景观，身临其境者莫不由衷赞叹。青海大美胜景名不虚传，堪称中国乃至世界之最。

（二）富饶之美

青海资源富集，特别是盐湖、石油天然气、有色金属等资源储量可观，已探明的 129 种矿产资源中，9 种居全国首位，23 种居全国前三位，54 种居全国同类储量的前十位。不仅储量大，而且品位高、类型全、分布集中，开采条件优越，不少品种还具有稀缺性。同时，青海清洁能源约占全省能源的 85%，是中国乃至世界上不可多见的清洁能源基地。青海的水电资源得天独厚，在国内居第 5 位。每年接受的太阳能折合标准煤，相当于 360 万亿千瓦，仅次于西藏自治区。境内风能资源总储量约有 4 亿千瓦，技术可开发量 112 亿千瓦。可燃冰的远景储量至少有 350 亿吨油当量。盐湖锂资源保有量超过 1 800 万吨，占全国总量的 83%。青海还有丰富的动植物资源，其中藏药材 1 660 种，大黄、麝香、冬虫夏草、麻黄、贝母、鹿茸、藏茵陈、锁阳、赛龙骨、红景天、秦艽等特产具有很高的药用价值，为发展民族医药产业奠定了良好基础。同时青海具有独特的“冷凉性”气候特征，凭借“世界第三极”的独特地域、冷凉气候和资源优势，能够大力发展高原特色农畜产业，成为全国重要的高原特色农畜产品基地。举世瞩目的青藏铁路、国内最大的百万吨钾肥生产基地、西气东输工程，兰西经济区、柴达木循环经济试验区、三江源生态保护综合试验区，青海湖、黑河等流域综合治理等重大建设工程的实施，又描绘出更加绚丽多彩的大美青海蓝图。

（三）人文之美

在漫长的历史长河中，居住在青海高原的先民们用自己的聪明才智创造了绚丽多彩的文化。大约 3 万年前，三江源地区就有人类活动。新石器时代的马家窑文化、铜石并用时代的齐家文化、青铜时代的辛店文化，以及广泛分布于河湟地区的卡约土著文化遗迹、喇家遗址以及宗日、沈那等遗迹，充分展示出青海灿烂的古代文明。西汉时的西海郡，东汉时的西平郡，丝绸之路、茶马互市、吐谷浑和吐蕃古墓群等古迹，无不见证着青海曾经的辉煌。还有占据中华早期人文传说大半江山的昆仑文化、被古文字学家视为中国汉字之始的柳湾“彩陶王国”、比意大利庞贝古城还要早两千多年的喇家遗址、藏传佛教格鲁派始祖宗喀巴大师的诞生地塔尔寺。热贡文化、康巴文化和异彩纷呈的节日文化、民族服饰文化、民族民间艺术和独特的民族民俗风情，不仅以其庄严、神奇显现出多元文化特色，而且表现出青海各民族坦荡、率真、活泼的天性。每当花红柳绿的时节，身着民族服装的人们或汇聚到花儿会、庙会、赛马会、那达慕，或参加祭神祭海的仪式，或加入娱神娱人的节会歌会，让青海到处展示着民族特色文化，处处洋溢着欢歌笑语，呈现着各民族多元文化相互融合和繁荣发展的良好局面。每当此时，人们还可品尝种类繁多、丰富多彩的青海特色美食，沉浸在美食文化的快乐当中。

（四）和谐之美

自古以来，青海就是多民族聚居的地方。从战国到清代，先后有羌、汉、匈奴、月氏、氐、鲜卑、回纥、撒里维吾尔等20多个民族生活在青海这片热土上。经过千百年的融合演变，形成了世居在青海的汉族、藏族、回族、土族、蒙古族、撒拉族等主体民族。被民族学界称为“汉藏民族走廊”的条条峡谷和纳西族、彝族、苗族等少数民族祖先来自昆仑山的传说；黄南州同仁县吾屯地区蒙藏汉语相杂的方言，并存有大量古汉语、古藏语词汇的历史印记，无不印证着历史上青海各民族交流融合的事实。正如史学家顾颉刚教授所说：“中华民族人文的始祖炎黄首先是羌人的祖先，然后才是华夏族的祖先”，“青、甘、陕、川一带，主要是炎黄部落联盟活动，是华夏民族的发祥地。”至今，青海53个少数民族的人口仍占全省总人口的46.98%，民族区域自治面积占全省总面积的98%。同时，青海又是一个多宗教聚集的地区，境内少数民族普遍信仰宗教，藏传佛教和伊斯兰教影响深远。世代繁衍生息在青海的各民族在漫长的历史发展进程中，早已形成了相互依存、休戚与共、多元一体的格局，并结成了坚实的血肉纽带和兄弟情谊，创造了丰富的民族宗教和历史文化，共同促进了雪域高原的繁荣和发展，捍卫了祖国统一和民族团结。追溯历史，民族团结和谐发展的人和事比比皆是，文成公主为唐蕃和亲翻日月山、越青海湖；出生在青海的著名爱国宗教领袖十世班禅大师，为维护祖国统一、民族团结作出重要贡献。如今，在这片融会着各民族文化传统的辽阔土地上，各民族儿女正在以众志成城、团结友爱、携手共进的强大凝聚力为青海的繁荣发展共同努力。这是大美青海风采的祥和之美，也是全世界不同地域、不同肤色的人之间共同向往、共同维护的和谐之美。

三、“大美青海”品牌建设的实践探索和成效

近年来，省委、省政府强力推进“大美青海”品牌建设，“大美青海”已成为国内外认识青海、了解青海、投资青海的金名片。

(一) 实践探索

1. 党政齐抓共管,精心培育"大美青海"品牌

建设"大美青海"品牌,是涉及十分广泛的系统工程。各级党委、政府充分调动各种资源,发挥各方优势,大力推进品牌建设。省委、省政府精心设计,统筹安排,整合全省文化、旅游、媒体等资源,全省一盘棋,相互合作、相互促进、共同发展,形成推动品牌发展的强大合力。各州地市县主要领导亲自安排部署,狠抓落实,有力地推动了品牌建设。目前各级、各部门、各单位和相关机构分工协作、密切配合、运行有序、共同打造的工作格局初步形成。

2. 运用主流媒体扩大"大美青海"知名度

充分发挥主流媒体的功能和影响力,在中央电视台、中央人民广播电台、《中国旅游报》等媒体媒介连续多年进行广泛宣传。2009 年 3 月至 5 月,"大美青海"旅游宣传片在央视一套、二套、四套、十套和新闻频道分别播出,共 654 次,达 19 620 秒,播出率达 130.75%。央视有关部门根据对 4 岁以上人群和全国 34 个城市进行抽样调查发现,"大美青海"旅游宣传片收视人数达 15.68 亿人次以上。在北京等主要客源地,通过图片和视频展示青海旅游形象,在北京地铁、公交候车亭和首都机场等重要场所多角度、多渠道、全方位、立体式推介"大美青海";推出苹果手机"大美青海"形象宣传;在日本富士电视台循环播放"大美青海"旅游电视纪录片,"大美青海"品牌正在深入海内外人心。

3. 通过一系列节会活动推介"大美青海"品牌

省委、省政府提出打造"大美青海"品牌以来,由省委宣传部、省旅游局、省文化新闻出版厅等部门牵头,逐年举办"大美青海"系列文化活动,加强与外界的联系合作,提升大美青海的品牌价值。通过青海绿色经济投资贸易洽谈会宣传青海的生态、环保与循环经济发展;通过青海国际藏毯展和国际清真食品用品展宣传青海的文化、历史和民族产业发展;通过环青海湖国际公路自行车赛、

世界攀岩赛、国际抢渡黄河极限挑战赛及赛马会、那达慕、箭术比赛宣传高原特色体育赛事，不断增强社会影响力；通过青海湖国际诗歌节、“三江源”国际摄影节、国际山地纪录片节、水与生命音乐之旅、昆仑山交响音乐会、青海国际唐卡艺术与文化遗产博览会、民族文化旅游节等活动，扩大青海的知名度；通过邀请内地、香港、澳门、台湾骨干旅行社及日本、韩国等旅行商来青考察踩线，加强商业往来合作；通过省政府与国家旅游局签订《局省紧密合作机制备忘录》、省旅游局与全国对口支援青海的七省市签署《对口支援青海旅游发展宣言》，加强支持合作机制建设；通过人民群众广泛参与文化活动，增强对“大美青海”归属感、自信心和认同感。

4. 加大外宣力度，向世界推介“大美青海”品牌

近几年，省委、省政府高度重视“大美青海”走出去活动，在国务院新闻办、我国驻外使领馆和有关国际文化交流机构的支持下，“大美青海”活动曾先后顺利走进新西兰、墨西哥、希腊、印度、日本、新加坡等国度，举行各类活动 20 多场次，各举行国的议员、州长、市长、学者、作家、影视界和演艺界知名人士、媒体和企业高管、华人社团首领等数百人应邀出席，观众累计到达数万人，使国外各界人士愈加直观、生动、深入地了解和感知青海。青海省宣传、文化、旅游、经贸、教育等相关部门和地区的主管领导、藏学专家、作家、文艺工作者、民间艺人等先后有 200 多人次随团出访，开展宣传推介、演示和交流，在举行国、举行地引起了较大反响。民间艺人携带展览和现场创作的作品受到热烈欢迎和喜爱，被当地人购置珍藏。同时“大美青海”活动还先后走进了北京、成都、深圳、太原、上海世博会等地，举办青海特色产品推介商品大集活动，着重营销极具地方特色的青海品牌，如昆仑山矿泉水、三江源冬虫夏草、青海老酸奶、可可西里牦牛肉干、奥运奖牌镶嵌用玉青海昆仑玉等，系列宣传青海产品和产业，促进产品概念与地域概念的良性互动，达到产品和大美青海同宣传、共扬名的目的。在推介活动

中，强卫书记亲自带队，在新加坡、日本进行“大美青海”宣传活动，骆惠宁省长提出打好国家级柴达木循环经济试验区、三江源国家生态保护综合试验区、黄南热贡国家级文化生态保护区“三张牌”。同时，青海省还在我国台湾、香港等地举办了专题活动，宣传推介青海，通过文化交流、经贸合作、缔结友好关系等活动，把“大美青海”以及颇具青海特色的产品品牌介绍给了各界人士。借助参与奥运会、世博会、广交会等大型活动，将大美青海的相关元素有机融入，扩大大美青海的影响。今年以来，各级旅游部门赴港、澳、台地区，珠三角、长三角、环渤海和周边省区合力推广，还赴美国、德国、澳大利亚、日本、新加坡等国宣传推介，反应良好。

(二) 主要成效

近年来，省委、省政府审时度势，顺应省情特点、经济社会发展特征和时代发展的需要，精心策划、全力打造并逐步形成了“大美青海”这一靓丽品牌。

1. 新青海形象得到进一步塑造和展示

“大美青海”品牌形象，激励了青海人民热爱青海、建设新青海的豪情壮志，提升了青海在国内外的知名度和美誉度，激发了各族群众的文化自觉和文化自信，推进了建设文化名省、旅游名省的步伐。“大美青海”系列活动，进一步塑造和提升了青海的整体形象，凸显了青海特色文化的丰富性、差异性、独特性和时代性。“大美青海”作为宣传青海的文化名片和形象符号，科学概括和定位了青海形象，成为省内外各界对青海的共性认识，“大美青海”已成为省内外普遍认同的富有地域特征与时代特征的文化符号标识。

2. 品牌整合资源文化提升价值效果进一步显现

“大美青海”品牌作为发掘本地文化资源、提升旅游文化品位、打造文化旅游品牌的重要载体，始终全方位、大态势地宣传推介青海文化旅游资源，促进了文化和旅游的融合发展，文化旅游的吸引力、号召力得到明显提升，旅游总人数、总收入逐年大幅增长。“十一五"期间,全省累计接待国内外游客 5 054 万人次,是"十五"时期的 2.2 倍,年均增长 14%;累计实现旅游总收入 262 亿元,是"十五"时期的 2.9 倍,年均增长 22.5%。旅游业对就业的促进和带动作用更加明显,"十一五"末,全省旅游从业人员达 33.66 万人。文化产业长足发展,2010 年,文化产业单位的全年营业收入达 69.24 亿元,文化产业实现增加值 22.38 亿元。

3. 对文化软实力重要性的认识进一步提高

通过打造"大美青海"品牌,全省上下对"文化软实力"的重要性有了进一步的认识,抓文化就是抓发展,发展文化就是发展经济,成为各级党委、政府的共识,保护好、开发好特色文化资源成为各级党委、政府推动跨越式发展的一个重要着力点。全省以"大美青海"品牌为统领,"欢乐夏都、风情海东、圣洁海南、魅力海西、浪漫海北、秘境黄南、雪域果洛、天上玉树"等地标性文化品牌正在全力打造和全方位展示。

四、"大美青海"品牌建设问题诊断

虽然"大美青海"品牌建设近年来取得了长足进步,但"大美青海"品牌建设与青海省经济社会发展水平以及社会各界的期盼还有一定距离,我们认为在以下几个方面尚需进一步完善提高:

(一) 思想认识和重视程度不足

虽然青海省对"大美青海"品牌建设做了许多有益的探索实践,政府和社会各界在实际工作中也能主动而为,但相对于山东、新疆等国内其他省、区,相对于经济发展、招商引资、城市建设、生态文明等重点工作,青海省的文化品牌建设工作受到的重视程度还不足,对品牌在地区核心竞争力构筑方面的重要作用,思想认识上还需进一步提高。

(二) 领导体制和制度保障尚待加强

目前青海省的文化品牌建设工作还缺乏一个全省性的统筹机

构，在省级层面，省旅游局只是承担了一部分“大美青海”总体形象和品牌建设方面的协调组织工作；各部门只是自发自觉地实施品牌化推广工作，在制度建设方面，目前青海省尚无具有约束效力的文件或规章制度，同时也没有可持续的专项资金支持。

(三) 高质量、高品位的文化旅游景区开发缓慢

青海省虽然知名文化旅游景点众多，但大多数地处偏远，点多线长，高度分散，景点景区基础设施条件差，旅游饭店、宾馆，尤其是涉外宾馆的建设和接待能力与全国其他省份相比较为落后，有待加速建设和提高。加之交通网络及配套设施建设不够完善，在一定程度上影响了旅游目的地的形象和品牌价值。

(四) 品牌营销和媒体作用发挥不足

目前“大美青海”品牌塑造比较注重品牌的整合传播，而忽视了其他重要环节，比如品牌的定位、品牌的形象设计、品牌的营销策略、品牌管理等几个重要环节，而且在整合传播过程中缺乏重点。传播手段较为传统，缺乏多样性，对外部媒体的运用程度相对较低，无论是电视台，还是报纸，对受众的覆盖率都不高，难以达到理想的宣传效果。以网络为例，无论是用百度，还是用 Google 进行搜索，与山东、云南、贵州相比，关于“大美青海”的网页还是较少。广播媒体未能得到充分重视，网络媒体的宣传质量和宣传力度还有待加强。对户外媒体、列车媒体及电子类新媒体的利用率还很低。

五、提升“大美青海”品牌的路径及政策建议

在品牌竞争的新阶段，塑造良好的区域品牌形象刻不容缓地提到了各地政府的战略规划高度。深入挖掘“大美青海”的品牌潜力，在新青海建设中起着举足轻重的作用。进一步突出“大美青海”资源特点，充分体现品牌的优质性、唯一性、稀缺性，与国内外市场高品质、特色化和多元化的需求相契合，使“大美青海”品牌成为欠发达地区实践科学发展成功之路的有力载体和转变发展方式

的有效手段与路径。

(一) 加强制度建设,完善体制机制

"大美青海"品牌建设已经开展多年,进一步理顺工作体制和机制的条件已经成熟。建议在省级层面组建"大美青海"品牌建设领导机构,成立"大美青海品牌建设办公室"(以下简称"大美办"),以省委宣传部为牵头单位,省发展改革委、省财政厅、省商务厅、省文化新闻出版厅、省广电局、省旅游局、省工商局、省广播电视台等为成员单位,统一领导、组织、协调、部署全省文化品牌建设,推动相关制度和工作计划的制定、实施和监督。为便于工作落实和品牌运作转化,"大美办"下设"大美青海品牌发展中心",一套人马,两块牌子,责权统一。由于"大美青海"品牌属公共资源,建议公共财政提供相应的财力保障,省财政设立"大美青海品牌建设"专项资金,或列入省级财政预算,各州地市财政也作相应安排。同时降低或取消某些政策门槛,引导社会资金进入,发挥民间力量在构筑品牌体系中的特殊作用。加强"大美青海"品牌商标注册工作,精心保护和维护好"大美青海"品牌。

(二) 明确形象定位,深度提炼品牌

地区品牌建设的关键是形象定位。深度提炼"大美青海"品牌,应把青海多民族文化血脉融入品牌中,成为全省人民精神家园的重要元素。应进一步突出"大美青海"品牌的文化属性和文化特征,使文化与品牌相互交融,有机统一,融为一体,共同发展。应根据消费者心理所确定的目标市场特征,深化品牌定位,突出文化旅游产品和服务的差异性,结合旅游资源、旅游者的心理感应和需求,充分展示青海自然风光、历史文化和民族风情资源,深度挖掘丰富多彩的历史文化元素和独特的地质地貌,进行差异化品牌定位,如可将"大美青海"品牌整体形象定位为"三江之源、万山之宗",则可将高原文化注入青海文化旅游的核心地带,使整个青海文化旅游品牌打造工程有核心骨架和形象平台。另外,在定位和提炼过程中，重视专业机构的参与和广泛的问卷调查等有效方式。

（三）加大基础投入，提升品牌品位

文化旅游品牌的建设，应以质量为本，进一步提高景区的景观质量、环境质量、服务质量。加强文物保护与旅游开发和基础设施建设，对人文景观和自然景观中的人文、自然生态、民俗风情、宗教习俗、革命遗址、古建筑等资源，除注意保留其原汁原味外，还应做必要的包装，突出特点和特色，产品设计要重视旅游者的旅游需求，针对多元化的旅游市场设计旅游品牌，引起旅游者感观的愉悦和心理上的震撼，满足现代旅游多层次、多角度、多品位的要求。加强硬环境建设，使旅游者感受自由、快乐的环境氛围。提高认识，更新观念，树立现代理念，规范服务行为，高度重视旅游品牌的经营管理。运用市场经济规律和现代科技手段对景区进行管理，提高工作效率，获得理想的经济效益和社会效益。建立和强化监督机制，加强执法检查力度，使景区能健康持续发展。依法加强景区管理，严格按照国家和地方有关法律、条例、规定，对景区的资源、资金、市场、人才、中介机构、企业、个体工商户、酒店、宾馆、饮食服务业等实行科学化、标准化、程序化、制度化、规范化管理，使青海的文化旅游品牌能在激烈的旅游市场竞争中生存和发展。

（四）加强品牌营销，提升品牌价值

品牌的概念营销，是给品牌注入文化和精神内涵，提升品牌价值。目前“大美青海”包含的文化品牌主要有：“三江源”——世界自然与文化遗产，世界人与生物圈，国际湿地联合会保护圈；“塔尔寺”——世界佛教文化遗产和瑰宝，宗喀巴大师魂牵梦绕的圣地；“青海湖”——人与自然和谐的乐园，天与地同辉，人与鸟共生；“可可西里”——生命极限的神往，极限中延伸的梦想；“昆仑”——横空出世的龙脉；“原子城”——现代神话；“盐湖”——高原给你最后的抒情；“年宝湖”——藏族姑娘多情的遐思；“西宁”——夏都。对这些好的珍贵的品牌，应充分运用现代化的营销手段，以市场需求为导向，运用市场化的运作方式，进一步整合文化、旅游等营销资源，加强营销组织和治理，组合使用电视、报纸、网络等各类营销媒体和广告，节庆、公关等各类营销方式，建立政府主导、社会运作、企业参与的"大美青海"品牌营销格局，全方位、大密度、持续不断地开展品牌营销，如在《人民日报》等媒体举办"大美青海"知识竞赛、制作"大美青海"山地片等，不断提高品牌的认可度和知晓度。加强品牌资本运营，通过品牌资本的"并购、重组、置换、联盟、上市"等运营形式，放大结构效应、交易效应、市场效应、资产效应、时间效应和顾客价值效应，进一步提升青海的良好形象，增强青海省的核心竞争力。

（五）开发保护并举，推进持续发展

"大美青海"品牌建设，应正确处理文化旅游资源合理开发利用和有效保护的关系，着力改变重开发、轻保护的倾向，严禁用"乱挖、乱砍、乱建、乱拆、乱丢"等破坏资源和环境的方法来换取旅游经济发展急功近利的短期行为。应坚持开发和保护并举的原则，开发应建立在保护的基础上，依法有序，科学合理；保护要有利于开发，切实促进旅游业快速持续发展。应运用新观念、新机制、新办法，从规划、论证、开发、利用、保护等方面强化管理，使青海旅游资源品牌得到有效保护和利用，打造出更多更好参与国内外旅游市场竞争的旅游品牌。加大"大美青海"品牌无形资产向有形资源转化的力度，加强品牌公益性使用和产业化运作，推进社会和经济效益相互促进。积极探索通过"大美青海"品牌进一步整合全省特色文化产业发展的新路子，打造"大美青海"特色产业群和精品大舞台。拓展"大美青海"品牌开发推广使用范围，积极支持各行各业，或企事业单位、个人等在公益或商业活动中使用"大美青海"商标。大力支持以品牌入股、品牌联合、有偿使用等形式，共同开发青海民族民间工艺品和土特产品。

（2009 年）

试论玉树抗震救灾精神

2010年4月14日7时49分,历史将永远铭记。那一刻,三江源头垂泪,神州大地同悲,所有华夏儿女的心都与玉树一起搏动;那一刻,地不分南北东西,人不分男女老少,橄榄绿、橘红色和白色在这里书写人间大爱;那一刻,泣血的格桑花顽强绽放,美丽玉树凝聚起涅槃的希望和力量。中华民族这个多灾多难的民族,历经磨难而不衰,饱尝艰辛而不屈。气壮山河的玉树抗震救灾实践,处处凝聚和折射出中华民族千百年来伟大的民族精神,体现了中国共产党坚强领导的政治优势和以人为本、执政为民的执政理念,体现了中国特色社会主义动员群众、组织群众、集中力量办大事的制度优势,体现了中华民族强大的凝聚力、向心力,体现了人民军队钢铁长城的伟大力量。总结玉树抗震救灾精神的基本内涵和主要特征,可以概括为"大爱同心、坚韧不拔、挑战极限、感恩奋进"四个方面。

一、大爱同心

时间就是生命,灾情就是命令。地震发生后,胡锦涛总书记中断访问回国,随即赶赴灾区考察灾情,温家宝总理第一时间赶到灾区指挥救灾,全国上下立即总动员投入救灾,省委、省政府在第一时间启动了应急预案。24小时内,灾区交通、通信基本恢复;48小时内，通电问题基本解决，数万群众住进帐篷；72 小时内，成功营救 1.7 万余人，1 000 多名重伤员转移到外地医院接受治疗……全国各地的救援人员、救援物资紧急驰援玉树，素不相识的人们的真诚抚慰通过各种方式到达灾区。《情系玉树　大爱无疆》抗震救灾大型募捐活动特别节目，在全国各地和海外华人中引起强烈反响，无数观众为灾区广大军民的抗震救灾精神所震撼。这次募捐累计捐款近 35 亿元，创造了一次捐赠活动所获款项的最高数额；港、澳、台同胞和海外侨胞迅速募集了巨额资金。这充分彰显了全世界所有中华儿女戮力同心、携手互助、共克时艰、战胜困难的奉献精神和坚定信心。团结一心，众志成城。团结就是力量，这是中国人民战胜各种灾难的坚强信念。大地震发生后，“玉树不倒、青海常青”，立即成为全国全民大援救的主题。13 亿颗心，顿时凝聚成一颗共同的中国心。胡锦涛总书记在灾区慰问受灾群众时掷地有声地表示：“只要我们发扬伟大的抗震救灾精神，团结一心，众志成城，就一定能够夺取抗震救灾斗争的胜利！”危难面前，党和国家领导人亲赴灾区，始终同人民在一起，人民军队冲锋在前，无私奉献，全国人民包括港、澳、台同胞和海外侨胞大力支持、千里驰援，全省上下风雨同舟、协力同心，灾区各族群众不分民族、不分宗教、不分地域，团结友爱、互帮互助，众志成城、共克时艰，显示出空前的团结，再现了同舟共济、守望相助的动人场景。中华儿女以血浓于水、爱重于山、情深于海的骨肉亲情，向世人展示了中华民族强大的凝聚力和向心力。

二、坚韧不拔

玉树抗震救灾是在特殊的地区、特殊的环境、特殊的条件下，进行的一场艰苦卓绝的斗争，也是人类历史上在高海拔地区与重大自然灾害抗争的伟大实践。救援队伍以顽强的意志和昂扬的斗志，用鲜血、汗水和生命创造了人类抗震救灾史上的众多奇迹。面对突如其来的灾难，“五个特别”青藏高原精神再次得到极大弘扬，广大军民泰山压顶不弯腰，千难万险不放弃，用钢铁意志和血肉之躯筑起一道道保护生命的长城。许多党员干部舍小家、顾大家，以顽强的意志带领群众抢险救灾。灾区各族群众临危不惧、奋起自救，同灾难进行了殊死抗争，展现出了自强不息、敢于胜利的坚强品格。黄福荣，以不凡的壮举谱写了一曲骨肉情深的感人乐章；杜金玉，用鲜活的生命照亮了玉树的明天；李德玉，用人间大爱打通了一条条生命救助线。中华儿女展现的英勇奋战、不畏艰险、不怕牺牲的精神，总闪耀在最关键的时刻、最需要的地方。

三、挑战极限

因为生命至上，所以必须科学高效，这意味着我们必须挑战许多意想不到的极限。从拯救生命到伤员医治、群众安置、灾区重建，党和政府一系列有效措施，始终彰显着以人为本、生命至上的核心主题，凸显我们党提出的科学发展观等一系列重大战略思想鲜明的实践特色。温家宝总理第一时间指出，抗震救灾第一位的工作是救人。只要有一丝希望，就要尽百分努力，坚持下去，决不放弃。空中走廊成为拯救生命的绿色通道，从北京、西安、成都，从西宁、格尔木……一条条紧急开设的航线，编织成一张张连接玉树的救生网络，20 架次，30 架次，40 架次……巴塘机场起降记录一次次被刷新；从野战方舱医院到地方医疗队，一排排紧急搭建的帐篷医院，连成一座座生命救助驿站。这其中多少千难万险需要我们面对，需要我们不畏高寒缺氧、顽强拼搏，挑战体力极限、生存极限甚至设备极限。

四、感恩奋进

玉树地震，处处感受到四川人民情系玉树、真情奉献、血脉相通的感恩之举，什邡的医疗队、阿坝的救援队、成都的消防员，他们带着尚未抚平的创伤来抚慰正在遭受磨难的玉树，带着灾后重建的经验帮助玉树在废墟上挺起坚韧的脊梁。感恩意识流出汶川，流进玉树的山山水水，藏族群众由衷地伸出大拇指感谢祖国、感谢共产党，多少受灾群众激动感慨的泪花，让人为之动容，充分体现了一个伟大民族深厚的人性底蕴，它充分说明，血脉相连、汉藏一家的深厚情谊流淌在玉树的每一寸土地上，中华民族的认同感和凝聚力在这里升华。玉树人民深知，感恩祖国、感谢同胞的最好方式就是把知恩之心、感恩之情转化为自强不息、奋发进取的发展动力，转化为自力更生、艰苦奋斗的优良作风，转化为抗震救灾、重建家园的实际行动，以“苦战三年，跨越二十年”的雄心壮志，迅速恢复生产生活秩序，按照国务院批准的重建总体规划，奋发进取，勇闯难关，不仅要让灾区人民生活上一个大台阶，而且要让三江源地区生态环境建设上一个大台阶。我们坚信，有党中央、国务院的坚强领导，有改革开放30多年积累的强大物质基础，有科学救灾、恢复重建的宝贵经验，有血脉相连、众志成城的民族精神，古老的玉树一定能书写战胜灾难、重建家园的新传奇！

玉树抗震救灾精神与唐山、汶川抗震救灾精神既一脉相承、相互融通，又相互辉映、相互补充，是中华民族精神的重要组成部分，是中国共产党和全国人民宝贵的精神财富。玉树抗震救灾精神饱含着以爱国主义为核心的民族精神、英雄主义气概、人道主义情怀，必将激励青海各族人民攻坚克难、艰苦创业、勇于跨越、敢于胜利，在新的历史起点上，实现跨越发展、绿色发展、和谐发展、统筹发展，建设富裕、文明、和谐新青海和社会主义新玉树。

（2010年）

“三大区”引领新青海

——浅谈青海在全国的地位和作用

一个地区能否找到符合自身实际的发展战略，建立并不断增强自身比较优势，是该区域能否持续健康发展的重要条件。青海集西部、民族、高原、欠发达“四位一体”，既具有资源丰富、潜力巨大的优势，又面临发展不够快、不充分、不平衡的挑战。省第十二次党代会紧扣让人民过上更加幸福美好新生活这个主题，从青海在全国大局中的战略地位和功能作用出发，提出了以建设国家循环经济发展先行区、生态文明先行区和民族团结进步示范区为主攻方向的战略构想，为建设新青海、创造新生活的宏伟目标提供了有力支撑。“三大区”，引领新青海，是省委对省情认识质的提升，更是对未来发展更高层次上的谋划，符合党和国家对青海的殷切期望，体现了省委对发展大势和全省人民期盼的准确把握，凸显了青海在全国发展大局中的战略地位和特殊作用。

一、国家循环经济发展先行区

循环经济，就是按照自然生态系统物质循环和能量转换的规律，通过清洁生产技术、废物回收技术，使资源利用效率最大化，废弃物排放量最小化，将经济系统和谐地融入自然生态系统的物质、能量的循环过程中，从而实现经济与环境协调发展。青海资源富集、组合性好，具备发展循环经济的独特优势。全省已发现矿种132种，探明有储量的矿产105种，分别占全国的77%、69.5%，其中有10种矿产储量位居全国首位，54种矿产储量居全国前10位。2010年3月19日，《青海柴达木循环经济试验区总体规划》获国务院批复，标志着青海循环经济的发展上升为国家战略。在国家的大力支持下，青海循环经济的发展取得了显著成就，循环经济在工业增加值的比重已超过70%。建设全国循环经济先行区，就是要坚持走低碳、绿色、集聚、循环的新型工业化道路，推动产业转型升级，构建纵向延伸产业链条、横向促进产业融合、立体紧密产业关联的循环型工业体系，着力打造全国重要的九大产业基地。

(一) 全国最大的盐湖化工基地

青海盐湖资源丰富，据统计，全省累计探明盐湖矿产总储量3 464.2亿吨，其中表内储量3 430.24亿吨；累计保有储量3 429.29亿吨。尤其以察尔汗盐湖为代表，是我国最大的钾镁盐矿床，各类资源总量达600亿吨以上，除有丰富的氯化钠、钾、镁、锂以外，还拥有储量可观的硼、溴、铯、铷等稀有元素。青海立足盐湖资源优势，不断加快盐湖资源开发利用步伐，已经建立以钾肥资源开发为龙头、以盐湖资源综合开发利用为核心的盐湖化工循环型产业体系。2011年，全省钾肥产量达262.88万吨(合氯化钾430万吨)，占全国总产量的68.2%；盐化工业实现增加值已占全省工业增加值的七分之一。“十二五”期间，随着新增百万吨钾肥、百万吨硫酸钾镁肥等一批重大项目的开工建设，青海盐湖化工工业规模化、综合化、集约化的深入发展，青海必将成为全国最大、世界有重要影响的盐湖化工基地。

(二) 全国重要的新能源基地

青海太阳能、风能、可燃冰等新型能源开发潜力巨大。境内风能资源总储量约有4亿千瓦，技术可开发量1.12亿千瓦。风能资源密度在150瓦/平方米以上区域规划了29处风电场，规划总容量1 000万千瓦。全省日照时数2 300—2 600小时之间,柴达木盆地达3 600小时以上。全年平均日照率达60%—80%,年辐射总量5 800兆焦/平方米—7 400兆焦/平方米,总辐射量中直接辐射量的比重为62%。同时,全省可燃冰的远景储量至少有350亿吨油当量。青海省将重点培育多晶硅、单晶硅硅锭切片、太阳电池片、太阳电池组件封装以及光伏系统集成产业链,加快推进风电及相关配套产业发展。目前,青海已核准光伏发电项目44个,装机容量1 010兆瓦。全省太阳能硅材料产能近5 000吨,产值达10亿元。"十二五"期间,随着一批重点项目开工建设,青海正加快形成产值逾700亿元的太阳能产业集群,一个全国重要的新能源基地已见雏形。

(三) 全国重要的新材料基地

青海省依托现有产业基础,充分发挥资源和电力能源比较优势,以市场需求为导向,以促进产业结构优化升级为目标,通过引进先进适用技术和战略投资,大力延伸产业链条,以电子材料、新型合金材料和新型化工材料为主要方向,积极发展新材料产业,重点发展晶体硅材料、薄膜材料、绿色电池材料、磁性材料、新型合金材料行业和新型化工材料,加快培育一批拥有自主知识产权、核心竞争力强、市场占有率高的优势骨干企业和企业集团,打造特色鲜明、优势突出的新材料产业基地,努力建成全国重要的新材料产业基地。

(四) 全国重要的有色金属基地

青海省有色金属成矿条件优越,铜、铅、锌、钴、金等有色金属储量大,开发前景较好,祁连山、柴北缘、东昆仑、三江北等成矿带都具有形成大型乃至超大型矿床的前景。近年来,青海依托丰富的水电清洁能源优势,合理规划产业布局,大力发展有色金属下游精深加工产品和高附加值产品,着力构建铝、镁、铜等有色金属产业链,不断提升有色金属就地加工转化能力。2011年,全省电解铝产量达177.8万吨,占全国总产量的9.8%,居各省区第3位;铜选矿含铜 3.89 万吨，锌精矿含锌 8 万吨，铅精矿含铅 9 万吨，铝材 14 万吨，黄金 4 695 千克(2010 年)，青海省在全国有色金属行业中的地位不断提升。有色金属工业实现增加值占全省规模以上工业增加值的四分之一。“十二五”期间，随着中铝青海铝电高新技术产业化、抗得弄舍金矿开发等标志性工程开工建设，青海在全国有色金属基地的地位必将更加稳固。

(五) 全国重要的水电基地

青海省境内河流纵横，落差大，水能资源丰富，具备建设全国重要水电基地得天独厚的条件。据勘探，全省水能理论蕴藏量 2 187.3万千瓦，水能资源 1 万千瓦以上的河流有 108 条，尤以黄河水能资源最为集中，黄河在省境内总落差 2 534 米，总规划装机 1 906.7千瓦，年总发电量近 700 亿千瓦时。其中，寺沟峡至龙羊峡河段规划建设 13 座梯级水电站，省境内总装机容量 1 143.1 万千瓦，年发电量达 360 亿千瓦时；龙羊峡以上河段共布置 16 座梯级水电站，省境内总装机容量 763.6 万千瓦，年发电量约 326 亿千瓦时。2011 年底，全省发电量 360 亿千瓦时(2010 年)。可以预见，随着黄河龙羊峡以上河段以及澜沧江水电开发步伐的加快，青海水电开发将会进入一个新的发展时期，在全国水电基地中的地位必将进一步得到大幅提升。

(六) 全国重要的新型煤化工基地

近年来，青海省加大煤炭资源整合力度，着力优化产业布局，重点发展煤炭洗选、煤基多联产和煤炭深加工业，全力打造以煤化工、能源、盐湖化工、冶金相结合为特色的新型煤化工基地，煤炭资源的综合利用水平不断提高。2011 年，全省原煤产量达到 1 863 万吨，其中焦炭产量达 130 万吨。“十二五”期间，随着察汗诺煤基多联产、西宁甘河煤基多联产等项目开工建设，加大对焦炉气、富一氧化碳气体综合利用，发展合成气制甲醇以及甲醇裂解制烯烃等下游产业，青海必将逐步成为全国重要的新型煤化工基地。

(七) 全国重要的特种钢基地

依托西宁特殊钢股份有限公司为龙头,立足省内丰富的铁矿资源及现有产业基础,坚持现代化、集约化、规模化发展方向,充分发挥自身优势,着力优化产业布局和品种结构,适度扩大钢铁产业规模,做专、做精、做强特钢产业,适度发展普通钢材,不断提高产品档次,增强科技创新能力,提升资源综合利用水平,努力推动钢铁产业一体化发展。目前,全省粗钢产量 137 万吨,钢材产量 138 万吨,铁合金产量 97 万吨,实现工业增加值 87.8 亿元,占全省规模以上工业增加值的 15.4%。西宁特殊钢股份有限公司已经发展成为西部地区最大的特殊钢生产企业。"十二五"期间,随着 500 万吨铁矿采选、200 万吨钢铁产业一体化、100 万吨不锈钢等项目陆续建成,青海必将成为全国重要的特殊钢基地。

(八) 全国重要的国际藏毯基地

青海是藏毯发源地,青海藏毯已有两千年的悠久历史,历经千年的积累和实践逐步发展壮大,成为中华民族工艺美术品宝库中的一朵奇葩。青海具备藏毯产业发展的独特优势,西宁大白毛是国际地毯行业公认的编织地毯的最佳原料,产量稳定,为藏毯生产提供了丰富的原材料。早在 2003 年青海省就提出以藏毯产品为核心,以藏毯产业为主导,培养国际性集团化藏毯企业,把西宁打造成"世界藏毯之都"的宏伟蓝图。经过近几年的快速发展,青海藏毯企业在生产方式、生产工艺、产品研发等方面已处于国际领先地位。目前,青海藏毯产量已占全国藏毯产量的 90%以上,出口额占全国手工地毯的 30%;藏毯毛绒纺企业销售总额达 9.48 亿元。"十二五"期间。随着规模化、品牌化、集群化步伐的加快,一个集研发、加工、展销和原辅料交易为一体的全国重要的国际藏毯基地必将呈现在世人眼前。

(九) 全国重要的藏医藏药基地

青海藏医药经过两千多年的发展,形成了独特的理论体系和深厚民族特色的民族医药学，在治疗心脑血管、肝胆、神经系统、免疫系统、妇科疾病方面疗效显著，具有独特的医疗价值、研究价值及应用前景。高海拔、强紫外线及氧气稀薄等特殊的自然环境，使药用动植物天生具备抗高寒、抗缺氧、抗疲劳的生物特性，同时也造就了青海动植物优于其他地区生物而具有活性强、药用成分含量高的特点。在藏药经典《晶珠本草》记载的 2 294 种中藏药资源中，植物药 1 006 种，动物药 448 种，矿物药 840 种。其中大部分药材资源产自青藏高原，青海有中藏药材（植物、动物、矿物）1 660 种，其中 198 个品种是国家和省内确定的重点品种，特别是一些特产药材具有很强的药用价值，具有广阔的开发前景和形成产业规模的物质基础。《青海中藏药资源开发及产业发展纲要》明确提出，未来几年，要按照“发挥优势、体现特色、快速发展、形成规模”的思路，继续推进中藏药产业现代化的步伐，进一步加快原料基地建设，提升规模，把青海打造成全国重要的藏医藏药基地。

二、生态文明先行区

生态文明是人类文明的一种形态，是指人类遵循人、自然、社会和谐发展这一客观规律而取得的物质与精神的总和，它以尊重和维护自然为前提，是人与人、人与社会和谐共生、良性循环、全面发展、持续繁荣为基本宗旨的文化形态。青海省地处青藏高原与黄土高原结合部，集聚了全国乃至北半球最稀缺、最珍贵、最脆弱的生态资源，是世界上海拔最高、湿地面积最大、生物多样性最为集中的地区之一。建设生态文明先行区，就是要牢固树立保护生态就是保护生产力、建设生态就是发展生产力的理念，大力推进生态建设和环境保护，加快发展生态经济，着力培育生态文化，加快推进“两型”社会建设，巩固提升全国重要的生态安全屏障和全国重要的水资源保护地的地位，不断强化青海生态贡献的独特优势，打造国际性、复合型、四季游的高原旅游目的地，在生态文明建设大潮中走在全国前列，推动青海走上一条绿色、文明、可持续的发展之路。

(一) 重要的生态安全屏障

青海被誉为“万山之宗、千湖之地、江河之源”，在全国乃至世界上都具有无与伦比的生态地位，被联合国教科文组织誉为世界四大无公害超净区之一，是北半球气候变化的启动区，是全球生物多样性保护的重点地区，是我国“两屏三带”生态安全战略格局的核心组成部分，是中华民族可持续发展的重要生态屏障，具有不可替代的生态优势和生态地位。2005 年 12 月 15 日，胡锦涛总书记在青海考察工作时强调：“青海是我国淡水资源的主要补给地和生物多样性最集中的地区之一，保护和建设好这里的生态环境，不仅关系到青海各族群众的生态和发展，而且关系到全国的生态安全和中华民族的长远发展。”三江源是中国乃至世界上面积最大的生态保护综合试验区，孕育了独特的生物区系和植被类型，是全球高海拔地区生物多样性最集中的地区，被誉为“高寒生物自然种质资源库”。环青海湖地区是维系青藏高原东北部生态安全的重要水体，是阻挡西部荒漠化向东蔓延的天然屏障，是国家重点保护动植物的基因库。祁连山冰川冰雪融化形成的石羊河、黑河、疏勒河三大水系，是甘肃河西走廊绿洲的水源基础，更是遏制中国沙尘暴策源地的关键所在。

(二) 重要的水资源保护地

青海河流密布，湖泊、沼泽众多，雪山冰川广布，是我国重要水资源涵养区和产水区，是世界上湿地面积最大、分布最集中、海拔最高的地区，是长江、黄河、澜沧江、黑河的“四江之源”，享有“中华水塔”“地球之肾”之美誉。全省水资源总量 629.3 亿立方米，本地年耗水量占水资源的 2.1%，年向下游地区输水量占水资源量的 97.7%。黄河干流在青海境内长 1 959 千米，出境年平均径流量 264.3 亿立方米，占流域总径量的 49.2%；长江源头在境内长 1 200 千米，出境年径流量 179.4 亿立方米，占流域径流量的

1.8%;澜沧江源头在青海境内长448千米,出境年径流量126亿立方米,占国内径流量的16%。青海湖湖水面积4 354.28平方千米,容积743亿立方米,地表水年均径流量16.1亿立方米,是青藏高原生态安全的重要湿地。除地表水外,青藏高原多年冻土区还有总储量达9 528立方千米的地下冰。保护好青海的水资源,稳定江河的基流,实现水资源可持续利用,不仅对青海的可持续发展意义十分重大,而且对黄河、长江、澜沧江、黑河等流域的稳定发展具有重大影响。

(三) 重要的世界高原旅游目的地

大美青海、风光无限,文化青海、魅力无穷。青海发展旅游业具有得天独厚的优势和潜力,省内原始纯朴的自然环境,雄奇壮美的高原景观,古老神秘的文化遗迹,风格迥异的民族风情,符合世界旅游求新、求异、求知、求乐的需求趋势,具有很强的吸引力和国际市场竞争力。现有世界级旅游景点11处,国家级旅游景点52处,省级旅游景点数百处,具有开发前景的旅游资源共408项。巍巍昆仑绵延东西,唐古拉山、巴颜喀拉山和祁连山脉横贯昆仑南北,构成青海的地貌骨架。大自然鬼斧神工的造化,使这里既有终年积雪的冰峰,又有一望无际的草原;既有坦荡无垠的茫茫戈壁、沙漠,又有桃红柳绿的黄河、湟水谷地,构成了一幅幅原始、纯净、雄浑、壮观、神奇的大自然壮美画卷。“中华水塔”三江源、“候鸟天堂”青海湖、“高原珍稀动物王国”可可西里、“碧水丹山”坎布拉、“佛教圣地”塔尔寺、昆仑文化、热贡艺术、盐湖、原子城、隆宝滩、柳湾彩陶、嘛呢石城以及藏族、土族、撒拉族等民族风情独具特色,不少旅游资源堪称中国乃至世界之最,为打造我国旅游业发展的战略后备基地和21世纪旅游换代产品基地提供了重要保障。

三、民族团结进步示范区

青海地域辽阔,多民族聚集、多宗教并存、多文化荟萃,在维护稳定和国家统一上具有重要战略地位。2003 年起，省委就决定在全省广泛深入地开展民族团结进步创建活动，并在十一届九次全会上提出要在全省逐步推行和建成民族团结进步示范区。2008 年 10 月，《国务院支持青海等省藏区经济社会发展的若干意见》出台，“青海等省藏区”的提法体现了青海的特殊性和重要性。建设民族团结进步示范区，就是要以改善民生为重点，以扩大公共服务为保障，以推进文化繁荣为纽带，以强化社会管理为支撑，以促进社会和谐为目标，不断增强和谐稳定的政治优势，巩固国家安全屏障的地位，建设中华民族特色文化保护地，在民族团结进步方面成为全国的典范。

（一）重要的国家安全屏障

青海地处青藏高原中枢地带，战略纵深广阔，政治、军事地位十分显要，地理战略地位非常突出，自古以来就是内地连接西藏、新疆，巩固边疆的纽带和必经通道。近年来，随着青藏铁路建成通车和格尔木至敦煌、格尔木至库尔勒、格尔木至成都铁路的规划建设，青海作为西北地区重要交通枢纽和欧亚大陆桥重要通道的地位愈加突出。青海多民族聚居，有藏族、回族、土族、撒拉族和蒙古族等 53 个少数民族，人口 253.7 万人，占全省总人口的 46.98%，是我国西藏、新疆两个民族自治区之外少数民族人口比例最高的省份。全省有 5 个藏族自治州和 1 个蒙古族藏族自治州，此外还有 7 个民族自治县、28 个民族乡，民族区域自治面积占全省总面积的 98%。同时，青海是西藏以外的第二大藏族聚居区，是藏传佛教后弘期的重要发祥地，是黄教创始人宗喀巴、当代已故十世班禅大师、著名高僧喜饶加措等高僧大德的诞生地，也是十四世达赖喇嘛的家乡。全省寺院广布，僧侣众多，宗教影响深刻、氛围浓厚，信仰藏传佛教的人口有 145.3 万多人，占总人口的 26.56%。青海与其他藏区相互影响，始终处在与达赖集团分裂破坏渗透活动斗争前沿阵地，是阻止疆独势力向内地渗透的重要屏障，也是支持西藏繁荣稳定的战略后方。维护青海藏区的社会稳定和长治久安，始终是青海工作的大局，不仅关乎全国藏区的发展和社会稳定，也关乎民族团结、国防安全和国家统一。

（二）重要的中华民族特色文化保护地

青海多民族、多宗教并存，文化上多元一体，不仅有独特的民族民俗风情，源远流长的昆仑文化、古朴神秘的宗教文化、异彩纷呈的节日文化、绚丽多姿的民族服饰文化，还有博大深厚的民族民间艺术。境内长期居住的汉族、藏族、回族、蒙古族、土族、撒拉族等民族，通过文化相互交流、影响、渗透、吸收和共融，形成了丰富多彩、风格不同、独具特色的民歌、史诗、民间舞蹈、民间艺术。各民族的草原赛马会、六月歌会、九曲黄河灯会、河湟花儿会、土族纳顿节、寺院观经法会、朝山会、山河湖海祭祀活动等民俗节庆文化活动，以其神奇、神圣、神秘显现出宗教文化的特色。从花儿会、祭海，到玉树的赛马会、蒙古族纳达慕、土族纳顿节，以及娱神娱人的热贡六月歌会，体现了多元文化的融合，使青海在西部文化中有着不可比拟的资源优势。据统计，全省民间舞蹈有 1 400 种左右，民歌近万首。设立于 2008 年 6 月的热贡文化生态保护实验区，是继闽南、徽州之后，国家批准设立的我国第三个文化生态保护实验区，它是青藏高原独有的以藏族文化为主体，多民族、多宗教、多文化互相交融并存的原生态文化，是中华文化的重要组成部分，被誉为“我国民族艺术宝库中的一颗瑰丽明珠”。2009 年，热贡艺术被联合国教科文组织列入人类非物质文化遗产代表作名录。另外，全省还有百年以上的非物质文化遗产 21 大类、200 余种，其中国家级非物质文化遗产 64 项，省级非物质文化遗产 86 项，“中国民间文化艺术之乡”29 个。正是这些稀缺和珍贵的文化遗产，使青海成为重要的中华民族特色文化保护地。

“三大区”引领新青海的战略定位，概括起来讲，就是建设“三大区”，打造“两个屏障”“九个基地”，实现“三个目标”。“两个屏障”是：重要的国家安全屏障和生态安全屏障；“九个基地”是：全国最大的盐湖化工基地，全国重要的新能源基地、新材料基地、有色金属基地、水电基地、新型煤化工基地、特种钢基地、国际藏毯基地和藏医藏药基地；“三个目标”是：重要的中华民族特色文化保护地、重要的世界高原旅游目的地、全国重要水资源保护地。“3293”的战略定位彰显大美青海独具特色的魅力，这既是青海赢得国家支持的充分理由，也是我们推进“四个发展”的努力方向，它涵盖了经济建设、社会建设、生态建设和文化建设的全部内容，清晰勾画了创造新生活的美好蓝图，明确了新青海建设第二步宏伟目标。只要我们坚定信心，以“三大区”引领新青海阔步前行，“3293”这个美好而可期的战略目标就一定能实现，青海的明天必将更加灿烂辉煌，全省各族人民必将迎来更加幸福美好的新生活！

（2012 年）

热贡文化生态保护区建设问题探析

热贡是青海省黄南藏族自治州同仁地区的藏族名称。以同仁为核心区的热贡地区,总面积1.2万平方千米,人口18万人,其中,同仁古城是全国103座历史文化名城之一,已查明的古文化遗址有278处。这里是藏传佛教后弘期的发祥地,虽然地域范围不大,但历史影响深远。孕育于此的热贡文化,是青藏高原所独有的以藏族文化为主体,多民族、多宗教、多文化互相交融并存的原生态文化,是藏民族文化和藏传佛教文化的结晶,是中华文化的重要组成部分。其中最活跃、最具代表性的热贡艺术的发展历史可上溯到元代西藏萨迦王朝,至今已有700多年的历史,它对整个中国藏区、内蒙古、新疆等所有信仰藏传佛教的地区乃至印度、尼泊尔等东南亚国家,都有不同程度的影响。在贯彻落实中央关于加快青海等省藏区发展方略的新形势下,加快推进热贡文化生态保护实验区建设,是科学有效地保护热贡地区的物质与非物质文化遗产,优化自然生态和人文生态环境,建设社会主义先进文化的需要;也是促进青海藏区深入贯彻落实科学发展观,加快经济社会全面协调可持续发展和生态文明建设的需要;亦对维护我国整个藏区社会稳定,加快经济社会和文化事业的发展,促进各民族团结进步,具有重要的现实意义。

一、建设现状与主要问题

(一) 现状

2008 年 6 月，国家文化部正式审批设立“热贡文化生态保护实验区”。目前，热贡艺术(唐卡、雕塑、堆绣)已被列入世界非物质文化遗产名录，藏乡“六月会”、土族“於菟舞”、热贡藏戏和泽库的和日石雕技艺等列入国家非物质文化遗产名录，吾屯村被文化部命名为“国家文化产业示范基地”，郭麻日村被命名为“国家级历史文化名村”，年都乎乡、隆务镇被命名为“中国民间艺术之乡”，保安镇保安村被命名为“小康文化村”。同时，热贡艺人宗者拉杰组织 5 省藏传佛教各流派绘画人才，绘制完成了 618 米的“中国藏族文化艺术彩绘大观”长卷，成为热贡文化绘画艺术的集大成，被载入吉尼斯纪录。黄南州对从事唐卡、堆绣、木雕、泥塑、手工技艺等非物质文化遗产传承工作的民间艺人，都已登记建档。其中，对从事热贡艺术多年且具有较高造诣的 80 位艺人，初步确定了他们非物质文化遗产传承人的性质，并有计划地提供保护，鼓励和支持他们开展传艺授徒活动。现有 3 名民间艺人被国家确定为非物质文化遗产代表性传人，有 5 名热贡艺人被国家命名为“国家级工艺美术大师”。同时命名省级工艺美术大师 17 人，省级非遗代表性传人 14 人。依托热贡文化资源优势，对唐卡绘制、泥塑、堆绣、矿物质颜料加工、金银饰品加工等特色文化产业进行了扶持，结合传统的产业优势，创新发展了刺绣唐卡、珍珠唐卡、木雕、铜铁像铸造等具有热贡文化特色产业的延伸品牌。通过大力实施热贡精品战略，引导、帮助企业向规模经营转变，提升产业层次，提高管理水平，增加经济效益，强化核心竞争力。目前，黄南州从事热贡艺术创作的民间艺人达 2 000 人，规模以上热贡文化特色企业 24 家，年产值 2 300 多万元。

(二) 存在的问题

自“热贡文化生态保护实验区”成立以来，虽然青海相关部门和黄南州投入了一定的人力、物力，积极推动实验区建设工作，但由于实验区成立时间短，许多工作处在探索阶段，尚无成功经验可供借鉴，因此，还存在许多实际困难和问题。

1. 机构不健全，总体规划滞后，实验区建设起步难

热贡文化生态保护实验区虽已设立，但组织领导和工作机构尚不健全，尚未建立一套高效率的运作班子，工作仅限于业务部门“单打独斗”。缺乏专项资金，文化生态保护实验区总体规划至今未能出台，进而导致无法制定相应的具体实施意见与办法，各项工作难以开展，尤其是影响了有关项目资金的争取与落实。

2. 地方财力小，建设规模大，投资与建设矛盾突出

资金匮乏是影响实验区文化生态保护建设的最大难题。如黄南州文化局请有关专家承担的《热贡文化生态保护实验区历史文化遗产保护及古城堡保护与修缮可行性研究》项目，所需经费是通过借贷国债解决的；目前在实验区，处于濒危的民族民间珍贵文化遗产就达100多种，实施生态文化保护和建设工程，需要投入巨额资金。如是种种，对经济欠发达、自有助力严重不足的青海来说是严峻的挑战。

3. 文化传播范围窄，宣传手段少，理论研究滞后

热贡文化资源是原生态的、民族文化的活化石，但不论是唐卡、堆绣还是雕刻艺术，其传播者以宗教人员为主，这就决定了其传播的平台有限、范围狭小。加之宣传手段落后，缺乏与现代社会高度融合的文化宣传创意，使外界甚至是藏族青年对热贡文化的历史、内涵、文化地位等了解甚少。尽管近年来，黄南州积极参与全省的各类艺术节、博览会、青洽会，以及北京的“龙潭庙会”“广州巡展”等各类展示活动，但辐射力和影响面有限。对热贡文化的历史渊源，文化形态、特征、价值等一系列问题缺乏系统、科学的研究，导致热贡文化理论研究滞后于文化生态保护、建设和开发等实际工作，影响了热贡文化在国内外学术界的认知度和对外传播。

4. 社会保护意识不强，原生态文化遗产面临失传危机

目前虽然建立了热贡文化遗产保护名录，也建立了一定的保护机构和管理制度，但由于社会意识形态的变化，干部群众参与文化遗产保护的意识淡薄，加之保护经费奇缺，专业人员严重不足，使很多珍贵历史文化遗产处于自生自灭状态，有的已大量遗失、损坏。许多民俗活动停办已久，加之热贡文化老艺人的渐次辍艺或辞世，使得传承问题堪忧，技艺后继乏人而濒临失传，富含民族民间文化的历史信息面临消逝。城镇化进程的加快和政府保护力度有限，使许多古城堡、古城墙毁坏严重，古民宅自然塌陷或遭人为破坏，具有历史及民族区域特色的原生态环境面临威胁。受各种外来文化和市场经济影响，热贡艺术的原生态文化及艺人的创作心理受到空前冲击，在经济利益的驱使下，有的热贡艺人对工艺技法技能不加考究，粗制滥造，使热贡艺术在繁荣的表象下掩藏着巨大隐患。

5. 文化资源开发机制不活，产业化市场化程度不高

在如何促进热贡文化资源优势转化为文化产业经济优势方面没有系统而清晰的发展思路，缺乏灵活的开发机制。以热贡艺术为主的文化特色产业仍以千家万户的小规模、分散式经营为主，产业化程度低，产业链条不完整，管理粗放，批量小，层次低。如唐卡和泥塑，缺乏上下游产品和相关产业新产品支持，唐卡颜料没有形成阶梯式原料加工的完整产业链条，关联度不高。缺少大型龙头企业带动，文化产业开发和生产操作不规范，产品附加值低。现有企业由于缺乏足够的流动资金，加工能力受到制约，市场份额低，发展后劲不足。

二、思路构建

热贡文化生态保护是一项复杂而系统的工程，必须坚持以科学发展观为统领，坚持“保护为主、抢救第一、合理利用、传承发展”

的方针，根据实验区热贡文化遗存情况，构建科学有效的热贡文化遗产保护体系，探索出一条既符合人类文化遗产保护规律和国家保护标准，又有利于热贡文化整体性保护和实验区后续产业发展的新路：

(1) 明确热贡文化生态保护范围，主要包括：以国家历史文化名城同仁县隆务镇为中心，涵盖隆务河流域及黄河流域坎布拉景区的自然生态空间、人文生态空间和经济生态空间。

(2) 明确实验区文化生态保护和建设的分阶段目标，即到 2010 年，初步建立一套切实可行的热贡文化生态整体保护制度和运行机制，建设一批有利于文化遗产保护的基础设施，改善文化遗产保存、保护环境，濒危和重要的文化遗产以及一批传承人得到有效保护，全社会文化遗产保护意识明显提高。到 2015 年，基本建立比较完善的热贡文化生态保护制度和工作体系、较为完整的基础设施，使文化生态环境得到明显改善，文化遗产和传承人得到有效保护和传承。到 2020 年，实现保护工作科学化、规范化、网络化、法制化，保护区主要基础设施建设达到国家标准，所有文化遗产和传承人按国家标准得到完整保护和传承。

(3) 进一步明确保护方法和方式。挖掘、整理、保护和恢复原生态的热贡文化，建立文化传承制度和机制，建设必要的基础设施。实施“记忆保护工程”，包括活化石式保护方式、博物馆式保护方式、数字与网络化式保护方式等；实施“传承保护工程”，包括对特定的个人、家庭、群体所保有的非物质文化遗产实施传承性保护。

(4) 对热贡文化包括流域内的物质文化遗产、非物质文化遗产和原生态自然遗产实施整体性保护。物质文化遗产有隆务河流域内以年都乎、保安、郭麻日古城堡为标志的屯堡式村落寨庄，有以同仁隆务寺和尖扎南宗寺为标志的藏传佛教寺庙塔窟，有大量的宗教典籍、法器、造像、汉藏文献资料及各类文物等。非物质文化遗产有唐卡艺术、部落制度、千百户制度、民间音乐和舞蹈、民间谚语、藏戏、藏医药学等。原生态自然遗产有国家级、省级自然保护区，国家地质、森林公园等。

三、对策建议

热贡文化生态保护实验区建设，必须抓住机遇，乘势而上，转变发展方式，科学规划，多策并举，变文化资源优势为文化产业优势，努力提升区域竞争力。

（一）加强领导，完善机制，为推进实验区建设提供组织保障

热贡文化生态保护实验区建设是一项事关藏区经济社会可持续发展的宏大工程，因此推进实验区建设需要相关部门通力协作、共同努力，需要实验区内干部群众的扎实工作、艰苦奋斗，更需要全省上下的大力支持。为此，应成立“青海省热贡文化保护体系工作小组”“青海省热贡文化保护实验区专家咨询委员会”等工作机构，统筹负责制定实验区规划方案和建设项目的研究、申报和实施，指导实验区范围内自然遗产保护、物质和非物质文化遗产保护、传承与发展工作。并根据总体规划，尽快制定实施细则和分项实施方案，制定热贡文化生态保护实验区的有关试点建设和管理、非物质遗产保护、传承人培养和扶持、生态补偿、工作人员培训、专项资金审计监督等一系列具体制度和办法，从而形成科学管理、依法建设的体制和机制。

（二）深入调研，扩大宣传，为推进实验区建设提供科学依据

热贡文化具有很强的学术研究价值，应成立“青海省热贡文化保护发展研究中心”，并建立一支过硬的研究队伍：一是建立以黄南州当地学者、业务骨干为主体的研究队伍，重点挖掘整理实验区范围内的文化资源，并提出保护和发展意见；二是建立以省业务主管部门、社科院、民族大学等单位专家学者为主体的研究队伍，主要对热贡文化的历史及地位等问题进行系统研究；三是聘请国

内外学者尤其是著名藏学专家进行研究，扩大影响力。总之，通过建设多层面、高质量的研究队伍，形成“热贡学”研究热潮。继续采取“走出去”“请进来”的方式，把握文化发展的信息和脉动，加大对外交流合作力度。如，吸引国家和外省区市的影视单位来青海拍摄专题片，编辑创作宣传热贡文化的文学作品和影视作品，通过电视、广播、电影、报刊、互联网等媒体，不断扩大热贡文化的影响力。省内相关部门应在资金和宣传手段上给予支持，扩大宣传覆盖面，努力提高热贡文化的品牌知名度。

(三) 整体规划，突出特色，进一步明确实验区试点建设布局

坚持“政府主导，社会参与；长远规划，分步实施；明确职责，形成合力”的实施原则，在制定非物质文化遗产保护发展规划的基础上，确定重点发展的行业门类项目，形成文化遗产的中长期整体保护和可持续发展规划。规划要突出热贡文化特色和民族地方特色，合理调整布局，打破地区和所有制界限，将热贡地区建设成为“中国藏文化和藏传佛教文化中心”。围绕这个中心，重点打造和建设一乡、一馆、一街、一圣地、一古村寨和四古城堡的“五一四”工程。即依托吾屯、年都乎、郭麻日等村的热贡艺术等非物质文化遗产，将其打造为“中国热贡文化之乡”；在同仁县隆务镇建立“中国热贡文化博物馆”；通过对隆务老街及40多户古民居的恢复修缮，使之成为“同仁历史文化名城一条街”；将坎布拉南宗寺打造为“藏传佛教后弘期圣地”；将保安古城建成“青藏高原屯田戍边第一古村寨”；通过保护性修建，将年都乎、郭麻日、吾屯、铁城山打造为具有热贡文化特色的四个古城堡。同时，将藏乡“六月会”和土族“於菟节”打造为像傣族“泼水节”一样的民间传统歌舞品牌。

(四) 加大投入，狠抓落实，加快实验区基础和重点项目建设

(1) 重点搞好基础设施建设。抓住国家扩大内需和支持藏区加快发展的机遇，争取同仁通往九寨沟公路改造项目早上马、早开工，提高通行能力。同时争取国家和省上的专项资金，抓好实验区

水、电、路等基础设施建设。

（2）坚持政府保护与民间保护相结合、财政投入与社会资助相结合、保护传承与适度利用相结合，争取国家资金支持和社会捐助，加大投资，抢救和保护一批濒危热贡文化非物质遗产。设立专项资金，专门用于非物质文化遗产的挖掘、收集、整理、保护和对传承人的培养扶持补助。

（3）对列入世界、国家和省级名录的非物质文化遗产实施重点保护，同时抓好对国家级历史文化名城——同仁古城、重点文物保护单位、历史古城堡的重点保护，尤其要抓好对濒危古城堡的抢救性保护。应设立“青海省热贡文化生态保护区专项保护资金”，黄南州及其热贡文化生态所涉及的县也应相应设立专项保护资金，并根据财政收支情况和热贡文化产业发展情况逐年适度增加，以加大财政资金的扶持力度。

（五）自主创新，打造精品，将资源优势转化为经济优势

（1）树立精品意识。确立热贡文化品牌定位，真正将实验区打造成青藏高原藏文化和藏传佛教文化中心。加快新工艺、新产品的研发体系建设，通过特色产品、特色工艺的研发，增强热贡文化品牌的文化品位和竞争力，扩大市场份额。

（2）大力培养热贡文化产业人才。依托中央民族学院、西藏大学、青海民族大学等高等院校和黄南州培训学校、热贡画院、黄南师范等本地院校的资源优势，加速培养服务于热贡文化产业发展需要的国际化经营、商务谈判、文化遗产保护研究和开发等方面的人才。

（3）大力发展民营热贡文化产业。实施热贡文化产品民营化战略，充分发挥政府扶持资金的导向作用，为农户和特色民营企业发展搭建平台。

（4）进一步加强银企合作，降低信贷准入门槛，探索以个人信用和收入担保相结合的特色创业贷款方式。探索以驰名商标、专利和拥有自主知识产权的核心技术质押的融资方式，加大对特色产业的信贷投放力度。

(5) 将实验区建设与文化旅游相结合。建设各具特色的热贡文化旅游景点，深入挖掘不同景点的文化内涵，打造独具魅力的文化旅游品牌。进一步转变观念，打破时空限制、地域限制，积极引入先进经营理念和市场营销方式，充分发挥企业和中介机构的作用，采用龙头企业带动、产业集群等模式，加快旅游文化业发展，尤其是推动热贡艺术品和黄南藏戏、热贡歌舞等走出青海，走向全国。整合热贡非物质文化资源，组建热贡特色文化艺术有限公司，打破地区和所有制的界限，加强热贡特色文化团体之间的协作，充分发挥名人、名团、名剧的品牌效应，实现资源共享、优势互补。从市场需求出发，建立演出中介代理制，实现艺术产品的产、供、销一条龙运作，推动热贡演艺业的发展。

(2009 年)

青海建设国家生态文明先行区的实践与探索

青海既是青藏高原、内陆盆地和黄土高原三种地形共生地，又是大陆季风气候、内陆干旱气候和青藏高原气候三种气候交汇处，多样的气候造就了青海原生态、多样性和其他地方无法复制的独有的自然美。2008 年 1 月，中共青海省委、省政府审时度势提出实施生态立省战略，着力打造“大美青海”区域形象品牌。省十二次党代会把建成全国生态文明先行区作为“三区战略”重大战略目标之一。党的十八大报告首次将生态文明上升为“五大建设”之一，提出要建设“美丽中国”。大美青海与美丽中国，美美与共，熠熠生辉。

一、青海建设国家生态文明先行区的基础和条件

(一) 生态优势

青海地处我国内陆腹地，接近欧亚大陆中心地带，是欧亚大陆上孕育大江大河最多的区域，黄河、长江、澜沧江和黑河等就发源于此，被誉为“中华水塔”。它哺育了中国一半的人口，支撑了江河流域的经济社会发展，是我国重要的水源地。青海独特的地理环境和气候特征，造就了世界上最大面积的高寒湿地、高寒草甸、灌丛和森林，孕育了高原独特的生物源系，是珍贵的高寒生物自然种

质资源和高原基因库，其独特的生态系统，不仅直接影响着我国天气、气候的形成和演变，而且对东亚甚至北半球的大气环流都有着极其重要的影响。所以，青海作为中国乃至亚洲部分地区的生命之源和重要的生态敏感区，又被誉为“地球之肾”。“青海青，黄河黄，更有那滔滔的金沙江。雪浩浩，山苍苍，祁连山下好牧场，这里有成群的骏马，千万匹牛和羊，马儿肥牛儿壮，羊儿的毛好似雪花亮。”这首民谣，让我们体会到水草丰美、牛羊肥壮的草原，汹涌澎湃的河流，到处游动的牦牛、羊群，大自然赋予青海一派独特美丽的风光，一片生机盎然的土地。这里有终年积雪的冰峰雪山，有起伏不平的高原丘陵和广袤平坦的草原，古老、神秘的人文景观随处可见，这里还可以看到茫茫无际的戈壁、纵横交错的河流、星罗棋布的湖泊。全国最大的内陆咸水湖青海湖，有许多令人叹为观止的自然风光。青海被联合国教科文组织宣布为地球四大超净区之一，这种优势越来越具有垄断性和独占性。

(二) 政策优势

改革开放以来，国家先后实施“三北”防护林、长江中上游防护林等一系列林业生态工程，开展黄河、长江等七大流域水土流失综合治理，加大荒漠化治理力度，推广旱作节水农业技术，加强草原和生态农业建设。1996 年 8 月 3 日国务院颁布了《国务院关于环境保护若干问题的决定》。1998 年 11 月国务院批准并实施了《全国生态环境建设规划》，该规划共划分了八个生态环境重点治理区域，其中覆盖青海的有黄河、长江中上游地区、“三北”风沙综合防治区、青藏高原冻融区、草原区。2005 年，被称为“21 世纪中国生态 1 号工程”的三江源生态保护和建设工程启动。2006 年《全国生态保护“十一五”规划》制定。2007 年党的十七大提出要建设生态文明，基本形成节约能源资源和保护生态环境的产业结构、增长方式、消费模式。党的十八大把生态建设列为“五大建设”之一，这是我们党顺应国际国内形势，站在全局高度和时代前沿作出的重大战略部署。党中央、国务院始终对青海独特的生态地位高度重视，先后出台了若干政策措施，支持青海生态文明建设，有力支撑了国家生态文明先行区建设。2005年国务院批准《青海三江源自然保护区生态保护与建设总体规划》，2008年出台《国务院关于支持青海等省藏区经济社会发展若干意见》，2010年出台《中共中央、国务院关于加快四川云南甘肃青海省藏区经济社会发展的意见》，2011年批准实施《青海省三江源国家生态保护综合试验区总体方案》。2012年12月28日，国家发展改革委正式批复《祁连山生态保护与综合治理规划（2012—2020）》，标志着祁连山生态保护与综合治理规划工程项目进入实施阶段。

（三）生态文明建设所取得的成效

近年来，青海省坚持资源开发与生态保护的有机统一，把保护生态作为义不容辞的神圣责任，大力实施生态立省战略，着力推动绿色发展，实施了一批重点生态保护工程，生态环境局部有所改善，三江源水源涵养功能初步恢复，一些绿色发展指标走在了全国前列。

1. 草地退化趋势局部得到遏制

通过实施三江源生态保护与建设、青海湖流域及周边地区生态综合治理等重大生态工程，有力推进了草原生态保护建设。三江源生态保护与建设工程现已累计完成投资50.7亿元，占总投资的67.6%，为国家生态保护综合试验区建设奠定了坚实基础。截至2012年底，三江源生态保护工程投资规模已达到60.7亿元，执行进度达到81%。青海湖流域生态环境保护与综合治理工程完成投资5.6亿元，占总投资的58%。青海湖流域周边地区生态环境综合治理工程累计完成投资4.53亿元，占总投资的84%。重点生态工程区各等级覆盖度草地面积平均值与2004年相比提高10%以上，草地沙化防治区植被覆盖度平均提高23.2%，治理黑土滩272万亩，治理区植被覆盖度由20%提高到80%，2007年以来共完成草原围栏禁牧 357 万公顷，鼠害防治 587 万公顷，实现减畜 290 万羊单位，退牧还草围栏内草地植被覆盖度达到 90%。

2. 水土流失局面得到有效治理

2007 年以来，重点实施了 50 条小流域综合治理工程，以及长江、黄河、澜沧江源区水土保持、生态修复及预防保护工程，2005—2010 年长江、黄河、澜沧江年平均出境水量 565 亿立方米，比 2004 年增加 88 亿立方米，6 年增加出境水量 530 亿立方米。三江源区主要湖泊面积净增 245 平方千米，其中玛多县境内的湖泊恢复到 2 000 余个，"千湖之县"的壮丽景观重现三江源头。青海湖水位连年上涨，湖面扩大 70 平方千米。黑颈鹤、斑头雁等鸟类和藏野驴、藏原羚等种群数量逐年增加，活动范围不断扩大。东部浅山地区实施水土流失综合治理试点工程，累计治理水土流失面积 771.6 平方千米。

3. 森林覆盖率稳步提高

扎实推进重点林业工程，完成人工造林 22 万公顷，封山育林 24 万公顷，将 198 万公顷天然林和 306.7 万公顷重点公益林纳入国家生态补偿范围。全省森林覆盖率由 2005 年的 4.4% 提高到 2010 年的 5.2%。2010 年同 2005 年相比，三江源区森林面积净增加 150 平方千米，森林覆盖率由工程实施前的 3.3%提高到目前的 4.8%。完成退耕还林 15 万公顷。全省自然保护区面积达 2 180 万公顷，占国土面积的 30%，国家级、省级自然保护区达 11 个。

4. 农牧民生产生活条件持续改善

2009 年起对生态移民发放生活困难补助和燃料补助，使生态移民的基本生活得到保障。目前，玉树、果洛、格尔木生态移民户均各项补助 1.44 万元，黄南、海南户均 1.14 万元。设立创业基金 3 000 万元，扶持生态移民发展后续产业。吸纳 1 683 名生态移民劳动力就业。为确保生态移民搬得出、住得稳、能致富，先后拿出基础设施建设专项资金近 2 亿元，加强生态移民社区基础设施建设，搬迁牧民的生产生活条件得到改善。2011 年，省政府下发了《关于探索建立三江源生态补偿机制的若干意见》和《三江源生态补偿机制试行办法》，积极推进建立三江源生态补偿机制。同时，全面启动实施草原生态保护补助奖励政策。开展了湿地生态补偿试点工作。

二、青海建设国家生态文明先行区的方法和路径

（一）树立生态文明意识是推进国家生态文明先行区建设的重要基础

生态文明意识的树立和强化对国家生态文明先行区建设有无可替代的作用。生态文明意识包括生态价值意识、生态消费意识、生态伦理意识、生态审美意识等。

（1）要形成全方位、多层次、多样化的生态文明宣传教育体系，向公众推广资源环境有价的新观念，在制定经济发展指标时适当考虑环境因素。

（2）树立正确的生态消费理念，在消费过程中选择没有被污染、无公害的绿色健康产品，在满足对商品需要的同时注重节约资源能源，崇尚简朴，合理处置生产生活中的垃圾，减少环境污染。

（3）正确处理当代人之间、当代人与未来人之间的利益关系，在平等的基础上真正实现代内和代际的资源共享。自觉践行科学发展观，杜绝以资源环境为代价的政绩工程。

（4）确立用审美的态度对待自然的观念，树立生态审美意识，注重挖掘青海山水、草原、森林、戈壁、宗教等文化中的生态思想，加强森林公园、湿地公园、地质公园等的建设和管理，使之成为承载生态文化的重要平台。结合生态城市、生态乡村建设，加快建设并形成一批生态文化宣传教育基地。

(二) 强化政策法律监管是推进国家生态文明先行区建设的有效支撑

国家生态文明先行区建设是一个系统工程,需要出台相关的政策法律法规,进行刚性约束,使国家生态文明先行区建设在法律制度层面得到有效的保障。

(1) 建立健全有利于生态环境保护的财政、税收、价格、金融、土地和政府采购等方面的制度,引导鼓励生产力要素进入生态文明建设领域。建立健全多元化投融资体制,逐年增加生态文明建设的投入。充分发挥公共财政的导向作用,引导和撬动民间资金、省外资金和金融信贷资金参与生态文明建设。出台扶持生态型项目开发政策、生态建设科技投入政策等相关政策,用宏观调控手段引导生态建设。

(2) 进一步健全资源有偿使用机制和生态补偿机制,适时建立水源地、草地、湿地、森林等生态系统服务功能价值的评估指标体系和生态补偿标准体系,完善生态文明建设和环境治理投入保障机制。

(3) 在强化国家环境政策法规的调控和引导作用的同时,加快地方环境和资源立法进程,建立和完善相关的法律法规。

(4) 建立一整套严密而可操作的执法监督机制,加强各执法部门的相互协调配合,切实加大执法力度,严惩非法滥垦草地、偷捕野生动物、擅自开矿采金等破坏环境的犯罪行为,确保环境管理工作步入法制化轨道。

(三) 继续实施好三江源国家生态保护综合试验是推进国家生态文明先行区建设的重点工作

加快发展与保护生态,达到两者共赢,这是一个世界性难题。要紧紧抓住《青海省三江源国家生态保护综合试验区总体方案》批准实施这个历史性机遇,开创三江源国家生态保护综合试验区建设新局面。必须坚持以科学发展为主题,以坚持尊重文化、保护生态、保障民生为核心，以转变发展方式为主线，按照保护优先、集约发展，科学布局、统筹规划，强化基础、保障民生，改革创新、先行先试，国家支持、多方参与的原则，坚持试验区建设与转变政府职能并重，处理好巩固与提升的关系；坚持加快发展和转变发展方式并重，处理好保护与发展的关系；坚持民生优先和强化基础设施建设并重，处理好重点与全面的关系；坚持先行先试和创新体制机制并重，处理好当前与长远的关系，从根本上遏制和扭转三江源地区生态功能退化的趋势，建立与三江源地区生态功能地位相适应的保护和发展新模式，努力将三江源地区建设成为我国生态文明的先行区和示范区，创造建设社会主义生态文明的青海经验。

(四) 大力发展循环经济是推进国家生态文明先行区建设的重要途径

循环经济，就是按照自然生态系统物质循环和能量转换的规律，通过清洁生产技术、废物回收技术，使资源利用效率最大化，废弃物排放量最小化，将经济系统和谐地融入自然生态系统的物质、能量循环过程中，从而实现经济与环境协调发展。青海资源富集、组合性好，具备发展循环经济的独特优势。全省已发现矿种 132 种，探明有储量的矿产 105 种，分别占全国的 77%、69.5%，其中有 10 种矿产储量位居全国首位，54 种矿产储量居全国前 10 位。2010 年 3 月 19 日，《青海柴达木循环经济试验区总体规划》获国务院批准，标志着发展青海循环经济上升为国家战略。在国家的大力支持下，青海循环经济的发展取得了显著成就，循环经济在工业增加值的比重已超过 70%。建设全国生态文明先行区，在产业方面就是要以建设全国循环经济先行区为抓手，坚持走低碳、绿色、集聚、循环的新型工业化道路，推动产业转型升级，构建纵向延伸产业链条、横向促进产业融合、立体紧密产业关联的循环型工业体系，着力打造全国最大的盐湖化工、全国重要的新能源、新材料、有色金属、水电、新型煤化工、特种钢、国际藏毯、藏医藏药等九大产业基地。

(五) 切实加大环境污染治理力度是推进国家生态文明先行区建设的关键环节

按照省十二次党代会提出的“建立科学的生态系统服务功能价值评估体系、生态环境代价核算体系和生态补偿测算方法”的要求,环保部门要扎实做好基础性工作,以省生态环境遥感监测中心为依托,加快构建“天地一体化”生态监测评估和预警体系。搞好三江源、青海湖流域等重大生态环境综合治理工程实施成效的评估,推进生态环境变化状况、资源环境承载力以及生态恢复效果的综合评估工作,为三江源国家生态保护综合试验区建设及重点生态功能区生态补偿机制的建立提供依据,为量化青海提供的生态价值和生态质量变化提供依据。积极组织绿色环保企业、污染减排大户及达标排放企业和重视环境保护的企业定期研讨绿色生产问题,交流经验,并开展相应的宣传活动,展示企业环保产品,做到有实物、有展板、有模型,使企业树立绿色生产观和环保观。按照推进“三区”建设、实现“两新”目标的新要求,切实抓好污染减排工作,加快湟水河流域污染综合治理工程建设,着力推进重金属污染防治工作,积极开展 PM2.5 监测及信息发布工作,建设好环境保护这一最大民生工程,为国家生态文明先行区建设提供良好的环境。

(六) 完善领导干部绿色政绩考核体系是推进国家生态文明先行区建设的制度保证

绩效考评方式决定着政府的思维方式、工作方向。要树立正确的政绩观,建立新型绿色绩效考评制度,建设现代服务型政府,把生态保护和建设作为各级党委和政府的一项重要职责和主要任务。确立科学的政绩考核标准,更加注重考核领导干部对先进生产力的培育和提高能力,注重以人为本的全面发展,注重人与自然的和谐,注重五大文明建设能否整体推进、顺利推进,注重人民生活水平和福利待遇的不断提高。对干部的考核主要看领导干部能否处理好当地经济发展效率与发展质量的关系，能否使能源资源在经济发展中的消耗率降低，区域生态质量是否得以改善，经济社会是否协调发展、环境污染治理和清洁生产水平是否达标，等等。着力解决当前考核指标体系单一、社会进步指标少、整体参考性指标多、缺乏可比性等指标设计问题，逐步建立以生态保护建设、社会事业发展和民生改善为主要内容的新型绿色政绩考核体系，推动地方政府及其相关部门转变政绩观念和行为方式。继续完善科学考评办法，减少对招商引资的考核，增加对生态保护完成情况的考核，把资源消耗、环境质量、生态投资、绿色产业等纳入目标考核指标体系，以绿色发展推动科学发展。

（2013 年）

筑牢长治久安和长足发展的基础

——青海创建民族团结进步先进区的实践与思考

进入 21 世纪，青海省委、省政府瞄准基本省情，认清特殊省情，把握战略定位，从战略性、基础性、长远性的高度，举全省之力开展民族团结进步先进区创建活动，全方位、多层次扎实推进重点工作，成效显著。实践证明，这一决策部署完全符合中央精神，完全符合省情实际，也完全符合群众期待，为青海坚持好、拓展好中国特色社会主义注入了新活力，增添了新动力。

一、创建民族团结进步先进区，是推进长治久安、长足发展的重大创举

青海集西部、民族、贫困地区于一体，是西藏之外面积最大的藏族聚居区，处在反分裂反渗透斗争一线，是稳藏固疆的战略要地，做好民族工作关乎全局、关乎长远、关乎根本。

（一）创建民族团结进步先进区，是治青理政方略的创新升华

青海省委、省政府历来高度重视民族工作，从 1983 年起连续开展“民族团结进步宣传月”活动，2003 年将其提升为民族团结进步创建活动，坚持不懈地推动民族团结进步事业健康发展。党的十八大后，新一届省委立足多民族共居、多宗教共存、多文化共融的省情实际，着力实践党的民族理论政策和中央治藏新方略，在更

高层次上拓展和升华创建工作，把民族团结进步先进区建设作为“三区”战略之一，制定《青海省创建民族团结进步先进区实施纲要》，确立了“三年强基础，八年创先进”的“两步走”奋斗目标，提出了依法治理、思想引导、基层基础、矛盾纠纷、民族政策、宗教工作、社会治理、协调发展、改善民生、干部素质等 10 个方面的重点任务，这都促使青海民族团结进步事业站在了新的历史起点上。

(二) 创建民族团结进步先进区，是实现青海长治久安的固本之策

青海处在反分裂反渗透斗争的前沿，与十四世达赖集团斗争的特殊矛盾依然尖锐，维护藏区持续稳定、长远稳定、全面稳定的任务艰巨。创建民族团结进步先进区，切实把工作着眼点着力点放在维护祖国统一和加强民族团结上来，全力解决影响青海长治久安的突出问题，把解决思想问题和实际问题结合起来，在加快经济社会发展，让各族群众共享改革发展成果的同时，坚持不懈地用社会主义核心价值观引领社会思潮，牢固树立中华民族共同体意识，构筑各民族共有精神家园，牢牢掌握维护国家安全的主动权，反对分裂渗透，凝聚起构建和谐社会的强大正能量，努力实现青海的长治久安。

(三) 创建民族团结进步先进区，是推动青海长足发展的必然要求

青海总体发展水平相对较为落后，实现与全国同步全面建成小康社会的目标面临巨大压力。特别是藏区，经济社会发展滞后，公共服务层次较低，贫困面广且程度深，发展的任务十分紧迫。只有从战略的高度、全局的角度推进民族团结进步先进区创建，着眼于团结统一谋划藏区长远发展，着力于加快发展筑牢团结统一的基石，才能把各族干部群众的思想和力量凝聚到改善民生、凝聚人心上来，全面落实国家支持藏区发展等各项政策措施，加快改变民族地区贫穷落后的面貌，推动青海经济社会的发展，确保青海在总

体上与全国同步全面建成小康社会。

(四) 创建民族团结进步先进区,是推进青海社会治理体系和治理能力现代化的重要举措

随着市场经济的快速发展,开放程度显著提高,城市化进程不断加快,人口流动日益加快,民族分布格局和交往状况已发生深刻变化,但基层建设软件不足、基础工作脆弱、基本能力参差不齐的问题日益显现。创建民族团结进步先进区,不断深化各级党员干部对民族工作基本规律的认识,坚定中国特色社会主义前进方向,提高战略思维能力和正确处理民族问题的能力,增强治青理政本领,推进青海社会治理体系和治理能力的现代化建设,进一步筑牢党在民族地区的执政根基。

二、创建民族团结进步先进区是推动民族和睦、社会和谐的重要引擎

三年来,全省上下瞄准重点领域和关键环节,更加重视长效机制建设,更加突出社会综合治理,更加强调责任担当,更加注重群众力量,解决基本矛盾,化解特殊矛盾,汇聚强大正能量,极大地促进了民族团结和社会和谐,翻开了全省民族工作的崭新一页。

(一) 注重加大民生投入,夯实创建工作的物质基础

省委、省政府把改善民生作为民族团结进步的核心,坚持"小财政"办"大民生",连续多年将全省财政支出的 75%以上用于改善民生,每年承诺为全省各族群众办好十件大事,着力推动重点民生建设。探索建立教育"1+9+3"经费保障机制和异地办学奖补机制,扎实推进义务教育学校标准化和寄宿制学校建设,扩大异地办班规模,积极稳妥地推进双语教育,优化教育结构,促进教育均衡发展。制定实施一系列促进就业、创业创新的政策举措,千方百计扩大就业,特别是对藏区实行倾斜政策,2014 年,藏区大中专学生就业率由十八大前的 84.6%提高到 92.7%。全面开展基层医

疗机构综合改革和县级公立医院改革，着力增强医疗服务能力，农牧区群众“看病难、看病贵、看病远”的状况明显改善。实施精准扶贫，减少贫困人口21.3万人。全力推进各类住房建设和草原新帐篷行动，建设保障性住房34.07万套，惠及城乡居民50.9万户，85%的农牧民住房条件得到根本改善。

(二) 注重宣传教育引导，夯实创建工作的思想基础

青海省把打牢共同思想基础作为创建民族团结进步先进区的重要前提，坚持攻心为上，“管脑子”与“管肚子”同步，针对不同群体编写各有侧重的宣讲材料，先后抽调数千名藏汉双语干部，成立100个宣讲团，进村入户，点面结合，宣讲政策、解疑释惑，回应社会关切，把党的声音传送到基层、浸润到家庭。加强意识形态阵地建设，健全完善公共文化设施，加大民族地区媒体建设，推进广播、电视全覆盖。积极把握舆论导向，组织省内专家基层行、北京专家青海行等活动，为深化创建提供理论指引和舆论支持。积极选树235个民族团结先进典型事迹并广泛宣传，其中17个模范集体和21个模范个人受到国务院表彰，广泛树立民族团结的时代标杆和学习榜样。“三个离不开”“五个认同”意识深入人心，进一步夯实了维护祖国统一、民族团结的思想基础和群众基础。

(三) 注重强化依法治理，夯实创建工作的社会基础

把培育法治思维和法治方式作为民族团结进步的保障，推动形成尊法、学法、守法、用法的社会环境。针对川甘青交界地区特殊复杂性，省州县联合抽调800多名干部，历时半年多，坚持问题导向，坚持把群众路线与法治方式结合起来，对班玛县开展全面集中整治，形成了坚持党的群众路线、切实履行主体责任、深入推进依法治理、注重解决深层次问题的藏区县域治理“班玛经验”，并在交界地区积极推广应用。与此同时，在与川甘交界的7个县实施“平安与振兴工程”，从州、县、乡三级抽调1 800名干部驻村蹲点，运用法治思维和法治方式，对100个重点乡镇进行综合整治。三

年来，全省共排查各类矛盾纠纷6.5万件，调解成功率达94%，最大限度地减少了社会不和谐因素，有力地推动了民族地区社会治理的常态化、规范化和法治化。

（四）注重强化寺院管理，夯实创建工作的宗教管理基础

把握宗教的两重性，全面贯彻党的宗教工作方针，始终把寺院管理作为创建先进区、实现藏区持续稳定的“牛鼻子”，探索建立依法、管用、和谐寺院管理长效机制，创造性地提出了共同管理、协助管理和自主管理三种管理方式，选派干部以不同方式参与寺院管理，实现了政府依法管理和寺院民主管理的有机统一。寓管理于服务之中，实施寺院基础设施建设、宗教教职人员社会保障等“六项工程”。截至目前，全省财政共投入10.3亿元，安排建设项目近千个，全省宗教教职人员中74.2%参加了养老保险，93.4%参加了医疗保险，1 042人被纳入农村五保户，4 257人被纳入城乡低保，成为凝聚人心的有力举措。当前，寺院管理日益规范化，服务已成为强化管理的手段，先进区创建工作得到了僧俗群众的积极拥护。

（五）注重强化“三基”建设，夯实创建工作的基层基础

树立大抓基层的鲜明导向，着力强化基层组织，打牢基础工作，提升基本能力，为乡镇、基层政法和寺院管理、教育卫生系统等基层一线充实近万名干部，从省、州、县三级党政机关抽调干部支援藏区乡镇，向634个重点村和82个薄弱社区选派驻村干部，向后进村选派232名优秀干部担任第一书记，整顿软弱涣散村社党组织432个、社区党组织27个，转化率达97.1%和96.4%；建立乡镇工作岗位补助，提高村级组织运转经费和村干部报酬补助，积极改善乡镇办公条件，稳定基层队伍。连续开展万名干部下基层活动，建立民情联系卡、为民服务卡制度，着力解决基层困难，基层基础得到夯实。2015年，4.98万名在职党员到社区报到认领服务岗位4 053个，完成服务项目2 211个。开展藏区干部藏语培训，

强化对各级干部关于党的民族宗教理论和政策法规的培训教育；每年选派1 000名后备干部进驻寺院、村社、学校和企业，帮助开展工作。“三基”建设抓住了根本，密切了干群关系，有效解决了“最后一千米”的问题，激活了执政的末梢神经，增强了基层组织的凝聚力、号召力和战斗力。

三、创建民族团结进步先进区是维护祖国统一、加强民族团结的宝贵经验

三年来，青海省以创建民族团结进步先进区为载体，认真执行党的民族政策，落实中央决策部署，贯彻相关法律法规，实现了民族工作的整体推进，积累了宝贵的工作经验。

(一) 加强民族团结进步，必须加强组织领导

作为青海“三区”战略之一、“一把手”工程，创建工作由省委书记亲自挂帅，省委加强组织领导，提出工作要求，明确努力方向，将创建成果纳入目标考核内容；各级党政班子讲政治、顾大局，讲法治、重民生，增强做好民族团结工作的紧迫感、责任感和使命感，履行责任、敢于担当，协调解决问题，亲自督导检查，促进落实工作，为贯彻落实中央精神和省委部署提供了组织保障。

(二) 加强民族团结进步，必须加强顶层设计

推进创建民族团结进步先进区，省委、省政府抓住多民族地区的重点领域、重点行业，针对不同地区、不同领域、不同行业、不同阶层的现实需要，在保持政策连续性、一致性、稳定性的基础上，分别制定方案，分类施策，分步推动，组织动员全社会广泛参与，汇聚起改革、发展、稳定的强大工作合力。

(三) 加强民族团结进步，必须坚持问题导向

始终把握当前面临的主要矛盾和特殊矛盾，秉持求真务实的科学态度，牢固树立问题意识，善于发现问题，认真分析问题，专心研究问题，敢于直面问题，切实解决问题，牢牢把握工作的主动权、

话语权和领导权。

(四) 加强民族团结进步,必须强化依法治理

民族工作涉及面广,敏感度高,必须始终高举法律武器,维护法治尊严。坚持运用法律手段,旗帜鲜明地打击违法犯罪,孤立打击极少数、团结争取大多数,彰显法律的威慑力,进而将创建工作延伸到政治、经济、文化、社会和生态建设各个方面,推动社会治理体系和治理能力现代化。

(五) 加强民族团结进步,必须凝聚社会共识

针对不同民族、不同宗教信仰和价值取向多元化的趋势,做到物质力量和精神力量并驾齐驱,始终把社会主义核心价值观贯穿到创建工作的全过程,注重统一思想认识,增强各族群众维护祖国统一、加强民族团结的信心和决心,构筑各民族共有精神家园,共同开创民族团结进步工作的崭新篇章!

(2016 年)

试论青海精神

全省党的群众路线教育实践活动开展以来，省委明确提出构筑青海精神高地，将其作为培育和践行社会主义核心价值观，弘扬优良传统和作风的重要举措进行安排部署。省委十二届六次全会再次提出要大力弘扬青海精神，努力培育和打造青海精神高地，为在新的历史时期，广泛凝聚和传播正能量，形成昂扬向上、积极奋进的社会风气指明了方向。

回顾青海的发展历程，在中国共产党的领导下，青海各族人民继承中华文化的优良传统，弘扬中华民族伟大精神，在各个时期，不断塑造了紧扣时代脉搏、反映时代特征、具有地域特点的精神品格。特别是改革开放以来，青海各族儿女再次铸就了“挑战极限、勇创一流”的青藏铁路精神、“特别能吃苦、特别能战斗、特别能忍耐、特别能团结、特别能奉献”的青藏高原精神，以及“大爱同心、坚韧不拔、挑战极限、感恩奋进”的玉树抗震救灾精神。这些都是中华民族精神在青海高原的具体展现，是青海各族人民追求发展进步强烈愿望的生动写照，是当代中国先进文化和时代精神的集中体现，不仅是青海各族人民的宝贵精神财富，也成为当代中华民族精神的重要组成部分。

进一步丰富、拓展和凝聚青海精神，首先要本着“四个必须”的原则，从理论上对青海精神进行定位。即必须体现时代要求、特征和风貌，具有先进性、时代性；必须体现青海建设和发展的目标要求与战略内涵，具有前瞻性、引领性；必须体现青海优秀文化核心价值，涵括区域精神内涵，具有继承性、标志性；必须体现大众化，具有凝练、易懂、好记的通俗性传播性，总结青海精神的基本内涵和主要特征。其最本质的核心笔者认为可以概括为“和合、创新、坚韧、奉献”四个方面。

一、和合，是青海精神之魂，是青海各族人民的传统美德的完美传承

“和合”意为和睦、和谐、和平、祥和、谦和。在中华文化历史传统中，“和合”被视为很高的道德理念，是中华传统文化的核心，诸如“和为贵”“和气生财”“家和万事兴”。青海“和合”精神既有历史传统，又有时代特点。千百年来，青海各民族在这片土地上繁衍、生息、迁徙、融合，休戚与共、和睦相处、亲如一家，发展并形成了多民族共聚、多宗教并存、多文化荟萃、水乳相融的和合精神。昆仑文化作为青海最具有代表性的地域文化，博大精深，内涵丰富，凝结着中华文化中“和谐、和平、和睦”“天人合一”的思想，是中华民族的文脉之根、灵魂之乡，从古至今不仅对海内外中华儿女产生着巨大而深远的影响，在世界文化史上也有很高的地位。随着时间的推移，在今天作为昆仑文化的集中体现，和合主要有两层含义：一是开放、融入。开放是立足青海，放眼全国和世界，在更大范围、更高层次、更宽视野上谋划发展思路、谋求发展良机、谋取发展实效。融入是以积极主动、与时俱进的姿态，积极参与国内外经济技术合作与竞争，积极融入丝绸之路经济带建设，不断丰富发展新内涵，拓展发展新空间，集聚发展新实力，与全国同步迈入全面小康社会。二是和谐、包容。和谐是各民族相互尊重，和睦相处，谁也离不开谁，共同建设祖国，共同团结奋斗，共同繁荣发展，着力建设民族团结进步先进区。包容是海纳百川、雍容大度的胸襟和气度，是博采众长、兼容并包的思维方式和精神境界。因此，可以毫不夸

张地说，无论从历史发展、人口迁徙还是从地域位置和文化的交汇，青海始终处于不同民族交流与融合的交错线上，从古到今，青海也一直在各种文明的碰撞与融合过程之中，形成了尊重差异、包容多样、和谐共生的文化特质和独特品格，使青海和合精神得以传承和发展，并形成了群众和乐、民族和睦、宗教和顺、社会和谐的生动局面。

二、创新，是青海精神的力量支点，更是新时期青海要着力打造的核心价值理念

创新即推陈出新，继往开来。创新精神是人类求生存、求发展所必备的心理素质，是人类改造自然、改造社会所要求的意志品质。当今世界，创新精神作为人类文明的驱动力日益凸显，青海也不例外。青海创新精神的核心是科学发展观指导下的与时俱进、开拓创新，是为奋力打造“三区”、建设全面小康而勇于献身的巨大热情和创造力。正是基于创新精神，青海各族人民全面掌握跨越发展的主动权，成功攻克了高原铁路建设中的各种难题，开通了青藏铁路要道，打造了“大美青海”，连续成功举办了国际环青海湖公路自行车赛、青海湖国际诗歌节、世界山地纪录片节、三江源国际摄影节、水与生命音乐之旅、昆仑文化与丝绸之路经济带学术论坛等重大而极富影响力的节事活动，这些创意之作、创造之举，使青海成为创新高地，让世人瞩目。可以说，在青海小康建设进程中，一些突出问题的破解，许多民生问题的改善，三江源等重点生态工程的建设，文化名省建设工程的全面谋划和推进，社会管理服务的创新，玉树灾后重建的科学推进，“苦干三年，跨越二十年”，无一不是创新精神的内在体现。

三、坚韧，是青海精神的内核，是青海各族人民代代相传的优良传统

环境造就人，也造就一种精神。青海地处青藏高原，气候恶

劣，生态环境脆弱，自然灾害频繁。干事难、干成事较难，干成实事、好事、大事难上加难。千百年来，青海各族人民在地处世界第三极的雪域高原上战严寒、斗冰雪，挑战荒漠戈壁、暴风狂沙，在极其恶劣的自然条件下坚韧不拔、生生不息、繁衍发展，在与贫困落后的斗争中顽强奋进，推动了经济发展和社会进步。昆仑文化博大坚韧、自强不息、富于创造等核心精神与价值是中华文化复兴的源泉之一，是时代精神传承与发展的重要精神基因库，也是青海精神的源头活水。“五个特别”精神中的“特别能吃苦、特别能忍耐、特别能战斗”和玉树抗震救灾精神中的“坚韧不拔、挑战极限”，都是无数青海人敢于坚韧顽强、苦干实干精神的真实写照，生动地诠释了青海各族人民敢于改天换地、自强不息的崇高行为。正是在一代代青海人忘我奋斗、刚强坚毅的创业历程中，青海经济社会发生了翻天覆地的巨变，一个一穷二白、民生凋敝的旧青海，已经发展成为一个欣欣向荣、人民幸福的新青海。这就要求我们，不但要有宏图大志和过人本领，更需要有只争朝夕的奋起拼搏的劲头。

四、奉献，是青海各族人民的崇高品质，也是时代精神的鲜明表达

青海的生态地位独特而重要，是我国乃至全球重要的生态屏障。青海生态环境保护和建设不仅仅关系到青海自身的发展，而且还关系着全国的可持续发展和中华民族的长远发展，甚至关系到全球的生态安全。为了保护孕育中华文明、哺育中华民族、支撑东部发展的长江、黄河、澜沧江这“三江”清流，青海人做出了巨大的牺牲和奉献：矿产开发受到限制、工业发展受到制约，但是青海人民无怨无悔。青海各族人民甘于奉献，就像母亲一样，用甘甜的乳汁哺育了子女，而自己剩下干瘪的乳房。这种牺牲、奉献和忍耐精神，就是人世间最崇高、最圣洁、最伟大的母亲情怀！省委书记骆惠宁在谈及青海水情时曾指出，青海是天上缺水，地上有水，贡

献了水，用不上水。许许多多来自全国各地的建设者更是献了青春献终身，献了终身献子孙。这一切都充分体现了青海人民崇高的牺牲奉献精神。同时，“五个特别”精神中的“特别能奉献”充分体现了一代代青海人忘我奋斗、忘我奉献的优秀品质。今天，新时代赋予青海奉献精神以新的内容，这就是毫不动摇地推进国家生态文明建设先行区、国家循环经济先行区建设，推动青海在发展绿色经济、实现绿色发展方面走在前列，让山川呈现“生态之美”，为保护和建设好中华民族的生态屏障做出更大的贡献。

总之，“和合、创新、坚韧、奉献”这八个字所展现的青海精神，是与玉树抗震救灾精神、“五个特别”的青藏高原精神等青海精神一脉相承的，是以爱国主义为核心的民族精神和以改革创新为核心的时代精神在青海的生动体现，是社会主义核心价值观在青海的生动体现，不仅能充分体现青海人民的独特气质和崇高品质，而且能够成为青海各族人民奋力打造“三区”，建设全面小康的精神动力和思想支撑。

（2014 年）

尕布龙精神的时代价值

2016年1月，中共中央宣传部作出决定，授予尕布龙同志“时代楷模”荣誉称号。尕布龙先进事迹报告会目前正在全省如火如荼地进行。学习尕布龙精神，要学习他无限忠诚的政治品格，笃定信念、忠贞不渝；学习他敢于担当的责任意识，表里如一、言行一致；学习他清正廉洁的公仆本色，本分做官、干净做人；学习他无私奉献的崇高品质，加强修养、终生奋斗。尕布龙同志以对事业的至诚、对同志的至真、对自我的至严，塑造了新时期党员干部的光辉形象，生动诠释了社会主义核心价值观的真谛，体现了当代共产党人的优秀品质。尕布龙精神的时代价值在于以下四个方面：

一、为南北两山赢得了绿色

尕布龙同志是西宁南北山绿化成功经验的开创者，也是这一具有西宁特色绿化模式的奠基人。1993年，66岁的尕布龙从省人大常委会副主任位置上退了下来，主动请缨担任南北山绿化指挥部常务副总指挥，他说：“植树造林很重要，一定要把生态环境搞好。我已经退下来了，回到家里睡觉不行，还要干点有意义的事情。”上任第二天，他就扛着锄头上山绿化，扎根南北两山，为两座荒山的绿化呕心沥血。他曾经说过：“党把我从一个放羊娃培养成领导干部，党组织信任我，让我把两山绿化好，我就要一心为党的绿化事业服务，为子孙后代留下一片青山。”他 18 年奋斗，西宁南北两山完成绿化 20.93 万亩，森林覆盖率达 75%以上，彻底改变了人们“南北山不可绿化”的观念，为西宁南北山绿化工程建设做出了突出贡献，被全国保护母亲河行动领导小组授予首届“母亲河奖”荣誉。

如今，尕布龙同志用生命染绿的南北两山已是郁郁葱葱，他把绿荫留给了他最牵挂的群众。他在山上种树 10 多年，分文未取，不图回报，就连他获得的“母亲河奖”奖金也都全部购买了苗木，投入了荒山绿化，一草一木都是他艰苦奋斗、无私奉献的见证。

二、为党赢得了民心

尕布龙精神的核心要义在于朴素的为民情怀。为官多年，他几十年如一日地帮助群众解决实际困难，始终把加快经济发展，加强生态保护，提高人民福祉放在首位，为党和人民的事业呕心沥血、鞠躬尽瘁。

1971 年，尕布龙同志当选为中共青海省委常委、省畜牧厅厅长。当年，省政府办公厅给他腾出一套省长住宅楼，大家都动员他搬进省长楼，但他坚决不搬，还跟大家说：“我在牧区近 20 年，会藏语和蒙语，找我的牧民很多，我可以给来省城求医、办事的藏族、蒙古族牧民当翻译。如果搬进省政府大院，大门口有岗哨，牧民找我就不方便了。”他把自己住的 80 平方米的 4 间平房用土坯隔成了 5 间半，半间当自己的卧室，其余 5 间共放置了 11 张床。他用自己的工资购置了被褥和羊毛毡，免费为来西宁治病、办事的农牧民群众提供服务，成为闻名全省的“牧民店”。这个破旧潮湿、室内没有自来水、没有厕所，也没有暖气的房子，他一住就是 18 年。

1988 年，省政府办公楼和住宅区分开管理，住宅区不设岗哨，尕布龙同志才搬进了省政府住宅楼，同时把他的“牧民店”也搬了进去。他的家就是旅馆，就是候诊室、观察室，来“住店”的牧民，少则住上两三天，多则住上一年半载，感觉如同住在自家，尕布龙同志亲自为他们联系医院，找医生，钱不够时主动垫付，几十年从未间断。据初步统计，他亲自送到各医院看病的群众达7 000多人，而且，其中相当一部分人在病重期间，尕布龙曾亲自在病床前守护过。许多群众治愈回家时，流着眼泪对他说："我们一辈子忘不了您的恩情。"而尕布龙同志却说："我作为一个老共产党员，为你们做点事应该的。"

三、为社会赢得了文明

尕布龙同志非常重视家乡的教育工作，他曾自己掏钱为哈勒景民族寄校、扎汉口小学的教室和宿舍修建采暖设备。每年教师节、六一儿童节，他都会回到乡上的小学看望老师和学生，自费为老师们赠送书籍和笔记本，为孩子们购买学习用品，并鼓励激励老师们好好教学，孩子们好好学习。

为政期间，他常对地方干部讲："民族振兴要提高自身的修养，学科学技术，不能等、靠、要，不管条件如何，不能放松对工作的要求，要注重生态保护，畜种改良。"要求各地政府努力提高农牧民素质技能。

不论是在民族宗教还是在处置草山纠纷的工作中，他坚持"边界要安定、民族要和谐，民族团结是发展稳定的前提；经济发展、民族振兴进步，稳定是压倒一切的重中之重"。在他的指导下，多年来，很多州县乡镇，化解了多次纠纷，维护了社会稳定。

他积极倡导建设东大滩水库、黑泉水库，在全省范围内树立起了湟中县、湟源县小高陵乡、海南州共和县倒淌河乡哈乙亥村、三角城种羊场等生态建设、农牧业生产、草原保护与建设的典型，激发了各地保护生态、促进生产、加快发展的积极性。

四、为自己赢得了高尚

尕布龙同志一生勤俭节约、艰苦朴素。他在西宁住的房子是单位分配的，去世后就交还给了单位。家里也没有一件像样的家具，沙发、凳子、餐桌都是单位便宜处理的旧办公用品。

尕布龙同志为人高尚廉洁，两袖清风，从来不讲特殊，从不利用自己的权力为家人办事。他还经常告诫身边工作人员说："我们都是党的干部，是为人民服务的，绝不能搞特殊化。"他是这么说的，也是这么做的，在下乡途中，碰到群众吃什么就吃什么，每次也都会付饭钱。当盛情难却时，他会将饭钱悄悄地放在饭碗底下，或者让身边的工作人员转交，群众感叹他真是老百姓的贴心人。他却说："这不是一顿饭的问题，更不是因为一顿饭就会把老百姓吃穷，现在的老百姓一顿饭还是管得起的。但是，人人都吃饭不给钱的话，就会'吃'坏风气，风气坏了就是大问题啊。"

尕布龙同志在他几十年的革命生涯中，坚持用马列主义、毛泽东思想、邓小平理论和"三个代表"重要思想武装头脑，一贯忠于党，忠于人民，对实现共产主义崇高理想和伟大事业坚定不移，始终牢记为人民服务的宗旨，为青海经济发展、社会稳定、民族团结做出了重要贡献。

2011 年 10 月，老省长尕布龙同志因病医治无效与世长辞。尕布龙同志的一生，是为青海奉献的一生，也是为青海造福的一生。他用勤勤恳恳为人民服务的一生，书写了共产党人永恒的信念与忠诚，践行了一个共产党员时时处处牢记宗旨、一心为民的铮铮誓言。

尕布龙同志坚定的革命信念和崇高的精神风范将永远激励着我们。他的崇高精神跨越时空、历久弥新，无论过去、现在还是将来，都永远是人民心中一座永不磨灭的丰碑，是鼓舞我们前行的思想源泉。

（2016 年）

为什么要建设文化名省

青海省文化改革发展大会提出，要全面开启建设文化名省新征程，这一宏伟目标令人鼓舞，催人奋进，对推进文化改革发展具有重要的现实意义。

一、建设文化名省，是贯彻落实党的十七届六中全会精神的客观要求

推动文化产业成为国民经济支柱性产业，努力建设社会主义文化强国，是党中央、国务院高瞻远瞩提出的事关中华民族伟大复兴的重大战略举措。当前，全国 20 多个省区先后提出建设文化强省或文化大省目标。全省文化改革发展大会强调，要抓住建设文化强国这一历史机遇，把青海建设成为文化事业繁荣、产业优势明显、发展活力强劲、品牌效应突出、民族特色浓郁的文化名省。提出这样一个目标，就是紧密结合青海实际，准确判断全省文化发展的阶段性特征，充分发挥文化引领风尚、教育人民、服务社会、推动发展的重要功能，使文化建设与经济、政治、社会建设协调推进、共同发展。建设文化名省，既顾及了现阶段全省文化建设的现实基础，又考虑了文化改革发展的长期趋势；既与建设高原旅游名省相呼应，又大胆设计、量力而行，完全符合青海文化发展实际。

二、建设文化名省，是加快建设富裕、文明、和谐新青海的重要举措

当前，文化越来越成为国家发展、民族振兴的支撑力量，成为国家和地区综合竞争力的重要因素。青海拥有丰富的特色文化资源，建设文化名省，推动文化繁荣发展，既是全面建设小康社会的重要路径，又是我们推进跨越发展、赶超进位的又一重大契机。文化产业以创意为源头，是一种科技含量高、资源能源消耗低、环境污染小、知识密集的绿色产业，对建设资源节约型、环境友好型社会具有不可替代的作用。青海经济结构中重工业比例高，资源约束和环境保护压力大，建设文化名省，发展文化产业，有利于我们转变经济发展方式，推动产业技术升级和经济结构优化。全面建设小康社会，不仅要有富裕殷实的物质生活，更要有丰富多彩的文化生活，建设文化名省，顺应了人们求知、求乐、求美的强烈愿望。青海地处反渗透、反颠覆、反分裂的前沿阵地。增强文化自觉，建设文化名省，用社会主义先进文化占领文化阵地，才能有效抵御敌对势力的渗透破坏，巩固民族和睦、宗教和顺、社会和谐的良好局面。

三、建设文化名省，是不断提高全省广大干部群众文化自信的必然要求

文化自信，是一个国家、一个民族对自身文化价值的充分肯定。青海的历史可以追溯到 3 万年前，从远古旧石器时代到中石器时代马家窑文化，从新石器时代齐家文化到青铜器时代卡约、辛店、诺木洪文化，从昆仑神话到“格萨尔”传说，从古羌人游牧文化到河湟各民族农耕文化，从藏族苯教文化到藏传佛教文化，从巫傩文化到民俗文化，从西海郡的设立到吐谷浑王国的盛衰，从“两弹一星”到玉树抗震救灾精神，无不充分证明青海是华夏文明的重要

“发祥地”，是中华民族特色文化的重要“保护地”，是中华多元一体文化的“缩影地”。虽然青海文化发展基础相对薄弱，但只要我们像重视矿产资源、动植物资源一样重视文化资源，明确青海在中华文化发展史中的重要地位，明确建设文化名省的美好愿景，不断增强全省各族人民的文化自信，我们就完全有条件、有能力在文化领域异军突起，形成特色，取得成绩。

建设文化名省，在当今青海来讲，就是要按照中央关于文化改革发展的战略部署，进一步坚定发展社会主义先进文化的信念和追求，充分利用青海独特的文化资源优势，大力宣传和弘扬优秀传统文化和社会主义先进文化，切实增强青海各族群众自尊心、自信心、自豪感，激励各族群众奋力投身新青海建设。

（2012 年）

青海史前文明的四幅辉煌画卷

——柳湾　喇家　宗日　沈那

历史的车轮滚滚向前，几千年的时光仿佛岁月长河中不经意间翻腾的浪花，转瞬即逝。当我们感叹岁月沧桑、白驹过隙之际，沿着历史的年轮回望，不能不被中华民族的史前文明所吸引。尤其在翻开青海史前文明光辉四射的卷轴，徜徉于柳湾、喇家、宗日、沈那四大遗址的壮观瑰丽，感受出土文物的精致与唯美，感悟先民们的苦难与辉煌，感悟人性的光辉与付出的同时，我们不能不说，青藏高原的东部，青海史前文明的光华在熠熠生辉中，给予我们的启示是永久的……

一、“彩陶的王国”——柳湾遗址

1974年春天，青海省乐都县高庙镇东面两千米处的柳湾村发现了一处古代文化遗址，这便是闻名遐迩的距今4 600—3 600年的乐都柳湾原始社会氏族公共墓地。

柳湾墓地坐落在柳湾坪上，北高南低，东西皆有台地环抱，呈簸箕形，东西450米，南北250米，总面积约11万平方米。该墓地随葬品数量之多、文化内涵之丰富，在世界史前考古发掘中极其罕见，是目前中国已知的规模最大、保存较为完整的原始社会晚期氏族公共墓地，是全国重点文物保护单位。

柳湾墓地延续时间很长，从马家窑文化半山类型至齐家文化再到辛店文化时期有 1 000 多年之久。遗址共发掘清理墓葬 1 500 座，其中马家窑文化半山类型墓葬 257 座，马厂类型墓葬 872 座，齐家文化墓葬 367 座，辛店文化墓葬 5 座，包括大批贫富分化墓、夫妻合葬墓和殉人墓等，出土珍贵文物 35 000 余件，其中各种形制的彩陶器皿达 15 000 件之多。

从墓地的发掘资料观察，马家窑文化半山类型时期，柳湾人使用石器翻土耕种、石刀收割，过着较原始的农业经济生活，但在生产发展方面，纺织业和制陶业不仅有了分工，而且比较兴旺，其出土纺轮就有百余件。陶器无论是加砂陶和泥质陶，制作匀称，火候较高，其中最具特色的是彩陶。彩陶花纹都是入窑前绘在陶坯上的，纹样以黑、红相间的锯齿纹为主组成各种不同的几何形图案，结构严密、绚丽多姿，表现出制陶技艺达到了相当水平。墓葬中出土的陶器品种繁杂多样，数量惊人，多达万余件。在柳湾遗址出土的彩陶器中，以马厂类型最丰富、珍贵，其数量之众，造型之美和花纹之繁缛，为其他古文化之冠。马厂类型的各种陶器，以彩陶壶与器形较大的彩陶瓮为主。彩陶花纹主要

图 1 裸体人像彩陶壶，马家窑文化马厂类型。高×口径×腹径×底径：34.9 cm×8.9 cm×22.9 cm× 9.9 cm。泥质红陶，唇微侈，颈部稍歪，正面塑人头像，肩腹部空当处浮塑人体像（人像双手捧腹，两腿外撇），鼓腹，腹下部对称双耳，平底。施黑彩，腹部耳上方绘两大圆圈网格纹，前后为蛙纹，正面中部人体像处蛙纹略去，下挂垂帐纹

是蛙纹与圆圈纹等几何形花纹，同时还出现了人面形与裸人形浮塑彩陶壶以及葫芦形彩陶罐等，为之前的考古发掘所罕见。

柳湾公墓内多有木棺，葬法既有单身葬，又有两人以上的合葬。一般都有随葬品，既有石制的斧、锛、凿、刀等生产工具，又有陶制的各种生活用具。其中，半山类型时期的多人合葬墓葬法特殊，多是上下叠压一起合葬，人与人之间不放置任何隔离物，被埋葬的有男有女，有老有少，年龄悬殊较大，似是两代人埋在一起的，随葬器物在数量上也没有大的悬殊，表明当时男女之间处于平等地位，氏族成员以血缘为纽带，仍处在以母系为中心的氏族公社阶段。马厂类型时期，墓葬中出土有较多的生产工具和粟类粮食，并有宽刃刀镰，表明较半山类型时期的农业经济有了进步。

柳湾遗址附近的青海柳湾彩陶博物馆是中国最大的专题彩陶博物馆。馆藏文物近 4 万多件，其中彩陶两万多件，为我国国内罕见，反映了新石器时代至青铜时代青海地区空前繁荣的彩陶文化，充分展示了史前中国彩陶文化鼎盛时期的风貌。

“我到过世界各地，柳湾彩陶是世界一流的，它是几千年文化的积淀，可以与埃及的金字塔相媲美，是世界的绝版”——柳湾彩陶博物馆的捐资者，国际友人小岛镣次郎的一番话，是对柳湾彩陶历史文化和学术价值的高度概括。

二、东方的“庞贝古城”——喇家遗址

喇家遗址位于青海省民和回族土族自治县官亭镇喇家村，是一处距今 4 000 年左右的齐家文化遗址。1981 年喇家遗址经调查被发现。遗址东邻中川乡朱家村和王石沟村，南临黄河，以黄河为界与甘肃省积石山县隔河相望，西连官亭镇鲍家村，北距官亭镇政府约 2 千米，距县城 90 千米。遗址总面积约 40 万平方米，重点面积约 20 万平方米。

图 2　穿越千年时空，喇家遗址完整保留了被地震、黄河大洪水以及山洪袭击的多重灾难遗迹，它是我国目前保存最为完整也是唯一经科学论证的史前灾难遗址，被誉为“东方的庞贝古城”。2001 年，喇家遗址被国务院公布为第五批全国重点文物保护单位，并入选“2001 年度全国十大考古新发现”

喇家遗址内分布着许多史前时期与青铜时代的古文化遗址，诸如从庙底沟时期、马家窑文化、齐家文化到辛店文化等多种类型，其中以齐家文化遗址分布最多最广。

喇家遗址保留了 4 000 年前灾变的现场，反映出 4 000 年前，地震、洪水接踵而至的自然灾害下，史前部落被彻底摧毁的灾变过程，再现了齐家文化时期先民的生活方式、生存状态以及人与自然的相互关系。

在发掘过程中，考古学家发现，不同房址中，有许多显然是母亲在突如其来的灾难面前，用身体掩护幼小子女的遗骸：她们或匍匐在地，或侧卧一旁，或相拥而死，或倒地而亡。其中有一位母亲双膝跪地，臀部落坐脚跟，双手紧紧搂抱着幼儿，脸面向上，颌部前伸，冥冥中似乎还在祈求苍天赐予年幼的孩子一条生路……穿越 4 000 多年的时空，伟大母亲以身护子，凝固了的深情瞬间定格为永恒。

喇家遗址还发现了结构相当完整的窑洞式建筑遗迹，明确了窑洞式建筑应当是齐家文化的主要建筑形式，有助于黄土地带窑洞式建筑的发展历史和聚落类型的研究。

图 3　2002 年 11 月 22 日在青海喇家遗址拍摄的出土时的面条。根据鉴定分析，在青海喇家遗址出土的面条状遗存是小米做成的面条，是迄今最早的面条遗存

图4 喇家遗址中出土的中国第一大磬——“黄河石磬王”，其长 96 厘米、宽 61 厘米、厚 5 厘米，石磬清纯悦耳，音质极好，音律完整，现存于青海省博物馆

自喇家遗址发掘以来，出土了大量陶、石、玉、骨等珍贵文物，特别是反映社会等级和礼仪制度的“黄河磬王”、玉璧、玉环、大玉刀、玉斧、玉锛等玉器以及“世界第一碗面”，对于研究齐家文化的文明进程和社会发展变化具有重要意义。

喇家遗址以方寸之地展现了灾难的无情和大爱的永恒，留给后人的是深深的震撼和绚丽的文明。

三、“人群聚集的地方”——宗日遗址

宗日遗址位于黄河上游青海省海南藏族自治州同德县团结村，遗址分布在黄河北岸的第二台地，北靠塔拉隆村，东为班多村，西北为卡力岗村，南隔黄河与兴海县的曲什安乡相望，东距县城 40 余千米。宗日遗址的发掘始于 1983 年，遗址总面积共 5 万多平方米。截至 1996 年底，宗日遗址共发掘墓葬 341 座，探方 31 个，灰坑 18 个，祭祀坑 18 个，出土文物 23 000 余件。文化类型主要有马家窑类型、半山类型。

宗日遗址的发现，成为与卡若遗址、曲贡遗址并存的藏族最早

的三大文明源之一。在宗日遗址中，发掘出了不少柱洞，部分柱洞底部还保留着柱基石，个别柱洞内有朽木痕迹，说明当时生活在宗日遗址的先民们已有了简单的木构居室。宗日遗址中大量的灰坑和窖穴，造型规整，平面有圆形、椭圆形和不规则形几种，结构上有直壁和袋状两种，底面平整，这显然是当时人们为了储存食物需要而特意挖成的。

宗日文化最显著的特点集中体现在大面积的氏族公共墓地上。在整个墓地中，共有墓葬 215 座。其中，单人葬 194 座，约占 90%；二人合葬 14 座，约占 7%；三人以上葬 3 座，不足 2%。这说明，宗日文化的人们遵循的是母系氏族的外婚制，男子结婚后到女方的氏族中生活，但死后仍要归葬在自己出生的氏族墓地里。宗日遗址还出土了大量的二重台木椁室，有些木椁内有做工精巧、构制合理的榫卯结构的木棺，反映出当时人们高超的木工技艺。同时还出现了一批具有火烧葬俗的火烧墓。

宗日遗址墓葬里，出土遗物相当丰富，从质地来分，有石、骨、陶等，从用途来分，有生产工具、生活用具、装饰品等。

图 5 夹砂彩陶壶，通高 22.8 厘米，口径 9.5 厘米，底径 9.5 厘米

生活用具有陶瓮、壶、罐、盆、碗、杯等，陶质分为夹砂陶和泥质陶两种，不论夹砂陶和泥质陶均有一定量的彩陶，粗陶多饰有绳纹，个别器物颈、肩部饰有附加堆纹。彩绘主要用黑色和紫红色两种，纹饰主要有三角纹、斜线纹、连续弧线纹、漩涡纹、网纹、圆点纹、弧线三角纹等。打制的石斧、盘状器、细石器及磨制石斧、石刀的发现，足以表明狩猎经济在当时占有一

定比重。骨锥、骨针、骨铲及镶嵌细石器的骨梗刀、骨勺是其重要的生活用具，表明手工业的发达程度。骨饰、装饰品石器的出土说明宗日先民不仅善于装饰器物，而且已经有了善于表现自己的爱美意识。陶埙等早期乐器的出现反映了先民丰富的精神生活，至今仍能吹奏出悠扬婉转的乐曲。玉刀、玉璧等祭礼用品的发现反映了朴素的原始宗教心理。铜环和铜饰成为开始进入金石时代的重要标志。

宗日遗址出土遗物种类繁多，具有很高的考古研究价值。远古餐具在新石器时代文化中尚属首次发现。骨叉的发现至少可以说明，数千年前宗日遗址的人们已经掌握了制造和使用骨叉类进食餐具的本领。

宗日舞蹈盆成功地实现了抽象艺术造型的直观化与藏民族现实生活的巧妙结合，并通过艺术创作的手段客观地还原出藏族祖先超群的美学造诣与丰富的艺术想象力。宗日舞蹈盆影响广泛、意义深远，堪称宗日文化乃至雪域文化的一朵奇葩。

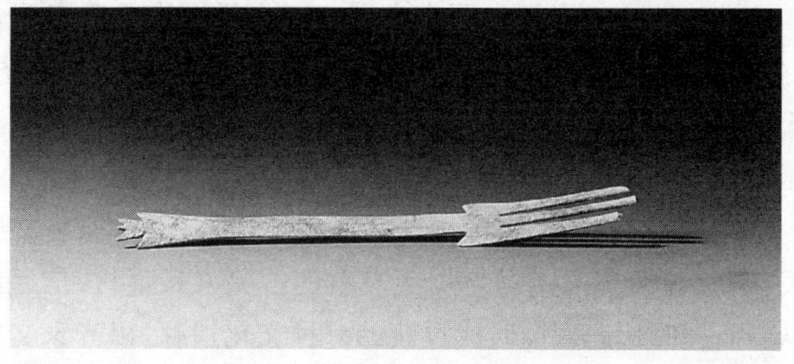

图 6 14 号灰坑出土的宗日类型骨制餐具通长 25.8 厘米，由柄和叉头两部分组成，柄长 17.4 厘米，宽 1.1—1.8 厘米，端部有齿形装饰，两侧各有一翼，叉头宽 2—2.6 厘米，长 9 厘米，有 3 齿，中齿稍长，整个骨叉侧面略呈弧形

图7　舞蹈纹彩陶盆，高 12.1 厘米、口径 24.2 厘米、底径 9.9 厘米，盆为细泥，唇外侈，腹略鼓。外彩为单钩纹、三角纹及斜条纹；内彩为两组连臂舞蹈纹，一组 13 人，一组 11 人，两组舞蹈纹间以斜线系和圆点纹相连

被誉为“国宝之冠”的双人抬物彩陶盆距今有 5 300 — 4 050 年的历史，不仅为中华文物宝库增添了一颗璀璨的宝珠，更为学术研究和艺术鉴赏提供了宝贵资料。

五千年前的文物精品，再次证明黄河流域是中华民族早期文明的发祥地之一。我们有理由相信，四千年前青藏高原其他地区人们为衣食忙碌的时候，宗日人已拥有最为富饶的家园，过上了丰衣足食的生活，他们用自己勤劳智慧的双手在远古历史上谱写了辉煌的文明篇章。

四、“羌人的栖息地”——沈那遗址

沈那遗址位于青海省西宁市城北区小桥大街毛胜寺西台地上，坐落于湟水及其支流北川河交汇处的二级阶地上，北起阴坡，南至坟墓沟，西临乱沟，东部台下即为宁张公路，总面积达 10 万平方米。

1948 年，沈那遗址被我国著名考古学家、人类学家裴文中先生发现。该遗址是距今 4 000 年左右的古羌人聚落村，是远古人类从新石器时代向青铜时代过渡的一种文化遗存，以齐家文化居住遗存为主，还有少量的马家窑文化马家窑类型、半山类型和卡约文化遗存。

沈那遗址是我国迄今发现面积较大，文化层堆积较厚，文化内涵相当丰富，保存现状较好的多种文化并存的一处齐家文化原始聚落遗址，被国务院批准列入第六批全国重点文物保护单位名单。

在沈那遗址中，共发掘房屋 5 座，灰坑 10 个，墓葬 8 座，出土各类文物万余件(包括陶片)。其中，有 3 座房屋是白灰铺地、粉墙的白灰面房屋，都近似方形，半地穴式，门向西开，室内中间有一圆形灶，地穴四角各有弧度。墙面白灰厚薄均匀而细腻，地面白灰厚约 4—5 厘米，表面光滑而坚硬。两座无白灰设施，一座为圆形，门向南开，半地穴式；另一座为方形，房屋四周及室内有不规则排列的柱洞，室内地面为深褐色土铺垫，灶在室外呈簸箕形。灰坑大多为圆形平底，坑壁略向内弧，口小于底。基葬有四座在两座白灰居住房屋之间排列，皆为长方形土坑墓，单人葬，随葬品极少。

沈那遗址中出土的陶器制作精细，火候高，胎质坚硬而薄，陶器器形繁杂多样，有罐、瓮、盆、尊、鬲、拼盘器(将大口平底罐切成四瓣烧制)等。出土石器有石斧、石刀、石凿、石壁、石镞、盘状器，其中以盘状器最多。另外还出土有少量骨锥、骨针、骨镞及一件大型铜矛。这件大型铜矛为全国罕见，被鉴定为国家一级文物，是迄今为止冷兵器时代考古发掘出土的体量最大的武器。

图 8 圆銎宽叶倒钩青铜矛，长 61.5 厘米、宽 19 厘米

掩卷长思，我们在感念大河和沃土孕育的同时，思绪仍留恋于史前文明的精彩华章，心中早已被伟大先民的聪明智慧和真情厚意深深撼动。往昔的人与事，早已烟飞云散，然而留存下

来的珍贵遗迹，不仅让我们因中华民族善于创造的能力而骄傲，更拥有了前行的力量。我们坚信，在未来的发展中，我们必将会创造出更加辉煌灿烂的文明。

（2015 年）

调研

省直艺术表演团体深化分配改革的做法和体会

为建立与社会主义市场经济体制相适应,有利于社会主义精神文明建设,符合艺术自身发展规律的管理体制和运行机制,2002年6月,在省委、省政府的正确领导下,青海省文化厅对青海省直艺术表演团体体制进行了全面改革,通过改革,我们在理顺"两个关系"、深化分配体制等方面取得了令人满意的效果。

一、改革的基本思路与做法

改革的基本思路是调整结构,理顺关系,优化组合,搞活机制,减员增效改革的重点是理顺"两个关系":一是理顺政府与艺术表演团体之间的关系;二是理顺艺术表演团体与演职员之间的关系。通过理顺政府与艺术表演团体,艺术表演团体与演职人员的关系,充分调动全体演职人员的工作积极性和创造性,增强艺术表演团体参与市场竞争和自我发展的能力,真正实现自主经营、自我积累、自我发展。

深化艺术表演团体的分配改革,就是要依据"按劳分配、绩效优先、兼顾公平"的原则,建立符合艺术生产规律和激励机制的新型分配制度。为最大限度地体现按劳分配,工资分配绩效优先和向优秀人才与关键岗位倾斜的思想,省直艺术表演团体在深化分配改革中废除工资、职称终身制和平均主义大锅饭，实行以基础工资为主，效益工资与浮动捆在一起的浮动工资制。通过对省直5个艺术表演团体进行拆团建院，人尽其才，物取所用，使新的运行管理机制、分配机制落到了实处，目前新组建的省戏剧艺术剧院、省民族艺术歌舞剧院运行良好，取得了较好的经济和社会效益，达到了预期的目的。下面以省民族歌舞剧院为例进行分析。

二、工资分配的主要内容

(一) 专业人员

(1) 在职专业人员每月工资以个人档案工资的100%为考核基数，并按点名20%、基训30%、排练40%、演出10%的比例进行单项累计，在职人员的效益工资视剧院当月效益情况和个人业绩浮动。

(2) 创作研究室根据创研工作实际，实行相对集中坐班和轮岗、例会制度。即部门负责人和执行单项实行每月轮岗坐班工作法，一般创作人员实行定量考核制和每月四次例会制度，对其业务工作进行通报和研讨。

创作人员的每月工资按个人档案工资的90%发放。待完成院部下达的创研任务和创收任务后再发10%。

(二) 转岗人员

转岗后安排在产业中心履行教学岗位人员的工资由基础工资、教学岗位工资和课时量构成总额。其中基础工资占档案工资的60%，教学岗位工资占10%，课时量占30%。担任班主任工作的每月增加补助津贴80元，教学人员的课时量参照青海省中职艺术教育课时定额标准执行。其中专业课时和文化课时的定额每人每周不得少于14—16节。

(三) 管理人员

剧院综合部门的院务、后勤服务、总务，产业管理类各类人员按履行行聘岗位职责和完成主要任务业绩的情况实行基础工资和剧院效益工资同步浮动的办法。即每月按档案工资的100%为考核基数,根据本月个人考勤和履行岗位目标责任制后的业绩情况发放,效益工资按剧院效益情况,与其同步浮动。

(四) 临时聘用和工勤人员

临时聘用的现职人员岗位工资基数的每人每月300—400元,其次按每场演出节目的多少享受演出效益工资,治安门卫及勤杂工岗位工资按核定的职责范围、劳动强度和季节用工等实际情况协商确定。

(五) 其他人员

(1) 批准内部退养人员的工资,按青支持政办[2002]98号文件中舞蹈、杂技和一般专业内部的两个工龄段分别享受本人原档案工资(不含误餐费)50%和60%的待遇。

(2) 剧院改革中按分流核定后,经批准参加培训学习人员的工资(最多3年),经上级财政部门核拨后按剧院基础工资标准执行。培训学习期间的相关费用也按此规定执行。

(3) 返聘人员的工资,按照剧院规定的工作岗位任务、项目、数量、质量等享受创作补助、演出补助和奖金,聘用高层次的急需优秀人才,可依据责任轻重、项目大小和工作业绩的优劣,按有关规定实行相应的工资待遇。

(4) 待聘人员的工资按有关规定的基本生活费标准执行。超过待聘期限仍不能上岗就业的,按有关规定办理。

(5) 因工(公)、因病致残人员的工资按国家有关规定执行。

(6) 因本人要求需在本院内部转岗人员的工资,一般在新岗位有3个月试用期,试用期间发给档案工资的80%,其他待遇按正式聘用人员的标准执行。

(7) 未聘人员自谋职业并愿保留公职身份的,经批准后办理相应留职手续,每人每年向剧院交纳管理费3 000元。保留公职的期限暂定为3年。

三、经验和体会

回顾总结省直艺术表演团体分配体制改革，我们有以下几点基本经验和体会：

（一）领导重视，政策扶持，是改革成功的保证

省直艺术表演团体改革得到省委、省政府及省文化厅的高度重视。省政府分管领导多次到剧团调研。省委、省政府主要领导对剧团改革，包括改革的思路、目标、内容及配套政策等，都一一明确指示。为解决方案中涉及的一系列实质性问题，特别是分配体制问题，省政府领导分别与各有关部门多次进行沟通与协调，还专门召开了省长办公会议研究艺术表演团体改革问题，从而保证了改革方案的顺利出台。改革启动后，邓本太副省长亲自作动员报告。为了加强对剧团改革的指导，确保正确的改革方向，确保改革按时保质完成，省文化厅党组抽调了政策水平高、工作能力强的干部组成两个督导组分赴省民族歌舞剧院和省戏剧艺术剧院帮助指导改革工作。

（二）强有力的思想政治工作，群众正确理解改革，积极参与改革，是改革成功的基础

(1) 认真做好宣传动员。在改革初期，两院多次召开全体职工大会，多次召开中层干部、不同层次的专业技术人员、党员会和离退休同志座谈会，讲政策、学文件，讲形势、转观念，讲现实、指方向，创造浓厚的改革氛围，使大多数人真正转变观念，增强对改革的心理承受能力。

(2) 对具体问题具体分析，改革无情，操作有情。通过反复做耐心细致的说服教育和思想政治工作，真正做到了人人放心，个个安心。整个改革平稳有序，未出现一起上访现象。

（三）民主决策，透明管理，注重制度建设和创新，是改革成功的关键

在改革进程中，剧院分配改革实施方案充分征求群众意见，反

复修改，在具体操作上，非常注意程序合理，手续完备。职工一律签订工作目标、经济指标和风险责任书。从人管人转到以制度管人，严格按制度办事。剧院工作的透明度大大增强，赢得了群众的理解和信任。

总之，省直艺术表演团体的分配体制改革并非一蹴而就。自今年年初省直两院以新的机制运行以来，各项新建立的制度在实践中通过检验，不断得到调整和完善，对于在新机制运行中遇到的各种困难和问题，还要以改革的精神不断研究和解决，确保改革顺利进行，逐步深化。

（2004年）

在农牧区创建"文化中心户"的思考

一、"文化中心户"产生的时代背景及意义

近年来,"文化中心户"这一新事物在青海省蓬勃兴起,成为群众文化活动的新亮点和农牧区文化建设的新载体。它的产生不是偶然的,原因归结起来有以下几点:

(1)改革开放以来,广大农牧民群众的生产生活条件有了明显改善,富裕起来的农牧民群众求知、求乐、求学的愿望十分强烈,渴求开展文化体育活动,而地方政府和文化部门又很难提供经常化、多样化的文化娱乐服务,原有的基层文化单位功能萎缩,服务手段落后,服务方式单一。"文化中心户"正好弥补了这方面的空当和缺陷,为农牧民群众搭建了一个自我参与、自我娱乐的活动舞台。

(2)农牧区税费改革后,没有专项的文化活动经费,政策又不允许向农牧民摊派,经费问题成为阻碍农牧区开展文体活动的一大难题,"文化中心户"的出现为解决这一难题做出了有益的尝试。

(3)宣传文化部门采取的因势利导、培养典型、广泛宣传、积极推开的做法,为"文化中心户"的不断涌现起到了有力的助推作用。

"文化中心户"的出现,体现了群众的创造精神,丰富和充实了

农牧区的文化活动方式。它贴近实际、贴近群众、贴近生活，得到了基层干部群众的欢迎和好评，为搞好农牧区文化工作找到了一个新的抓手，为丰富和活跃农牧民文化生活找到了一条新的途径。它的作用主要表现在：

(1) 丰富活跃了农牧民群众的文化生活，在一定程度上弥补了农牧区群众精神文化生活贫乏的缺憾，农民文化生活靠农民。“文化中心户”牵头开展活动，调动和激发了群众的积极性，使农牧民能够利用空闲时间，参与喜闻乐见的文化体育活动，丰富了生活，陶冶了情操，社会效益明显。

(2) 在自娱自乐的同时，有助于农牧民群众了解党的方针、政策和科技、法律、卫生保健等知识，在愉快轻松的气氛中接受了教育，获取了信息，提高了科学文化素质。

(3) 通过参加活动，增强了集体观念，促进了人们思想和感情的交流，群众与群众、群众与干部之间的距离拉近了，关系融洽了，基层组织尤其是村级党支部、村委会的号召力、凝聚力、战斗力得到了增强。

(4) 培养了一支带不走的群众文化队伍。“文化中心户”产生于群众，扎根民间，遍布于各个村落，他们熟悉当地的经济、社会发展状况和民俗风情，在组织开展各类文体活动中具有较强的感召力和影响力，已成为丰富活跃群众文化生活的重要力量。

二、“文化中心户”的含义及类型

“文化中心户”是以家庭为基础、服务于社会的一种新型文体活动组织形式，他们在丰富活跃群众文化生活中发挥了重要的组织联络、带动示范作用。其共同特点是家庭经济条件较好，热爱文体活动，热心公益事业。从海北州的情况看，“文化中心户”的类型丰富，形式多样，主要分为以下几类：

(1) 以组织开展家庭文体活动为主的，如海北州首家挂牌的

“文化中心户”夸什赛利用家庭成员能歌善舞的特长，经常组织举办家庭文体活动，已成为当地较有影响的活动点。

(2) 以联络、牵头组织文体活动为主的，如海晏县的13户“文化中心户”在2002年发起组织的赛马会、拔河、拉巴牛、摩托车慢赛等文体活动多达18次，累计投入上万元。

(3) 以组织举办各类培训班为主的，如刚察县的州级“文化中心户”俄合加为提高村民素质，2002年个人出资聘请教师举办了扫盲和法制培训班。

(4) 以民间艺人、民间业余剧团为主的，如门源县州级“文化中心户”陈文明任团长的民间业余剧团，在农闲季节，多次为群众演出皮影戏、眉户等剧种。

(5) 以手工艺制作、书画爱好、奇石收藏为主的。

三、发展“文化中心户”的思路与对策

发展“文化中心户”是一项全新的探索性的工作，没有现成的经验和方法可借鉴，还需进一步充实和完善。在工作中，我们要边摸索、边实践、边总结。发展“文化中心户”要充分考虑它的特点和农牧区的实际，尊重规律，量力而行，激发和保护群众的积极性，确保“文化中心户”健康有序发展。

(一) 基本原则

1. 从实际出发，不搞统一模式，不搞一刀切

青海省地域广大，民族众多，经济和社会发展不平衡，各地的情况千差万别，因此，对发展“文化中心户”不宜要求统一标准。根据青海省省情，目前“文化中心户”的发展重点要以农业区和牧区定居点的村社为主。

2. 循序渐进，先易后难，流动发展

要全面规划，分类指导，先易后难，分步实施，一个村一个村地组织，一个点一个点地抓落实，成熟一户，创建一户，巩固一户，稳

步推进，注重质量，避免追求数量，忽视质量的不良倾向。

3. 扬长避短，各尽所能，鼓励发展各类“文化中心户”

对“文化中心户”的活动内容不求全责备，要善于发挥每个“文化中心户”的特长和才能，让他们各展所长、各尽其能，只要有利于农牧区两个文明建设的“文化中心户”都要支持和鼓励，在此基础上，宣传文化部门给予必要的指导、引导，促使其上档次、上规模。

4. 精神鼓励，物质奖励，政策激励

要媒体宣传、大小会表扬，授予牌匾、奖状进行精神鼓励，还要给予必要的帮助和扶持。

(二) 工作思路

1. 靠典型引路

目前，青海省发展“文化中心户”的工作尚处在试点探索阶段。通过政府引导和扶持，发展一批有影响、上档次的“文化中心户”，对于全省“文化中心户”建设将起到积极的推动作用。根据“文化中心户”的不同特长和爱好，选择性地培养、造就一批体育活动户、科技活动户、政策法规宣传户、民族民间艺术及其他文化活动户。引导“文化中心户”正确发展，积极发挥典型示范辐射作用，吸引更多的群众积极参与到文化活动中来，把这些文化中心户建设成为农牧区精神文化活动阵地。

2. 靠规范发展

宣传、文化部门要抓住三个环节，做好规范化建设。

(1) 细化标准，制定州、县、乡三级“文化中心户”的命名标准，提出不同的评选标准。

(2) 严格评选。对“文化中心户”的评定程序要采取逐级申报、逐级审核、分级命名的办法。必须通过群众参与、乡镇筛选、宣传文化部门现场考察，最后综合评定。

(3) 分类指导，将“文化中心户”分为文化文艺户、科技兴农示范户、理论政策宣讲示范户、文明新风示范户等类型，分类指导，培育提高。

3. 靠政策促动

通过有效的政策扶持,为文化中心户创造良好的环境。

(1) 根据"文化中心户"的不同层次,由宣传文化部门给予相应的经费补助;另外,在村社义务工的摊派上给予适当减免,在推荐或评选文明户或先进活动中予以优先考虑。

(2) 城乡共建,联动帮扶。开展党政机关送书送报到"文化中心户"活动,帮助扶持"文化中心户"开展活动。要求每个州、县党政机关帮扶一个文化中心户,在活动器材、图书以及经费等方面给予必要扶持。

(3) 积极引导"文化中心户"有意识地走向市场,逐步增强自身发展的经济实力。

4. 靠实效带动

"文化中心户"一要为党和政府在农牧区培养一直扎根的"文化工作队",二要为农民闯荡市场开辟一扇信息窗,三要在农牧区兴旺群众文化。通过扎实有效的工作,树立靠得住、信得过的社会形象,取得各级政府、社会各界和群众的支持与信赖。

(2001 年)

关于把文化资源优势转化为文化产业优势的实践与思考

文化资源是一种动态的、非独占的、可再生的精神财富。文化产业发展的过程，实质是文化资源不断转化为文化产品、文化服务的价值实现过程。青海历史悠久，文化源远流长，灿若星辰的文化资源为文化产业的发展提供了基础条件，文化部门在加强文化资源转化方面做了一些积极的探索。

一、青海丰富的文化资源为发展文化产业提供了基础条件

(一) 以彩陶为代表的史前文化

青海的开发至少已有 6 000 多年的历史。早在距今 6 800 年的贵南拉乙亥文化遗址、5 800 年的同德宗日文化遗址、4 000 年的马厂文化遗址、2 500—3 500 年的齐家文化和辛店文化遗址以及分布广泛的卡约文化、诺木洪文化遗址中都发现了精美的彩陶。青海彩陶，无论出土数量，还是质量，在全国均名列前茅。同德出土的双人抬物彩陶盆令世人震惊。大通县上孙家寨、同德县宗日出土的新石器舞蹈纹彩陶盆，确实是原始艺术中两件惊世骇俗的绘画珍品，生动形象地描绘了当时人们载歌载舞的欢庆场面，表明 5 000 年前，青海地区的先民已开始了原始的文化艺术活动，在中国美术史和舞蹈史上具有十分重要的地位，是迄今为止，出土的最

早记录人类文化艺术活动的文物。乐都柳湾墓地是中国迄今为止发掘墓葬最多、出土彩陶最多的一处原始社会公共氏族墓地，共清理各种文化类型墓葬 1 700 余座，出土文物 4 万余件，其中多半是彩陶文物。都兰热水墓群、民和喇家遗址，分别被评为 1996 年和 2001 年“中国十大文物考古新发现”。这两处遗址均列入“十一五”全国 100 处大遗址保护规划，具有十分重要的历史、文物、科学价值。目前，青海已发现文物保护点 4 300 多个，其中国家级历史文化名城 1 处，省级历史文化名城 3 处，历史文化名村 1 处，全国重点文物保护单位 18 处，省级文物保护单位 315 处，县级文物保护单位 394 处。

（二）以玉树歌舞为代表的民族民间歌舞文化

青海的民族民间歌舞十分丰富。据 20 世纪 80 年代普查统计，全省民族民间舞蹈有 1 400 种左右，民歌近万首。各民族的舞蹈多姿多彩。土族舞蹈热情纯朴，撒拉族舞蹈柔美抒情，汉族舞蹈欢快喜庆，藏族舞蹈浪漫豪放。玉树歌舞是青海民族歌舞的突出代表，其种类繁多，风格迥异，久负盛名。土族的安召舞、撒拉族的骆驼舞具有鲜明的民族风格。塔尔寺、隆务寺、佑宁寺等寺院的法舞，舞姿、服饰、音乐独特，宗教色彩浓厚，神秘而粗犷。青海还有藏族的“拉伊”、酒曲，回族的宴席曲以及深受河湟地区各民族喜爱的“花儿”等丰富多彩的民歌。

（三）以唐卡艺术为代表的热贡文化

热贡艺术是藏传佛教艺术的一个重要流派，距今已有 700 多年的历史，被称为“我国民族艺术宝库中的一颗瑰丽明珠”。它主要集中在同仁县的年都乎、郭麻日、尕沙日、吾屯上、下庄村。目前，这四个村庄从事热贡艺术品生产的艺人有 1 400 多人，从艺户数占总户数的 70%以上。该县正在成为创作、生产、零售、批发以唐卡为龙头的热贡艺术品的集散地。2006 年，吾屯村还被文化部命名为“国家文化产业示范基地”，启加等 4 名热贡艺人荣获“中国工艺美术大师”称号。

(四) 以花儿会、赛马会、纳顿节、六月歌会为代表的民族民间节庆文化

青海河湟地区素有“花儿的海洋”之誉，有许多场面宏大、特色鲜明的“花儿会”，如民和七里寺“花儿会”、互助丹麻“花儿会”、平安夏宗寺“花儿会”、乐都瞿昙寺“花儿会”、大通老爷山“花儿会”。从农历二月二起，河湟沿岸的民间传统“花儿会”陆续开始，特别是农历六月六前后掀起高潮，成为青海高原夏季最亮丽的一道风景线。赛马是青海牧区最盛大的节日活动之一。特别是久负盛名的玉树赛马会集骑术、服饰、歌舞表演于一体，规模宏大、场面壮观，每年吸引了数以万计的海内外游客。“纳顿节”是土族人民的节日盛会，极具民族特色，每年从盛夏开始，至秋季结束，持续两个多月，被称为世界上历时最长的狂欢节。藏乡“六月会”是同仁地区最富有民族特色的民间群众活动，原始文化气息极为浓厚，至今已延续了四五百年，已成为该县文化旅游的重要组成部分。

(五) 以藏族、土族、撒拉族为代表的民间风情文化

青海自古就是一个多民族聚居的地区，中世纪以来，逐渐形成了汉族、藏族、回族、土族、蒙古族、撒拉族六大主体民族，并延续至今。其中，土族和撒拉族是青海独有的两个少数民族。各民族长期相互交融，使青海置身于民俗的海洋，形成了丰富多彩而又独具特色的民情风俗。藏族服饰颇为精致、华丽和考究。藏族能歌善舞，有“会说话就会唱歌，会走路就会跳舞”的美誉，舞姿洒脱奔放，民歌“拉伊”婉转悠长。藏族英雄史诗《格萨尔》卷帙浩繁，流传久远，是世界上最长的一部英雄史诗。藏戏色彩独特、内涵丰富。土族婚礼别具一格，婚俗中有许多载歌载舞的场面，以此为内容创作的《迎亲》等剧目深受群众喜爱。土族妇女的服饰华美、艳丽。土族舞蹈“安召”“轮子秋”，多次在国家、省级重大活动中亮相展示。撒拉族的民居、服饰、歌舞特色浓郁。

此外，全国三大农民画之一的湟中农民画，色彩艳丽，构图饱满，造型夸张，乡土气息浓郁，装饰性强，很受国内外藏家欢迎。1988年，湟中县被文化部命名为“中国民间绘画艺术之乡”。青海的刺绣艺术地域特色浓郁，品种丰富，花样繁多，土族、回族、撒拉族、藏族等民族妇女都擅长刺绣。

二、加强文化资源转化的积极探索

近年来，省文化厅坚持“两手抓”“两加强”的工作方针，一方面推进公共文化服务体系建设，为社会提供公共文化产品和服务，保障群众的基本文化权益；一方面发展经营性文化产业，以开发利用特色文化资源为主线，以工艺美术行业为突破口，积极探索，大胆实践，初步走出了一条具有青海特色的文化产业发展的新路子。

（一）抓发展文化产业政策措施的完善

制定下发了《关于加快非公有制文化产业发展的意见》《关于鼓励发展民营文艺表演团体的意见》，进一步加大对民营文化产业的扶持力度，降低门槛，营造民营文化产业发展的良好舆论和政策环境，引导民营文化企业迅速、健康地发展。目前，全省共有文化产业法人单位2 395个，省级文化类民办非企业单位59家，民间业余剧团160家。

（二）抓体制改革

1. 围绕调整结构、整合资源、理顺关系、增强活力这一目标，在全国率先对省直艺术表演团体进行了改革

省民族歌舞剧团、省杂技团合并，组建了省民族歌舞剧院；省京剧团、省话剧团、省平弦实验剧团合并，组建了省戏剧艺术剧院。新组建的省直两院不断完善内部运行机制，深化人事、分配制度改革，实行了全员聘任制，拉开了分配档次。通过改革，促进了艺术生产，增加了演出收入。

2. 围绕重塑市场主体，按照“一企一制，成熟一个，改制一个”

的原则,对厅直经营性文化单位进行了公司制改造

青海工艺美术厂、青海人民剧院、文化厅招待所改为国有控股、职工参股的有限责任公司;青海电影发行放映公司、省文物商店改为国有独资的有限责任公司。通过公司制改造,理顺了企业与职工的关系,明确了企业的市场主体地位,使这些文化企业真正成为自我发展、自主经营、自负盈亏、自我约束的市场主体。

(三) 抓三个交流平台的搭建

连续举办五届青海民族民间工艺美术品展,为行业企业、单位和个体经营者搭建了产品展销、信息交流和项目洽谈的平台。展会在行业发展中产生了重要的推介、辐射、凝聚和带动效应。开辟专业市场。在省工艺美术厂办公大楼的基础上,改造建设青海民族民间工艺美术大厦,为西宁地区工艺美术行业的企业、单位和个体经营者提供了集中经营场所。推动各地因地制宜举办地域特色文化节,以节庆文化促进节庆经济的发展。

(四) 抓文化产业人才的培养

为了强化文化系统发展文化产业的意识,推动文化产业的发展,采取举办文化产业专题报告会、文化产业发展论坛等形式,统一思想认识,明确发展目标,探索青海省文化产业发展的路径。从文化技能技艺培训入手,积极引导农牧区的文化能人、民间艺人增强市场意识,开发利用特色文化资源,从事民族民间工艺品的生产经营。把培训的重点放在了能够体现青海地方特色且易于转化为产品的唐卡、堆绣、刺绣、剪纸、农民画等民间艺术品的创作设计、制作技巧上。从 2004 年以来,省文化厅共举办培训班 30 期,2 000 多人次接受了培训。

(五) 抓典型培育

为促进文化产业发展,注重在培育典型上做文章,积极发挥典型的示范引导作用。2005 年,组织开展了省级文化产业示范单位评选活动。经认真筛选、严格评比,青海纵横文化艺术发展有限公

司等11家单位被授予青海省文化产业示范单位称号。其中,西宁新奇工艺装饰有限公司、同仁吾屯热贡文化艺术村被文化部命名为“国家文化产业示范基地”。通过组织出省观摩、举办培训班、参加大型展会等形式,大力培养能开发当地特色文化资源、有经营头脑、带领群众致富的农牧区文化增收的示范带头人,涌现出了以海晏县剪纸能手王凤英、湟中县堆绣能手乔英菊等为代表的一批骨干;以平安县阿伊赛迈歌舞队、大通鲍家寨秦剧团、贵南沙沟乡石乃亥民间艺术团等为代表的一批优秀民营文艺表演团体。

(六) 抓民间艺人职称评定工作

在省人事厅的支持下,启动实施了民间艺人职称评定工作,有5人被评定为农牧民工艺美术师和助理工艺美术师。会同省发改委、省人事厅开展了首届省级工艺美术大师、民间工艺师的评定工作,有55人获得省级工艺美术大师、民间工艺师称号。积极参加第五届中国工艺美术大师评选活动。启加等4名民间艺人荣获“中国工艺美术大师”称号。

(七) 抓青海文化“走出去”

组团参加“青洽会”、西部文化产业博览会、深圳国际文化产业博览会等系列展会活动,还在首都举办了“青海民族民间文化北京行活动”,期间推出的青海民族民间工艺美术品展取得了良好的经济和社会效益。今年8月进京参加了“北京民族文化艺术博览园”活动,10月还将在上海国际艺术节期间举办“青海文化宣传周”活动,利用演出、展览等形式,继续宣传推介青海的特色文化资源。

通过以上七个“抓”,全省工艺美术产业呈现出良好的发展势头。结合旅游名省建设,挖掘特色工艺美术资源,促进民族工艺品、旅游纪念品的生产经营,正在成为各级党委政府和文化部门的普遍共识;适应市场需求的新产品不断涌现,工艺美术行业的市场竞争力进一步增强。

回顾总结近些年来青海省文化产业走过的发展历程,我们深切体会到：发展文化产业，必须坚持从青海的省情出发，把重点应放在最具商业价值、最具市场潜力、最易转化为产品的文化资源的挖掘、开发和利用上，找准切入点，选准突破口，量力而行，稳步推进；必须立足青海的特色文化资源，发挥比较优势，培育和打造有青海民族特色的文化品牌，以精品名品提高文化产业的市场竞争力；必须坚持政府的引导作用，营造良好的政策环境、市场环境和法制环境，最大限度地激发国有、民营、集体、个人等多种经济成分兴办文化产业的活力；必须着力在整合资源上下功夫，把零散的、有特色的、真正有价值的资源，以项目为纽带，进行有效整合，形成打造文化品牌的合力；必须促进文化与旅游的结合，使资源优势转化为特色旅游的优势，以旅游产业的发展来促进文化产业的发展；必须坚定不移地推进改革，转变政府管理职能，创新体制机制，以改革促发展。这些体会是我们在发展中积累的宝贵经验，也是我们继续前进的不竭动力，我们要倍加珍惜，并在新的实践中坚持运用和不断完善。

同时，我们也清醒地看到，青海省在文化产业发展中虽然进行了积极探索，推动了文化产业良好发展势头的形成，但是客观地讲，青海省的文化产业发展仍处在层次较低的起步阶段，这种状况与青海省丰富多彩的特色文化资源还不协调，与省委、省政府的要求还有较大差距，工作中存在着认识不足，观念不新，体制不顺，机制不活，政策不完善，投入不足，懂文化、善经营的人才缺乏等不少困难和问题。对此，我们必须采取更加有力的措施，认真加以解决。

三、对加快青海省文化产业发展的几点建议

（一）建立坚强有力的组织协调机构

文化产业的发展是一项系统工程，涉及多个部门、方方面面。当前，在新的管理体制还没有定型之前，有必要组建省文化产业发

展领导小组,赋予必要的权限,统筹全局,合理调配资源,统一协调全省的文化产业发展事宜,沟通交流,组织本省文化产业发展。这是发展文化产业的组织保证。同时,就文化系统而言,有必要以省工艺美术管理中心为依托,组建文化产业发展促进中心,为文化产业的各类社会主体提供全方位的服务,以促进文化产业持续协调发展。

(二)制定科学的产业规划

产业规划对文化产业发展的重要性不言而喻,好的产业规划能为本地区文化产业的发展指明前进方向,能有效地调动各种资源实现产业目标,有利于克服产业发展中的盲目性、随意性。青海省除黄南州制定了热贡文化产业发展规划外,全省其他州、地、市尚未制定自身的文化产业发展规划。文化产业发展规划需要做大量艰苦的工作,经过多方论证,并随着实践的丰富而不断完善,从而为本省文化产业发展提供美好蓝图。

(三)制定系统的产业政策

产业政策是实现产业规划的手段。产业政策对产业兴衰与转化的影响是全方位的:它对加速文化产业发展、引导产业结构调整、规范市场竞争秩序、保护弱势行业、提升产业国际竞争力都具有重要意义。它不仅为产业发展提供必要的优惠条件,更重要的是它能通过实施产业结构政策、组织政策、布局政策使结构得到优化,从而获得巨大的结构效益。

(四)选择适宜的主导产业

文化产业具有很强的地域性。主导产业在区域文化产业竞争中有明显的竞争优势和领袖地位,能在较长时期内影响该行业在全国发展的走向和力量格局变动。西部省份近年来文化产业的发展开始形成鲜明的特色。近几年,当“云南映象”走红全国的时候,人们还在谈论“云南现象”,但随着“印象·刘三姐”“印象·丽江”“多彩贵州风”等名牌化项目的出现,西部文化产业发展已经显示出了模式化的特征：即以地域性民族文化为内涵，以文化旅游为主线，以名牌运作为核心的文化产业发展路径。

(五) 设立青海省文化产业发展引导资金

为推动文化产业快速发展和结构升级，转变政府职能，规范政府文化投资行为，提高政府文化投资效益，推进文化投资体制改革，建议设立青海省文化产业发展引导资金。

引导资金由省政府设立，每年投入资金，并根据经济发展和财政收入的增加而逐年增加，增长率应不低于同期财政收入的增长率。

(2007 年)

发展青海文化旅游的几点思考

旅游是人类文明的体现，是广义的文化活动，它是文化的消费，又是文化的创造。旅游其最本质的特征就是旅游者变换原有的文化环境，探索求知，变换生活节律，以吸收其他地域的文化，无论是有意识还是无意识，旅游活动都是为了满足精神文化的需求。今天，文化旅游已成为青海旅游业的重要组成部分，前景广阔。

一、文化旅游是中国未来旅游业发展的趋向

“文化旅游”是旅游活动和旅游产品中的一个重要类别，是广义旅游文化概念系统中的一部分。未来学家沃尔夫·伦森认为：“人类在经历狩猎社会、农业社会、工业社会和信息社会之后，将进入一个以关注梦想、历险、精神及情感生活为特征的梦幻社会。人们消费的注意力将从物质需要转移到文化需要，从科学和技术转移到情感逸闻趣事。”在基本的物质层次满足的基础上，这个时代中的每个人必将更多地把休闲时间花在文化、精神、心理的满足上。小康社会人们对包括文化娱乐、艺术欣赏、信息交流、旅游观光等精神文化需求的增长已超过物质需求的增长。2005 年底，中国公民出境总人数为 3 103 万人次，增长 7.5%，其中自费旅游持续攀高。国内旅游人数为 12.12 亿人次，增长 10%；旅游收入 5 286 亿元，增长 12.2%。据预测，未来 10 年间，我国旅游业将保

持年均10.4%的增长速度，其中个人旅游消费将以年均9.8%的速度增长，到2020年，中国将成为世界第一大旅游目的地国和第四大客源输出国。到2010我国旅游总收入占GDP的比例将从2002年的5.44%增加到8%。根据世界旅游及旅行理事会(WTTC)2004年对旅游者的旅游动机进行的调查统计，在商务、度假、购物、探险以及文化体验五种旅游动机中，文化体验已居于首位。因此，作为六大新兴消费热点行业之一的旅游行业，其中，作为旅游重要组成部分的文化旅游因其满足了人们对娱乐、休闲、健身、求知、审美、交际等精神需求和智力需求，比自然景观更受追捧。在一些地区，文化旅游更成为自然景观旅游之后旅游收入的重要组成部分，并超过自然旅游的收入。

文化旅游作为一种独立的文化形态，它既是一种文化现象，也是一种文化关系；它既是一种融合文化，具有综合性，也是一种冲突文化，具有矛盾性。它是在旅游和在为旅游提供服务的过程中形成的各种文化现象和文化关系的总和。正如人们所讲的，自然旅游的文化特征主要体现为艺术性和美学价值，文化旅游则体现着接待地的传统文化和人文精神，反映着东道主文化的区域性，对旅游者最能起到文化的诱导作用，也是东道主文化与客源文化交流与融合的重要内容。即所谓观景不如听景，观景观的直感，而听景听的是品味，讲的即是这个道理。

近年来，各地十分重视当地特色文化资源的挖掘、保护和开发、利用，整合资源，创新机制，下大力气打造体现民族地域特色的文化品牌，着力发展文化旅游业，以文化旅游提升旅游的文化含量，拓展旅游的文化内容，使文化旅游业呈现出强劲的发展势头。如云南丽江在文化资源保护与文化品牌开发的过程中，注重在文化品位下功夫，打造出了丽江古城、东巴文化、纳西古乐、摩梭风情、茶马古道、“印象·丽江”、“丽水金沙”等民族文化精品，民族文化产业基本形成规模，丽江已经成为中国西部极具吸引力的文化旅游品牌,成为享誉海内外的旅游目的地。丽江在文化资源保护和文化品牌开发上取得的成功经验,独具特色的文化资源保护和文化品牌开发的模式,被人们称为“丽江模式”。丽江文化旅游极富纳西传统文化内涵,表现为各种旅游产品的丽江民族文化是纳西文化的物质、精神再现,正是这种民族传统文化构成了独具魅力的丽江文化旅游。丽江文化旅游在实现其旅游经济价值的运动过程中,是作为一种无形资产发挥作用的,它所具有的成本低、来源于历史的沉淀、积累和极易被人们接受的特征,反映了“以人为本”和“天地人合一”的纳西文化精髓,正好是现代人所追求的人与自然和谐共存的理想图景。

二、青海丰富的文化旅游资源,为文化旅游的发展提供了必要条件

青海地处青藏高原的东北部,幅员辽阔,面积达 72 万平方千米。历史上的青海,地处边塞,历来被视为“神秘”的高地,就是这神秘的高地,蕴藏着绝无仅有的自然与人文资源。这是一片古老而又年轻的土地,喜马拉雅隆起,形成了青海高原,特殊的地理位置,造就了恢宏壮丽的自然景观,形成了显著的地区差异,使得从东到西,从南到北地形、地貌呈现出多姿多彩的特点。巍巍昆仑山、高耸的巴颜喀拉山、绵延万里的唐古拉山、苍翠的祁连山脉、富饶的柴达木盆地和烟波浩渺的青海湖,都呈现势夺天宇的霸气。这是一片被艺术青睐的土地,青海被誉为歌舞之乡,“花儿”的海洋。从五千年前宗日遗址出土的舞蹈彩陶盆中,依稀能够看到中华乐舞早期的影子。居住在青海的汉族、藏族、回族、土族、撒拉族等各族群众,人人都有一副唱“花儿”,漫“少年”的金嗓子。青海藏族更是舞蹈的集大成者,“会说话就会唱歌,会走路就会跳舞”,每到夏日,雪山之下,草原之野,万人起舞,惊天动地。青海是中华文明的重要发源地之一,是中国西部的古代文明中心,四千年来多元

文化的不断积累、变异和发展，为我们留下了神奇的自然世界、神秘的文化世界和神妙的心灵世界三方面的不可多得的独特的历史遗产，丰富和延展了青海文化的内涵，青海文化的独特性、唯一性及其在中华文明起源与发展史上的特殊价值，使其成为青海旅游资源的灵魂和个性的完整体现。青海文化旅游资源类型丰富，同时各类文化旅游资源因其种类的相异性和区域分布的相对完整性，形成了以“花儿”创作演唱为代表的民间民俗文化，以玉树歌舞为代表的民族民间歌舞文化，以绘画、雕塑、建筑为代表的藏传佛教文化，以彩陶精品为代表的史前博物文化，以都兰吐蕃墓群及其出土的大量中西文物为代表的中国古代西部开放文化，以赛马会、那达慕、九曲黄河灯会、土乡纳顿节、热贡艺术节、撒拉族艺术节为代表的民族民间节庆文化和藏族、土族、撒拉族为代表的民间风情文化，共同构成了青海文化旅游区带结合、相对集中的空间组合布局。可以说，多样而独特的民族民间文化、绚丽多彩的民俗风情、悠久灿烂的史前文化是青海省人文景观的重要支撑点，也是发展文化旅游资源的优势所在。

三、发展青海文化旅游的思路和对策

青海文化旅游端倪初现，前景无限。发展文化旅游关键在于认识，重点在于行动，要跳出文化看文化，跳出旅游看旅游，处理好文化与旅游的关系，认识到旅游和文化产业是创意性产业，富于创造、敢于创造、善于创造，把民族民间文化与时代精神结合起来，将文化、旅游事业发展与青海的经济社会发展真正结合起来，就能创造出极大的生产力。

青海省文化旅游发展的思路是：整体规划，突出特色，明确重点；挖掘资源，打造精品，推出亮点；发展优势文化产业，推动文化旅游，加快文化资源优势向旅游品牌转化，促进文化和旅游协调发展。

发展青海文化旅游，怎样把青海丰富的文化资源优势转化为旅游优势、产业优势，促进文化旅游更快、更好的发展，下一步，就文化部门而言，着重做好以下七个方面的工作：

（一）继续办好青海民族文化旅游节

由青海省人民政府主办，省文化厅、省旅游局、六州一地一市人民政府共同承办的青海民族文化旅游节从2003年以来，成功举办了三届，民族文化旅游节对弘扬青海优秀民族文化，推介民族文化旅游资源，打造文化旅游品牌，产生了积极影响，吸引了数以万计的海内外游客。按照政府主导、社会参与、市场化运作的原则，突出特色，精心策划，继续办好青海民族文化旅游节，将其逐步打造成为体现青海特色、有一定影响力的文化旅游品牌，打造成为外界了解、认识青海的重要窗口。利用目前文化旅游节的带动作用，基层举办文化节庆活动的热情，整合基层文化旅游资源，共同搞好文化旅游资源的综合利用和开发管理，通过上下联动，最终形成以青海民族文化旅游节为龙头，黄南州“热贡文化艺术节”、玉树州“川、滇、青、藏毗邻省区艺术节”、果洛州“玛域《格萨尔》文化艺术节”、海北州“王洛宾音乐艺术节”等州级文化节庆活动为骨干，互助“中国土族旅游文化艺术节”、循化“中国撒拉族旅游文化艺术节”等县级文化节庆活动为基础的全省文化节庆活动网络。通过举办青海民族文化旅游节各具特色的节庆活动，从不同侧面、不同层次向外界宣传展示青海绚丽多彩的文化资源，催生一批新的文化艺术成果，拉动人气，提升名气，让国内外游客与我们一起共享青海省丰富的文化旅游资源和多彩的文化艺术成果。

（二）大力发展工艺美术产业

青海的工艺美术资源非常丰富，发展工艺美术具有得天独厚的资源优势，据调查，全省百年以上的传统工艺美术品达200余种，主要产品种类有21个大类。近年来，工艺美术产业作为青海省文化长远发展的突破口取得了快速发展。目前，全省拥有工艺美术企业近百家，年产值近 6 亿元，从业人员 3 万人，有 2 家国家文化产业示范基地，11 家省级文化产业示范基地。这些为进一步发展工艺美术产业奠定了一定的基础。通过发展工艺美术产业带动和促进民族特色旅游纪念品的生产经营，重点开发具有民族地域特色的唐卡、堆绣、雕刻、刺绣、农民画、藏式挂件等民间工艺品、艺术品，大力培育市场主体。扶持以公司加农户、专业户等形式，从事农牧区特色文化产品生产经营的文化能人。鼓励有实力的文化企业从事民间艺术品、工艺品的加工生产、收购销售、创作研发。引导农牧区文化能人带头成立文化行业协会，提高自我管理、自主经营能力。逐步打造以同仁县、湟中县为中心的唐卡、堆绣、雕刻艺术品生产基地，以互助县、循化县为中心的民族刺绣艺术品生产基地，以湟中县、湟源县、大通县为中心的农民画创作基地，形成各类民族民间艺术品规模化生产基地，使小产品、小作坊逐步实现规模化、产业化经营生产，推出民族艺术精品，开发名品新品，丰富旅游纪念品市场。

(三) 积极发展旅游演艺业

以市场为导向，以资本为纽带，整合旅游演艺资源，促进演出单位、演出场所、旅游公司强强联合，共同培育旅游演出市场。积极引导专业艺术表演团体加强与旅游部门的合作，优势互补，实现双赢。鼓励和支持艺术表演团体，打造体现青海民族地域特色的艺术精品。注重发挥农牧区业余文化团体在文化旅游、文化增收中的作用。大力扶持民间职业团体和农牧区业余团体的发展，引导他们与市场结合，走出大山。积极开发“纳顿”节、“六月歌会”、“赛马会”等民俗表演艺术，建设民族风情园，带动更多的像贵南石乃亥民间艺术团、平安阿伊赛迈歌舞团等一批民间艺术团体，到旅游景区景点，甚至到农家院中服务。鼓励民间歌手到演艺场所如歌舞厅、“花儿”茶馆从事藏族民歌和“花儿”表演，靠文化打工增加收入、改善生活。

(四) 加强文化遗产的保护和开发、利用

目前,青海省有文物保护点 4 300 个,国家非物质文化遗产项目 19 个。其中,全国重点文物保护单位 18 个,省级文物保护单位 315 个,县级文物保护单位 394 个,塔尔寺、瞿坛寺、隆务寺、桑周寺、海北原子城、省博物馆、都兰吐蕃大墓、民和喇家遗址、青海柳湾博物馆已成为青海省的重要旅游景点。继续做好国保单位、非物质文化遗产申报工作,以申报带动文化遗产的保护和开发、利用,以申报带动文化遗产的宣传,加大文化遗产地和文化遗产项目的资源整合。抓好文物遗产的增量领域向文化旅游产品体系发展的转化工作,在坚持保护为主的原则下,在增量领域把文物的文化内涵转化成文化创意和项目策划,经过创造性开发,以文艺手段将文物的内涵和外延演变为文化旅游产品体系。将文化遗产资源,特别是历史遗址与文化景观、地域民俗活动纳入旅游大区规划,整体捆绑,合理布点,使文化遗产地和文化遗产项目成为旅游者关注的热点。

(五) 进一步优化馆藏,努力提升各类博物馆陈列水平

博物馆是珍藏历史、启迪未来的重要场所,是公民终身的学校,也是外界了解一个地区历史的重要窗口。近年来,青海省博物馆事业得到了快速发展,国办、企办、民营博物馆呈现出百花齐放的局面。全省现有县级以上公共博物馆 15 个,特别是青海雪域民俗博物馆、青海藏医药文化博物馆等民营博物馆的建立,改变了“千馆一面”的格局,丰富了博物馆的内涵,成为国办博物馆的重要补充。要充分发挥各级各类博物馆在文化旅游中的重要作用,特别是省博物馆、省柳湾彩陶博物馆、省民俗博物馆等省级博物馆要找准定位,功能互补,进一步丰富馆藏,提高陈展水平,不断推出有特色、有吸引力的展览项目。鼓励国有博物馆通过依法征集、购买、交换、接受捐赠和调拨等方式争取藏品。加强馆际之间有偿转让,弥补文物保护经费和文物征集经费的不足,增进国有博物馆之

间互相交流，优化藏品结构，形成各自的馆藏特色。力求使更多的国办博物馆形式特色化、内容信息化、服务优质化、环境温馨化，吸引更多的人到博物馆参观。同时，扶持和发展地方博物馆事业，鼓励个人、法人和其他组织设立博物馆。鼓励优先设立填补博物馆门类空白和体现行业特性、区域特点的专题性博物馆。鼓励各级各类博物馆以馆藏精品文物为内容，大力开发民族特色文物复制品、仿制品的生产经营。

（六）加大文化旅游线路的设计和推广

近年来，青海省先后完成了瞿昙寺、隆务寺、桑周寺等国家重点文物保护单位的维修工程。兴建了我国唯一的彩陶专题博物馆——省柳湾彩陶博物馆，被称为东方“庞贝城”的喇家遗址和东方“金字塔”的热水大墓，纳入了国家大遗址保护范围，这些人类早期活动在青海高原留下的大量宝贵的精神财富和文化遗产，为文化旅游开发提供了宝贵的资源。发展文化旅游的一项重点内容，就是做好重点文物景区的开发，文物旅游线路的设计和推广，设计类似“乐都一日游”（瞿昙寺、西来寺、柳湾彩陶博物馆）线路，使更多的文化遗产纳入“两圈两带一区”建设，充分发挥效益。

（七）加大文化交流力度，实施文化“走出去”战略

建立对外文化交流项目库，扎实做好图片、音像、文字等基础性工作。以民族歌舞演出、民间艺术品、文物精品展览为重点，利用官方、民间等多渠道，加大青海特色文化“走出去”战略的实施力度，开展多层次的对外文化交流，让青海高原的多民族、多元文化走出国门，不断扩大青海省文化旅游的覆盖面和国际影响力，通过展览展示，吸引更多的旅游者到青海观光旅游，领略高原独特的人文景观。

（2007 年）

关于加快青海唐卡产业发展的几点思考

唐卡系藏文音译，是指刺绣或绘画在布、绸或纸上的彩色卷轴画。唐卡集历史价值、艺术价值以及经济价值于一身，近年来成为收藏界的新宠。艺术品市场有这样一种说法：唐卡既是挂在墙上的“历史”和“艺术”，也是挂在墙上的“股票”。2002 年 4 月，香港佳士得春季拍卖会上，一件明永乐《刺绣红夜摩唐卡》，以 2 912.651 万港元成交，创当时亚洲刺绣工艺品最高价，这幅唐卡曾于 1994 年在纽约以 100 万美元成交。2002 年 12 月，天津文物公司以 5.5 万元拍出一幅清代《普贤菩萨像唐卡》，创当年国内唐卡拍卖最高纪录。而 2004 年的最高成交纪录出自北京翰海拍出的《清初五凤图唐卡》(五件)，为 17.6 万元，到 2005 年，诚铭国际推出的《清御制刺绣释迦牟尼及二弟子唐卡》成交价已经达到了 82.5 万元。短短三年时间，唐卡的价格已经翻升了十多倍。可见唐卡升值潜力之大。

在众多的唐卡种类中，热贡唐卡算是名气最大的，它被称为“青藏高原上的一朵鲜花”“我国民族绘画艺术宝库中的一朵艳丽奇葩”。热贡唐卡因其构图饱满、视野广阔，设色艳丽奔放，大量使用纯金，富于装饰性的特点，早在明清时期，名师众多，精品迭出，影响远及甘、藏、川、新、蒙，甚至在当时北京的雍和宫、承德避暑山庄都收藏有热贡唐卡珍品，到了晚清及民国时期，热贡唐卡艺人更遍及藏区，作品流传至印度、尼泊尔等地，热贡唐卡成为广大藏区数量最多、流传最广、最受藏族群众喜爱的品种。目前，吾屯地区从事热贡艺术品生产的艺人有 2 000 多人，从艺户数占总户数的 70%以上。2006 年，销售收入达 1 491.31 万元。吾屯村因唐卡绘画带动的文化产业特性，被文化部命名为国家级文化产业示范基地。为进一步挖掘、开发和利用以唐卡艺术为代表的热贡文化资源，弘扬民族优秀传统文化，培育热贡文化产业，打造文化旅游品牌，促进省内外、国内外的文化交流与合作，扩大青海特色文化的影响力，推动青海文化事业和文化产业又好又快发展，省政府决定在 2008 年 6 月中旬举办“首届中国青海国际唐卡艺术与文化遗产博览会暨第五届中国青海民族文化旅游节”。可以说，开发唐卡艺术为代表的民族民间文化资源已成为青海省上下的普遍共识，成为一种文化自觉。

要促进青海唐卡产业又好又快发展，需要在以下五个方面下功夫：

一、艺术创新问题

创新是一个民族进步的灵魂，文化是人类认识和改造自然活动的历史积淀，它起源于创新，又靠创新而发展，其发展本身就是一个不断创新的历程，创新是文化的灵魂和生命。一种缺乏创新的文化，难以代表先进文化的前进方向，难以满足人民群众日益增长的精神文化需求。唐卡只有根据社会和时代要求不断创新，才能永葆生机与活力。我们看到，唐卡作品大量反映宗教生活，严格意义上讲是作为宗教艺术品出现的，有明显的历史局限性，要成为大众化产品，首先要做到内容的创新，要让唐卡从宗教殿堂回归世俗生活，因此，内容创新就是要多生产世俗社会需要，具有时代特征的作品。其次，形式要创新。一幅彩绘唐卡绘制时间一般需要花费几个月甚至一年多的时间。而使用珍稀的彩石矿和金银等贵金属，一幅唐卡成本可达数万元。许多人认为，改变工艺生产的产品，不是真正的唐卡制品。但高昂的价格，普通消费者很难接受。为此，我们可以在传统原料、技巧不变的情况下，在规格、大小、品种，特别是在标准化上下功夫，划分不同档次，高档唐卡服务艺术品、收藏品市场，而中低档做到降低成本并不降低质量，能够为普通群众服务。可以说，大众化、世俗化是市场化、产业化的前提和条件。

二、市场化和产业化问题

市场是连接文化产业和文化消费的纽带，是进行文化商品交换的场所。因此，一定意义上说，文化市场是文化产业发展的基础，没有市场，文化产品的价值就无从实现；没有市场，文化产业的发展就是空中楼阁。目前，热贡唐卡市场化程度不高，唐卡制作以家庭作坊式生产为主。与市场化、产业化目标还有较大的差距。需要我们加大唐卡市场化的步伐，将分散生产组织起来，鼓励更多个人、企业参与唐卡艺术产品的生产和经营，为促进热贡唐卡长远的发展，可采取龙头企业带动、产业集群发展等模式，加快产业化步伐。

三、人才培养问题

人既是文化的创造者，又是文化的承载者。发展热贡文化产业，人才是关键。目前唐卡产业还处在起步阶段，产业人才队伍整体素质不高，经验不足，已经严重制约着热贡唐卡产业发展。要加大热贡唐卡创作人才、管理人才，特别是营销人才、经纪人才培养力度，发挥西合道、启加、斗尕、更登达吉四位中国工艺美术大师的品牌效应，拓宽名师培训渠道，鼓励名师带徒。努力办好民院的热贡艺术专业，扩大艺术培训层次，最终培养出一支能够满足热贡唐卡产业发展要求，充满创新精神，专业化、高素质的人才队伍。

四、经济政策问题

在青海这样一个经济欠发达、社会发育程度低、市场经济体制不完善、劳动者平均文化素质较差的西部省份，任何一个产业在它的发展初期，没有政府强有力的引导和扶持都难以得到较快发展。在产业发展的初期，一定要采取比发达地区力度更大的支持措施，必须发挥政府对文化产业强有力的组织和前瞻性的引导作用，要按照国家的文化产业政策，结合青海实际，争取出台含金量更高、操作性更强的唐卡产业政策，特别是财政投入、税费减免、土地审批、投融资等方面的政策措施；同时，要制定符合实际的唐卡产业发展纲要，明确发展的重点和主攻方向，为唐卡产业长期发展创造一个良好的政策环境。

五、理论研究问题

目前，有关方面在普及唐卡知识方面做了大量的工作，特别是民族学院在唐卡理论研究上取得了一定的成果，但我认为，这些理论研究多停留在文化标识研究上，在产业化方面研究得还不够。在这里我强调的是，文化产业相关理论在国际学术界已成为新的热点，并日益显示出当代学术研究的多学科交叉和综合的特点，以及理论联系实际的独特品格，这就要求我们既要学习和了解国外文化产业的理论，又不能完全照搬现成的理论模式，而要形成我们自己的文化产业理论。有良好的理论支持，是产业发展的前提，我提议举办国际唐卡艺术博览会时，举办唐卡产业论坛，深入探讨唐卡产业化问题。这方面，民院作为学术支持单位，有不可多得的优势，希望在理论研究上多加一把力。

（2008 年）

借鉴重庆经验发展青海内陆开放型经济的几点思考

内陆开放型经济是在全面开放条件下，以我国内陆地区为统一的政策实施空间和实践主体的区域协调发展战略，是建立在统一的内陆地区一体化市场基础之上的，寻求生产要素在我国内部和全球范围内配置，参与国际分工，进行国际合作，产业、产品、服务和经济活动面向外部和世界的开放发展战略。近年来，同属西部地区的重庆紧紧抓住国家内陆开放型经济试点的政策机遇，走出了一条内陆地区对外开放的新模式，充分证明发展内陆开放型经济，是西部内陆地区转变经济发展方式，实现跨越式发展的必然选择，给青海带来诸多启示和借鉴。

一、重庆市发展内陆开放型经济的经验

重庆市是中西部地区唯一的直辖市，既不沿边，又不靠海，集大城市、大农村、大库区、大山区和民族地区于一体，与青海有很多相似之处。2008 年 7 月，重庆市委提出建设内陆开放高地战略目标以来，实现了“三个第一”：招商引资连续两年增速全国第一，总量居中西部第一；2010 年进出口总值达到 150 亿美元，自主品牌出口比重达到 26%，总量居中西部第一；去年对外投资超过 50 亿美元，列全国第一。主要经验是：

（一）以争取国家支持为推力驱动内陆开放型经济发展战略

2007年10月，商务部与重庆市就内陆地区发展开放型经济问题，在京签署了《共同建设内陆开放型经济合作备忘录》。2008年，重庆党代会报告和政府工作报告明确提出重庆“建设内陆开放型经济”的战略构想，积极向国家申请建设“内陆开放型经济试验区”，着手开展建设内陆开放型经济政策与学术研究。2009年2月，国务院发布《关于推进重庆统筹城乡改革发展的若干意见》；国家“十二五”规划纲要明确提出“推进重庆两江新区开发开放”。2010年6月，我国内陆唯一的国家级开放新区重庆两江新区成立，标志着两江新区上升为国家战略。这些为重庆实施内陆开放型经济发展战略提供了难得机遇和强大动力。

（二）以国家级开发区为龙头引领内陆开放型经济发展战略

近年来，重庆不断创新内陆地区对外开放新模式，初步形成了“1＋2＋4＋43”的开放平台。“1”即2010年5月经国务院批准设立的两江新区，是内陆唯一的国家级开发开放新区。挂牌以来，已吸引国内外投资5 000多亿元，落地项目300多个，开工项目200多个。“2”是指寸滩保税港区和西永综合保税区，前者是国内唯一叠加水港、空港、铁路和公路优势的综合性保税港区，也是全国第一个内陆保税港区。后者是内陆第一个综合保税区，也是国内功能最全、面积最大的海关特殊监管区域。预计建成后，将成为全球最大笔记本电脑生产基地。2010年，4个国家级经济技术开发区和43个特色工业园区工业销售值突破6 000亿元，占整个工业比重从原来的20％增加到60％。

（三）以“引进来”和“走出去”为载体推进内陆开放型经济发展战略

重庆市抓住国际金融危机后要素流动加快和产业转型升级的重要机遇，以电子、金融、物流和服务外包等适合内陆特点的产业为重点，推进引资实现“三个转变”，即从以港资为主转为面向港澳台、欧美日韩等全面招商，从以工业为主转为工业、城市建设、金融等领域齐头并进，从以引进增量为主转为引进增量和盘活存量并举，吸引外资项目、外资并购重组国企和本地企业、本地企业海外上市等一起推进，形成了全方位、宽领域、多渠道的引资格局。成功引进惠普、思科、富士康、广达、英业达等一大批国际IT巨头，有164家世界500强企业落户重庆。同时，整合外贸资源，投资30亿美元组建了全国最大规模的地方外贸集团——重庆对外经贸集团，先后在英国、巴西、澳大利亚、圭亚那等国收购技术装备、农业、铁矿、铝矿等企业，在国外劳务人数两万多人，境外投资和国外劳务人数达到历史最好水平。

(四) 以区域合作为支点加速内陆开放型经济发展战略

联手川陕启动"西三角"经济区战略，一批交通、能源、旅游项目先后启动，渝川蓉联合滇黔五省市发展改革部门共同建立投资工作长效合作机制，一批招商引资项目相继投产。协同鄂湘黔共建"武陵山经济协作区"，渝黔资源合作取得突破，渝鄂签署全面合作协议，渝湘在交通基础设施、无障碍旅游区建设等方面加快合作。牵手东部沿海搭建产业互动平台，成功举办重庆·佛山周、重庆·宁波周、重庆·广东经贸活动等大型合作活动，渝粤两省市签署战略合作框架协议。与周边及东部省市的务实合作，促进了资源整合和优势叠合，进一步加速了重庆内陆开放型经济发展战略的实施。

二、青海发展内陆开放型经济的环境分析

与重庆相比，青海除了面临着内陆地区发展开放型经济所共有的机遇外，还具有一些独特优势。

(一) 独一无二的资源优势

青海自然资源富集，特别是水电、盐湖、石油天然气、有色金属等资源储量可观，已探明的129种矿产资源当中，54种居全国同

类储量的前十位,23 种居全国前三位,9 种居全国首位。全省水能储量在 1 万千瓦以上的河流有 108 条,规划总装机容量 2 166 万千瓦,在国内居第 5 位。太阳能、风能、可燃冰等新型能源开发潜力巨大,全省可燃冰的远景储量至少有 350 亿吨油当量,清洁能源占 85%。随着国内矿产资源和能源紧缺程度的加剧,青海必将成为我国资源能源的重要战略储备和接续地。这些为发展内陆开放型经济提供了资源保障。

(二) 绿色环保的产业优势

青海地处青藏高原,是长江、黄河、澜沧江和黑河的发源地,是世界上影响最大的生态调节区和高寒生物自然物种资源库,对全国的生态环境保持具有无可替代的重要作用。凭借“世界第三极”独特地域和资源优势,青海从资源多样化的特点出发,走特色发展之路,主打“高原牌”“绿色牌”“有机牌” 盐湖、石油天然气、有色金属、煤及煤化工、纺织、农畜产品加工等特色优势产业发展势头强劲新能源、新材料、生物医药、节能环保等战略性新兴产业方兴未艾,依托丰富的自然景观与民俗文化形成独特的生态文化旅游产业蓄势待发,这些为发展内陆开放型经济奠定了坚实的产业基础。

(三) 得天独厚的地缘优势

青海地理位置关键,素有“海藏通衢”“天河锁钥”之谓,历史上著名的羌中道、丝绸之路青海道、唐蕃古道在这里贯通。自古以来就是重要的开放通道。西宁、格尔木具有优越的区位优势,市场辐射能力强,市场优势相对突出。青海多民族聚集,多宗教并存,是防范打击新疆东突恐怖活动和西藏藏独势力的战略缓冲地,维护西北稳定乃至国家安全,确保青海跨越式发展和长治久安意义十分重大。这些对发展内陆开放型经济提出了迫切要求。

(四) 充满活力的政策优势

除了中央给予的西部大开发政策外,2008 年 10 月,国务院制定了《关于支持青海等省藏区经济社会发展的若干意见》。2010年2月,中央召开第五次西藏工作座谈会,对加快青海省藏区经济发展做出全面部署。2010年6月,国务院印发《玉树地区灾后恢复重建总体规划》,为玉树地震灾后重建提供了特殊政策。2010年9月,国务院下发《中西部地区承接产业转移的指导意见》。近年来,省委、省政府陆续出台了柴达木循环经济实验区、东部城市群建设等政策措施,相继实施了三江源国家生态保护综合试验区、热贡文化生态保护试验区、海南高原旅游示范区、玉树灾后重建等规划。前不久,国务院印发《全国主体功能区规划》,进一步明确了西宁、海东、海西、格尔木等地发展战略定位。这些为发展内陆开放型经济营造了良好的政策环境。

环顾青海周边,新疆、西藏是国家重点扶持的特殊政策地区,关中—天水经济区、成渝经济区是西部大开发的战略高地。由于自然影响和历史欠账,青海对外开放至今仍处于初级阶段,各种不利因素聚合叠加,给发展开放型经济战略带来了不少困难。突出表现在:

1. 开放观念不深入

大市场、大流通、大循环、大合作、大开放的观念不深,影响开放型经济发展的思想观念束缚仍然存在,开放型文化尚未形成。

2. 结构性矛盾突出

刚刚步入工业化中期阶段,自主创新能力不强,长期形成的结构性矛盾和粗放式增长方式尚未根本改变,开放型经济结构尚未形成,吸引优质资源、嫁接先进技术难,承接产业转移和对外扩张的能力弱,压抑了开放性经济的发展空间。

3. 经济基础薄弱

产业结构单一,尚未形成拉动开放型经济的产业集群,产业整体竞争力不强。经济外向度偏低,对外贸易总量偏小,出口产品和市场结构单一。对境内外资金吸纳利用不足,国际经济技术合作起步较晚，对外投资数量有限。

4. 区域发展不平衡

省内地区间经济社会发展差距较大，城镇化水平低，行政地域分割、交通“瓶颈”依然存在，经济社会开放程度低，区域经济一体化难度大。

总之，不论是经济总量还是开放水平，不论是和川、陕、渝还是和其他西部省份比，青海仍面临巨大的竞争压力，发展内陆开放型经济，奋力闯出一条欠发达地区实践科学发展观的道路，仍面临诸多困难。

三、加快发展青海内陆开放型经济的对策建议

改革开放30多年来，深圳、东莞、苏州、义乌，特别是重庆等地的成功经验，充分证明了不开放不发展、大开放大发展。只有大力发展内陆开放型经济，青海才能有效汇聚全国乃至世界的资金、技术、人才、市场等要素，充分利用两个市场和两种资源，迅速提高经济竞争实力，分享更多的发展机遇。

（一）充分发挥政府主导作用，为发展内陆开放型经济战略营造环境

发展内陆开放型经济，政府是主导力量，需要做到：

1. 争取政策支持

在落实已有优惠政策的基础上，积极争取国家更大的支持，大力加强与援青省市的交流合作，不断深化对口援青（帮扶）暨青海与央企合作恳谈会、青海·国内知名民营企业恳谈会等合作机制。同时，创新体制机制，制定发展开放型经济的政策措施，大力构建开放型政策体系。

2. 营造服务环境

加快向服务型政府、法制型政府转型，营造安全文明的法制环境、诚实守信的人文环境、开明开放的政策环境、高效快捷的政务

环境、公平自由的市场环境。继续加大交通、能源、通信、环保等基础设施建设力度，大力发展高速公路，开辟国际航线，有效提升机场、车站吞吐能力。不断完善园区基础设施，持续增强开放引力，使青海成为国内外客商纷至沓来的“热土”。

3. 打破地区封锁

以西宁、海西、玉树为三极，着力拓展市场空间，完善市场体系，加强区域合作，聚集更大优势，增强辐射带动能力。

4. 强化项目引进

发挥杠杆作用，优化资源配置，在更广泛的领域内拉动投资，实现规模性引进国内外项目和投资。同时完善支撑开放型经济发展的功能区（如柴达木循环经济试验区等），实行特殊开放政策措施。

5. 构建开放文化

努力发掘昆仑文化、三江源文化、河湟文化等特色文化内涵，大力发扬“五个特别”的青藏高原精神、“人一之、我十之”的实干精神和“大爱同心、坚韧不拔、挑战极限、感恩奋进”的玉树抗震救灾精神，保持自信、开放、创新的社会心态，形成自觉接受国际准则、国际惯例的社会意识，提高软实力和竞争力。

(二) 科学谋划开放经济布局，为发展内陆开放型经济战略激发活力

发展内陆开放型经济，明确战略定位是关键一环。

1. 做好产业规划

以《全国主体功能区规划》为依据，结合“十二五”规划，尽快开展省级主体功能区规划编制工作，建立完善新能源、新材料、水电、盐化工、石化、有色金属、生物医药、特色农产品加工等产业规划，着力打造开放型经济布局。

2. 优化产业结构

积极依托西部市场，以占领国内市场、兼顾海外市场为战略目

标，加快产业升级步伐，加快构建特色鲜明、优势突出的产业结构。

3. 承接产业转移

抢抓国际和东部沿海产业转移机遇，坚持联大引强、靠大做强，积极对接国内外大企业，把青海的资源优势、市场优势与大企业的品牌、技术、资金优势结合起来，有效推动产业聚集和资源综合开发利用。

4. 完善配套措施

调整完善财政、投资、产业、土地、农业、人口、环境等相关规划和政策法规，建立健全绩效考核评价体系，加强组织协调和监督检查，推动内陆开放型经济健康快速协调发展。

(三) 精心培育特色产业集群，为发展内陆开放型经济战略夯实基础

发展内陆开放型经济，培育产业集群是实现发展目标的最佳途径。按照"四区两带一线"区域发展战略，突出两个重点产业集群，即以西宁为中心的高新技术产业集群和以格尔木为中心的循环经济产业集群。以产业集群推动内陆开放型经济的形成，以内陆开放型经济模式催化产业集群。

1. 培育以西宁为中心的东部城市群高新技术产业集群

西宁是国家确立的内陆开放城市，要着眼于"内涵型增长"，结合东部城市群建设，依托西宁国家级高新技术开发区，积极引导有色金属、生物制药、新能源、新材料、现代物流等产业形成集群；依托百里长廊建设，大力发展高原特色农牧业，努力建成农畜产品生产加工基地、农村劳动力转移培训基地和农业产业化经营基地。

2. 培育以格尔木为中心的柴达木地区能源和盐化工产业集群

柴达木盆地素有"聚宝盆"之称，要立足于"速度型增长"，结合城乡一体化发展，依托优势资源和现有基础，以循环经济试验区为载体，大力发展盐化、石油天然气、有色金属和建材工业集群，加快

工业化与城镇化，促进循环经济和低碳产业快速崛起，形成青海省乃至西部重要的工业基地。

3. 培育环湖和“三江源”地区特色旅游与民俗文化产业链

环湖和“三江源”地区是我国重要的生态保护区，要植根于“生态型增长”，按照“在保护中开发、在开发中保护”的原则，以生态保护为引领，坚持点状开发，大力发展生态友好型产业。在环湖地区，依托金银滩、青海湖、鸟岛等品牌，打造生态旅游和现代畜牧业示范区。在“三江源”地区，结合社会主义新玉树建设，开发源头探险、草原观光、民族风情、昆仑寻祖、民俗文化等特色旅游产业和民族手工业，打造全国重要的生态功能区。

总之，要以环湖和“三江源”特色旅游与民俗文化产业链，积极策应西宁、格尔木两个重点产业集群快速形成。

（四）更加注重从整体上推进，为发展内陆开放型经济战略提供保障

发展内陆开放型经济，从整体上加以推进是根本，也是保证。

1. 坚持“双轮”驱动

积极实施“引进来”和“走出去”战略，利用好两种资源和两个市场。立足更高水平引进来，紧紧抓住国际金融危机后要素流动加快和产业转型升级的重要机遇，紧紧瞄准发达国家和我国先进地区，大力引进资本、技术、管理和市场。坚持更大步伐走出去，根据青海自身比较优势，走自主知识产权、自有品牌、自主营销渠道的发展道路，积极支持有条件的企业对外投资，不断提高经营水平和投资效益，提升青海省产业开放度和国际化水平，增强在国际范围内配置资源、聚集要素的能力。

2. 注重统筹推进

统筹出口和进口，在大力发展出口的同时，更加注重进口外部先进技术等生产要素；统筹出口和内销，在大力发展内需型经济的基础上，积极发展优势产品和服务出口；统筹对外开放和对内开

放，在充分利用国外资源的同时，更加重视利用东部和沿海地区的资金、技术和人才。

3. 突出区域合作

继续推动兰西经济区合作，借助青洽会、藏毯会、清真食品节、民俗文化节等合作平台，主动参与重大区域合作交流以及招商活动，推动省外境内开放，与省外合作内容由招商引资向区域间能源、交通、旅游、产业、口岸、通关、技术、人才等专项合作转变，扩大对外联系，拓宽合作领域，不断提高青海内陆开放型经济的总量和水平。

（2008 年）

关于在西宁地区办开发区问题之我见

随着进一步扩大开放，加快吸引外资的步伐，各地纷纷自办经济技术开发区，出现了一股“开发区热”。青海省除格尔木市的资源开发试验区和昆仑经济技术开发区外，西宁市也新辟出三个开发区。开发区是在市政府领导下的相对独立的经济技术区域，以兴办生产性和科研事业为主，实行外引内联，引进需要的先进科学技术，发展新产业，开发新技术，培养人才，促进全省的技术进步和经济发展。拟办的三个开发区总面积 19 平方千米，分别为以电力、冶金、化工、建材等生产项目为主的西宁桥头经济技术开发区；以发展新能源、新材料、矿产品精深加工、机电一体化和医药科学等技术、产品为主的西宁高新技术开发区和重点进行抗盐卤水泥生产、野生动植物繁育、建筑构件、环保设施等项目建设的通海经济开发区。应该说，在青海省大的投资环境还不能在短期内显著改善的情况下，先在条件相对优越的西宁地区兴办经济技术开发区，为外商创造一个完善、配套的“小气候”，作为青藏高原与国内外市场接轨的前沿，成为全省外向型经济的生长点，发挥它的窗口和辐射作用，是有积极意义的。

但是，兴办开发区应该讲究实效，避免一哄而上。要从具体条件和效益出发，坚持开发一片，建成一片，收效一片的发展原则。建开发区要具备一定的内外部条件：必须大量投入资金，已建成的经国务院批准的16个开发区用于基础设施的投资，每平方千米达1.3亿—1.5亿元；须以老城区为依托，有土地资源；必须具备铁路、公路、航空等交通条件；必须具有国内国际市场渠道；必须具有较为丰富的专业技术人才资源。对照上述条件，笔者认为西宁市办三个开发区除交通、人才等制约因素外，最大的制约因素是基础设施的资金投入。一般情况下，开发区的基础设施的投资主要来源于财政拨款，按建一平方千米基础设施需1.3亿—1.5亿元的资金投入计算，建19平方千米的开发区基础设施需近30亿元资金投入，靠国家财政拨款不可能，靠地方财政自筹也不可能，且不说开发区内项目所需巨额投资了。

鉴此，笔者建议：

(1) 省政府和西宁市政府在共同协商、充分论证的基础上，在西宁市近郊选择一块比较理想的地段，办一个省级经济技术开发区，全面规划，集中力量，由小起步，滚动开发，逐步扩大。开发区内可分为若干小区，如综合工业区、高新技术产业区、生活服务区等。要按照三外(外经、外资、外贸)、三高(高效益、高科技、高效率)的标准，抓紧基础设施建设，改善软环境，积极开展对外招商工作，使青海省的国际经济技术合作、利用外资、外贸出口真正“热”起来。不能挂牌、圈地之后，迟迟不见正式动工。

(2) 开发区管理模式采取省市共管、以市为主，大体分为三个层次：决策层、管理层和经营服务层。决策层即开发区领导小组，负责开发区各项方针、政策的制定和协调，处理开发区发展建设中的重大问题，制定开发区的规划和目标。管理层即开发区管会(或办公室)，它既是领导小组办事机构，又是市政府的派出机构，集中市政府的部分管理职能，甚至集中省政府的一些管理职能。管委会负责组织、实施开发区的建设与发展规划，管理开发区内的企业。经营服务层，即开发区总公司。总公司通过房地产经营、基础设施建设、投资、技术引进、产品推销等方式为区内企业服务。

（3）要把办经济技术开发区同老企业和老城的改造有机地结合起来。现在许多位于市中心的老企业，技术、设备和产品均已老化，可以鼓励它们同外商合作进到开发区去办厂，这样不但老厂可以变成新厂，老产品可以变成适应市场需要的新产品，而且原市中心的厂址还可以腾出来发展房地产和第三产业，也有利于老城改造。要防止把老企业放在那里不管，又到开发区去建一大批新厂的外延式投入。

（1993 年）

关于玉树东仓家族传世《大藏经》有关情况的报告

根据胡锦涛总书记在中央政研室360期简报上的重要批示精神，按照省委、省政府主要领导的指示，省文化厅及时与玉树州有关部门沟通，并于11月19日派藏学、文博专家赴玉树州结古镇实地考察。11月22日，邓本太副省长听取了有关部门和专家组对玉树东仓家族传世《大藏经》考察情况的汇报。11月26日，国家图书馆专家李致忠、程有庆，中国藏学研究中心专家吉美桑珠，青海省文博专家苏生秀，青海民族学院藏学系主任桑杰教授在西宁对玉树藏族自治州囊谦县白扎乡东仓家族所藏部分佛教典籍文献进行了初步鉴定。现将有关情况报告如下：

一、《大藏经》拥有者东仓家族的情况

《大藏经》现由玉树州结古镇东仓保毛家保存。东仓家现有9口人，东仓保毛和丈夫次成旺欠（上门女婿）、老母亲、6个女儿。初中毕业的两个女儿更松代忠和弋西措毛懂些藏文，她们根据口碑资料和家族史料残页，简单整理出了一份有关家族和藏经历史的材料，需要考证。

据去玉树考察的青海民院藏学系主任桑杰教授介绍，东仓家族是藏族四大姓氏“塞、木、东、冬”中的“东”演变而来。唐代东仓

家族属于强大的苏毗部落，拥有广阔的牧场，成群的牛羊，整个家族非常富有，声名显赫。格萨尔王手下30员大将之一东·白日尼玛江才就出自东仓家族。据说格萨尔曾将许多经卷交由东·白日尼玛江才保存。东仓家原住在玉树州囊谦县白扎乡东日格村，处于唐蕃古道的必经之地。传说当年松赞干布迎娶文成公主时，路过东仓家，东仓家族派了很多人加入迎亲的队伍，松赞干布为表示感谢，赠送了一对转经筒。东仓家族中还出过很多活佛，有记载的就有18个。这个家族做过许多善事，如给拉萨大昭寺中当年文成公主带去的释迦牟尼像镀金身，并供奉了一对纯金酥油灯；出资给拉萨的吉曲河修建铁桥等。东仓家还有很多传家宝，需经文物专家进一步鉴定确认。

东仓保毛是目前东仓家族《大藏经》的唯一传人。据她介绍，东仓家族历经艰辛，世代相传，才使《大藏经》保存至今。

二、1992年以来省文化厅、玉树州对东仓家族传世《大藏经》所采取的保护措施

作为弥足珍贵的历史文物，1992年省文化厅曾对东仓家族保存《大藏经》的藏式民居进行了现场考察，认为该处藏式民居，年久失修，设施简陋，不具备保管条件。建议将《大藏经》捐赠给国家，或移交给具备保管条件的收藏单位代管。1995年在州政府的协调下，东仓家与州文物管理所签订了为期20年的保护合同，州文管所接管了经卷，安排东仓保毛在文管所上班。文管所将经卷保存在玉树州农业银行金库内，两年后，因支付不起保管费，文管所拨付给东仓家6万元(省文化厅拨给的文物保护经费)在结古镇修建了一座二层小楼，将东仓一家从东日格村搬到了结古镇，《大藏经》存放在二楼的一面房子内。

需要说明的是，东仓家原有的藏式旧居已有400多年的历史，1998年与东日格村一并被省政府批准为第六批省级文物保护单

位，2002 年 9 月因连日降雨，致使东仓旧居倒塌。

三、玉树《大藏经》的历史、文物、宗教价值

(1) 青海省玉树州东仓家族所藏这批典籍文献，绝大部分是佛经，更多的是甘珠尔和丹珠尔，有的经上有施主或功德主姓名，可以判断这是功德经。大约在明清时代写成，当属珍贵文物。

(2) 这些佛经多属甘珠尔、丹珠尔大藏经部分，开本规制相同，梵夹装，与现存清代刻印本藏文大藏、蒙文大藏近似。而不同者，该抄本为泥金、泥银书写，因而显得功德主更加虔诚，也显得更加珍贵一些。总的说，这批佛经的特点是文物价值高于文献价值。但从地域情况考虑，青海玉树地区能产生并保存这样众多的藏文文献，确有更特殊的意义。

(3) 这批文献中，还有一部分甘珠尔、丹珠尔以外的佛教文献，这些书的时代有的可能更早一些，文献价值也可能更高一些，尚待发掘。

四、玉树东仓家族传世《大藏经》保护条件亟待改善

目前，东仓家居住的二层小楼，缺少必要的防火、防水、防盗设施。经过数百年的历史变迁，《大藏经》本身已霉变发脆，而东仓家现有的极为简陋的保护条件很不利于文物的长久保存。东仓保毛的丈夫次成旺欠作为全家唯一的男性，每天都守在经卷旁，一家人总是提心吊胆。东仓保毛说，自从搬到镇里，再也没有睡过安稳觉。

玉树东仓家族传世《大藏经》分别装在 163 条麻袋里，其中 21 条麻袋内经文已散乱不齐，从整体来看，残损、霉变严重，完整部分最多不超过 1/3，有相当部分凌乱不全，很难复原。据东仓家介绍，“文革”期间曾遭一场大火，烧毁 1/3 的经卷，目前还面临着被盗的危险。玉树州文管所所长尕玛图嘎说，《大藏经》没有整理过，

一方面纸张霉变发脆，翻一次就破坏一次，另一方面因为没有经费而无力恢复。

总之，无论是《大藏经》文物保护条件，还是东仓家人身安全，均令人担忧。

五、意见和建议

东仓家族传世《大藏经》是弥足珍贵的历史文物，具有重要的研究价值。东仓家族，代代相传，甘于贫寒，守护文物，可歌可泣。做好这一珍贵文物的保护工作非常必要。为此，提出以下两个可供选择的方案：

第一个方案：动员东仓家族将《大藏经》捐给青海省博物馆或者由青海省博物馆征集、代管。根据《中华人民共和国文物保护法》的有关规定和专家学者的意见，建议玉树州委、州政府千方百计动员东仓家族将传世《大藏经》捐赠给省博物馆，或由省博物馆征集。如东仓家族既不愿意捐赠，也不愿意出售，可由省博物馆代为保管，所有权仍属于东仓家族。省博物馆组织研究人员对东仓《大藏经》进行分类、编目、鉴定、建档等，以供研究和展示。

采用这一方案的好处在于：一是青海省博物馆是青海省文物整理、研究、展示中心，拥有全省最好的文物修复、除霉、保存、展示设施和一批专家组成的研究队伍，有利于对《大藏经》的抢救性保护、整理、分类、研究和永续利用，充分发挥《大藏经》的文化价值，实现《大藏经》的经济和社会效益。二是无论采取哪一种方式移交省博物馆，都要给东仓家一定的经济补偿，以缓解其家庭困难，彻底改善《大藏经》的保护条件，保护东仓家人的人身安全，否则后果不堪设想。三是在整理、研究过程中，可能还会发现《大藏经》以外的珍贵史料，将对进一步研究佛教文化、汉藏文化交流史等有很大帮助。

由于诸多原因，东仓家对这一方案一时还难以接受，因此我们提出第二个方案。

第二个方案：成立“玉树州民族博物馆”。玉树州作为唐蕃古道的通衢，是青海高原的古代文化——南部的卡若文化和北部的卡约文化的交汇地，文物珍藏量大，分布面广。目前，在玉树境内发现历史文化遗址和文物点多达 65 处。建议尽快建设玉树州民族博物馆，征集辖区内文物以充实馆藏，并对《大藏经》实施就地保护、研究和展示。建馆所需资金和保护、整理、研究等费用预计 2 700 万元，请国家予以支持。

在未确定永久性保护方案之前，应先进行抢救性保护工作。建议国家拨付专项经费 300 万元，由省文化厅、玉树州政府共同组成保护领导小组，将东仓家《大藏经》运至省博物馆，在东仓家人和玉树州文管所全程参与下，组织藏学、文博专家共同进行整理、分类、研究，避免再次发生损毁、流失和被盗事件。待玉树州民族博物馆建成之后，将整理好的《大藏经》运回玉树收藏。鉴于东仓家多年保护文物有功，现在家中老的老、小的小、病的病，在玉树州无地、无牲畜，仅靠东仓保毛微薄的工资收入维持九口人的生活，生活难以为继。因此，可以从国家拨付的抢救性保护专款中给他们家以适当的生活补助。

（2003 年）

关于省直文化企业改制问题的调研报告

根据省政府领导的指示，解源、杨自沿、边振刚一行 3 人于 2004 年 8 月 30 日至 9 月 1 日，先后对西海音像出版社、省电影公司、省文化厅招待所、省江河源文化开发总公司、省文化艺术服务公司、省人民剧院、省工艺美术厂、省文物商店等八户企业的资产及经营情况进行了调研，现将有关情况报告如下：

一、省直文化企业的基本情况

截至 2004 年 6 月 30 日，上述八户企业，总资产 31 403 201.97 元，其中固定资产总额 14 970 238.59 元，总负债 23 241 319.38 元，资产负债率 74%，所有者权益 8 151 891.58 元，利润总额 −1 588 219.19 元，职工在册总人数 239 人，其中西海民族音像出版社与省民族影视译制中心、省文化厅招待所与省江河源开发总公司，两块牌子、一套人马。八户企业在职在册职工和离退休人员均已进入社会保险。目前，根据省国资委统一安排，正在进行省级经营性企业清产核资工作。

二、影响和制约省直文化企业发展的主要因素

(1) 思想不够解放，定位不够明确。现在文化企业从业的大

部分人，包括领导层，主要是在计划经济的事业体制下培养起来的，比较熟悉事业单位体制运行的规则，进入市场之后，明显地感到不适应，不少单位对自收自支的事业单位性质恋恋不舍，其工资、会计制度大都沿袭自收自支事业单位的，迟迟不愿变更，经营过程中风险意识、成本意识比较淡薄，始终没有把企业定位到市场竞争的主体这一层面上来。管理部门也是比较熟悉用行政手段来管理文化企业。

(2) 出资人缺位，产权不明晰，运行机制不活。省直文化企业过去主要是单一的国有投资，而事实上，很多单位的国家投资很小，大部分是在自身经营过程中积累起来的。八户企业除西海音像出版社实行股份制之外，其余均为国有独资，既没有内部持股，又没有民营资本进入，所有制实现形式单一；分配上仍是"大锅饭"，体现"效率优先、兼顾公平"的分配机制尚未建立起来。

(3) 资产规模小、质量低，普遍缺乏流动资金。八户企业总资产为 31 403 210.97 元，户均资产不到 400 万元，并且总资产当中近一半是作为文化设施的固定资产，难以产生效益，资产负债率达 74%；同时，由于这些文化企业并没有成为真正意义上的"企业"，尚未与银行建立信贷关系，银行对省属文化企业仍按事业单位对待，不予放贷，也不允许抵押贷款。各企业普遍缺乏流动资金。这样一来经营起来就举步维艰。有些单位为了解决流动资金不足的问题，只好采取职工集资的办法，以解不时之需。

(4) 设备严重老化，无更新、改造资金，无法适应现代科学技术发展的需要。如省电影公司的放映设备均为 20 世纪 50 年代的产品，无法满足数字化电影的需要，在文化消费多元化的大势下，电影业竞争力弱，吸引力不大，惨淡经营。

(5) 营销观念和品牌意识淡薄，经营业务单一，市场占有率低，经营成本居高不下，经济效益低下，自身的优势发挥不够，企业始终做不大、做不强。

(6) 人浮于事,企业负担沉重。八户企业,户均资产不到400万,且多为文化设施的固定资产,户均职工30名,这些职工不老不少,大都学历低,缺少一技之长,适应能力较差,出口不畅,企业的经营活力和生机不够。

(7) 缺乏既懂经济,又熟悉文化,善经营、会管理的文化企业经营人才。

三、对省直文化企业改制的思考和建议

(一) 提高认识,统一思想,加强对省直文化企业改制的领导

经营性的国有文化企业,不改制就不能走向市场,就不能形成新的市场主体,就不能参与国际国内的竞争,就不能适应文化事业和文化产业发展的要求。建议成立省文化体制改革领导小组及其办公室,省上领导亲自担任组长,小组成员由各相关单位领导组成,尽快制定省直文化企业改制工作方案,并对方案的主要任务逐条进行分解,成立跨部门的文化体制改革工作推进组,明确职责,分解任务,协力推进。省文化厅要转变政府职能,改进管理文化企业的方式,加强对文化企业的领导,把加快文化企业改制,发展文化产业摆上重要议事日程,从思想上、行动上全面加强对文化企业的组织领导。要切实转变工作作风,深入基层调查研究,定期分析文化企业发展面临的形势,主动解决工作中存在的困难和突出问题,强化服务,为文化企业的发展营造良好的环境。

(二) 完善文化经济政策,支持文化企业改制,大力发展文化产业

建议省委、省政府把培育骨干文化企业,发展文化产业作为优化青海省产业结构,把文化资源优势变成经济产业优势的大事来抓,将大力发展文化产业工作列为年度省级行政部门工作目标责任制内容。为进一步培育文化市场主体,繁荣文化市场,促进文化产业发展,建议省政府尽快出台支持文化产业发展的若干经济政

策,对继续征收文化事业建设费、实行优惠财税政策、文化设施用地的土地出让金的减免、金融政策、社会保障以及增加对宣传文化事业投入、建立健全专项资金管理制度等作出明确规定。

(三)以体制和机制改革为突破口,着力解决出资人缺位问题,增强省直文化企业的生机和活力

在这个问题上,有两个路径可供选择:

路径一:在清产核资的基础上,根据每个企业的具体情况,进行不同形式的股份制改造,然后在此基础上组建"青海省文化产业集团有限公司"。

路径二:青海省文化产业集团有限公司组建发展分三步进行。

第一步:首先将省文化厅直属管理和下属管理的八户文化企业的国有文化资产一次性划入"文化产业集团",组建成为国有独资公司。

第二步:2004年以后陆续再将政府投资给文化产业的文化资产划转到"省文化产业集团有限公司",并实行内部职工持股和吸引民营资本加盟,改造为国有控股公司。

第三步:在文化产业发展的基础上,包装改造,全面发展为股份化公司,争取成为创业板上市企业集团。

青海文化产业集团有限公司的职能是:管理和经营划入公司的存量国有资产和公司组建后国家专项拨款形成的国有资产(包括股份、无形资产和其他资产);受省国资委委托行使出资人权利,承担国有资产保值责任,按市场原则从事产权经营和资本运作,重点发展文化产业。鉴于该公司组建初始,还需政府主管部门在一定范围内进行指导和扶持,因此在管理体制上仍归口省文化厅管理,接受省国资委和有关部门的指导和监督。

(四)切实加快文化企业管理和经营人才的培养

要推行省直文化企业改制,加快青海省文化产业的发展,就必

须加快培养一支适应市场经济发展要求的，既了解文化，又懂经济、懂现代管理的人才队伍。首先要着力培养国有文化企业的优秀骨干力量，完善人才激励机制，拓宽人才选拔途径，创造优秀人才脱颖而出的环境，积极培养和使用好现有人才。第二要大力引进经营管理人才和科技创新人才，营造良好的吸引和引进各类高级人才的政策环境，实施引得进、留得住、用得活的人才战略和能进能出、能上能下、绩效为先、优化组合的用人机制。

（2003 年）

黄南州维护社会稳定工作的主要做法与启示

黄南地区是藏传佛教“后弘期”的发祥地，寺院众多、藏文化保留程度高、藏传佛教氛围浓厚，基本属于全民信教地区。以隆务寺为代表的大小寺院对全州乃至周边信教群众和僧侣影响程度深，是境外敌对势力和“藏独”分子从事分裂渗透破坏活动的重点地区之一，历来有“西藏感冒，黄南咳嗽”“青海稳定看黄南，黄南稳定看隆务寺”之说。最近，省委政研室调研组到黄南州对维护社会稳定工作进行了调研。

一、黄南州维稳工作的主要经验和做法

黄南州从基本州情出发，按照省委“力争不出事，确保不出大事，出了事能够依法及时稳妥地处置”等关于维稳工作的一系列重要指示和决策部署，认真总结去年经验教训，明确了“信息灵敏、判断准确、措施得当、处置果断”的全州维稳工作方针，确定了“以教育疏导为主，坚持防打结合”的维稳工作思路，完善维稳机制，强化维稳措施，突出工作重点，狠抓工作落实，取得了维稳工作阶段性成果。主要经验和做法是：

（一）完善工作机制，着力推进维护稳定工作制度化、规范化

1. 建立健全群防群治工作机制

黄南州在全州 33 个乡镇、260 个村、15 个社区全部建立了由

各村“两委”班子成员、各社社长、寺管会成员以及老党员、退休干部、村里有威望的老人组成的治安联防队、治保会、维稳工作队;在州、县财政极度困难的情况下,共筹措280余万元经费,对完成维稳任务的基层维稳工作队给予奖励;同时根据维稳形势需要,逐步拓宽“以奖代补”范围,将其延伸到寺管会、出租运输业等组织中,有效调动了各方面参与维稳的积极性,基本形成了上下联动、平行互补、三位一体的群防群治机制。

2. 推行维稳工作承诺制

全州各地以“自己不参与,管住家里人,影响周边人,有情况立即报告”为主要内容,建立以“党员向村党支部、村民向村委会、村党支部和村委会向乡镇党委政府、僧人向寺管会、寺院向党委政府进行承诺”的维稳工作承诺制,并向党政机关、工青妇组织、社区、学校以及重点行业全面延伸,层层签订了维稳承诺书。比如尖扎县各乡(镇)党委、村委会、寺管会及党员、村民和宗教人士,以“治安防范、化解矛盾、信息反馈、法制教育、诚信守法”为主要内容,进行了层层承诺。

3. 落实承包责任制

各寺院进一步巩固寺院维稳“四包”责任制,即:活佛包寺管会成员、寺管会成员包扎仓僧官、扎仓僧官包经师、经师包徒弟。在各学校实行了校长、学区主任包学校(学区)稳定,中层领导包年级稳定,班主任包班级稳定,任课教师包学生稳定的措施,并层层签订了责任书。党政机关和企事业单位对重点路段实行承包,单位再具体落实到人,一级抓一级、层层有责任。

4. 狠抓情报信息网建设

州委、州政府高度重视情报信息工作,建立了情报信息分析研判会议制度,每三天召开一次形势分析研判会,对全州的维稳形势及时作出分析研判。逐步建立了以机关部门、维稳工作组、维稳工作队、联点领导为主的维稳信息网络,调整充实村社、寺院信息员队伍。如同仁县建立了以村党支部书记、村委会主任为村级信息员，乡（镇）驻村干部、联点领导、乡（镇）党委书记为乡级信息员，县级联点领导为县级信息员，的三级“一线通”信息员队伍。“一线通”制度为做到未动先知，苗头早发现，牢牢掌握维稳工作的主动权，发挥了重要作用。比如在“3·10”期间，由于情报准确及时，全州共有10起僧人酝酿举行不当的宗教活动被劝阻制止。

5. 强化矛盾纠纷排查调处机制

全州对重大矛盾隐患实行领导包案制和州级领导挂牌督办制度，各乡镇党委把全面排查同重点排查结合起来，从源头上预防和减少矛盾纠纷的发生。如同仁县针对草原纠纷，成立了矛盾调研组，提出了“搁置争议，维持现状，限期解决”的工作思路，制定具体解决方案，以防止矛盾叠加。尖扎县坚持人民调解、行政调解和司法调解相结合，综合运用经济、行政、法律手段和教育、协商、调解办法，以“事要解决”为目标，开展深入细致的说服、劝导、教育工作，努力排查化解各类矛盾纠纷。2009年第一季度，全州共排查化解矛盾纠纷110起，成功调解71起。

6. 认真落实党政领导干部联系宗教界人士制度

各级党政领导干部按照州委安排部署，开展与活佛交朋友、结对子活动，定期、不定期地与宗教界人士进行谈心交心，教育引导他们为全州改革发展稳定献计出力，收到了良好效果。

（二）强化工作措施，着力解决影响社会稳定的突出问题

1. 及时调整维稳策略

针对境内外敌对势力分裂渗透活动出现“不合作、软对抗、非暴力”的新特点、新动向，州委、州政府及时调整斗争策略，把去年采取的“一教育、二劝阻、三制止”转变为“一教育、二制止”，不给别有用心的人可乘之机。

2. 强化寺院管理

为加强敏感时期寺院的管理，坚持对大型宗教活动实行严格审批制度，坚决取缔带有政治目的的非法宗教活动。隆务寺制定了藏传佛教僧侣“八不准”制度，即：

（1）不准寺管会成员、活佛、僧官擅离职守；

（2）不准寺院僧人3人以上集结外出，如果外出必须向总僧官或扎仓僧官请假；

（3）不准以祈祷名义，到热贡广场点灯、点蜡烛、诵经或举行纪念活动；

（4）不准信谣、传谣、造谣、串联、静坐、游行、闹事；

（5）不准僧人到寺院外煨桑、燃放鞭炮；

（6）不准参与任何形式的矛盾纠纷和群体性事件；

（7）不准利用正常宗教活动开展带有政治色彩的非法活动；

（8）不准在僧舍内留宿外来僧侣和流动人员。

州佛协将其编译成藏文，印发至各寺院和每一名僧人。

通过严格执行“八不准”等制度，严格了寺院管理，严肃了清规戒律，为维护寺院的稳定，起到了较好效果。

3. 积极探索推进寺院社会管理模式

黄南州率先在藏传佛教寺院开展社会管理试点工作，将寺院作为基层社会单位，全方位纳入寺院所在地乡（镇）党委、政府日常管理范围，明确乡（镇）党委、政府及宗教部门在寺院管理中的职责，明确寺院作为基层社会单位的地位，明确宗教人员享有普通公民的权利，正确处理宗教管理与公共服务的关系，进一步引导宗教寺院与社会主义社会相适应。近两年来，投资3 168万元，维修了3座寺院，解决了87座寺院的通路、76座寺院的通水和83座寺院的通电问题，为17座寺院修建了卫生室、配备了必要的药品和医疗设施，为49座寺院的寺管会新建了办公室、配备了基本的办公设施，解决了全部114名寺管会主任和副主任的基本报酬问题；将609名贫困僧人纳入低保，3 241名僧人参加农村合作医疗，35名僧人纳入五保范围，81名70岁以上贫困僧人得到政府专项救助；

尖扎、河南两县还为每个寺管会解决了2 000元的工作经费等。

4. 加强对学生的教育和管理

把学校、学生稳定特别是民族学校、民族学生稳定作为重点，以“教育质量年”为抓手，进一步强化措施，落实责任。在对师生教育中，坚持以正面教育为主，做到“五个说清讲透”，即：

(1) 把党和政府对民族地区教育事业的优惠政策和巨大资金支持说清讲透；

(2) 用看得见、摸得着的实事，把农村牧区民族教育发展的巨大变化说清讲透；

(3) 围绕提高教学质量，把教师、职工和校长应承担的教书育人的职责讲清说透；

(4) 提出建立和完善高考所有科目的考核评价机制，并以此为依据，对校长和教师进行奖惩的办法说清讲透；

(5) 要求高中学生必须自觉遵守国家的法律法规，遵守学校的校规，把违反后自己要承担的后果说清讲透。

与此同时，实行任务分解到人、方案细化到人、信息追查到人、责任落实到人、处罚兑现到人。

5. 狠抓社会面掌控工作

进入敏感期以来，黄南州对宾馆、车站等进行了集中清理检查，在全州10条出境道路和4个城镇入口处设卡布控，对外来流动人员、外国人以及以记者身份采访的人员进行严格管控和清理劝阻。州、县、乡、村、寺院层层签订了《反分裂、反渗透责任书》，州县公安局与重点寺院签订了《寺院内部安全防范责任书》。州对达赖集团斗争领导小组各成员单位按各自分工，加强对重点单位、重点寺院、重点对象的监控，对已掌握的472名重点僧人进行训诫谈话，从而造成心理上的震慑。公安武警及驻训部队加大了对重点部位的管控力度，通过设卡、巡逻等措施，加大了威慑力，有效防止了异地不法分子借机制造事端的企图。为了防止省外不法分子到黄南地区煽动闹事,同仁县瓜什则乡与相邻的甘肃省夏河县签订了维稳工作四项协议,及时沟通情报信息,共同应对不测事件。文化、工商、税务、公安联合对文化市场进行了集中清理,没收销毁了一批非法出版物和音像制品,取缔了一批非法安装的卫星地面接收器,净化了文化市场。

6. 开展"平安年建设"活动

黄南州把2009年确定为"平安建设年",提出了"三个确保",即确保全州社会治安持续稳定,确保不发生群体性越级上访事件,确保在敏感时期、重大活动和节日期间不发生影响社会稳定事件;"三个减少",即影响地区稳定和民族团结的矛盾纠纷明显减少,刑事发案特别是严重暴力犯罪和多发性侵财案件、治安案件发案明显减少,危害公共安全大事故明显减少;"三个力争",即力争群众反映的热点难点问题得到妥善解决,力争实现赴京零上访,力争90%以上的乡镇达到"平安乡镇"标准,所有县达到"平安县"标准。并以此作为维护社会稳定的有效载体,广泛宣传动员,层层签订责任书,全力以赴保稳定、促发展。

(三) 加强基础工作,着力夯实维护稳定工作的群众基础

1. 加强基层组织建设

针对一些基层组织受宗教教派势力影响干扰较大,有的村干部在群众中缺乏威望,在关键时刻说话不灵等软弱涣散现象,黄南州以基层组织建设为抓手,把村民自治与基层组织建设结合起来,对矛盾比较集中的部分村党支部进行了整顿,并选派得力乡(镇)干部到最薄弱村任村党支部书记,建立以党员为骨干的维稳队伍,进一步增强了基层党组织的凝聚力和战斗力。

2. 着力解决民生问题

黄南州努力把有限的财力向改善民生倾斜,千方百计争取实施了一批民生工程。近年来每年整合资金10多亿元,着力解决群众最关心的道路、通电、广播电视、饮水以及教育、医疗卫生、住房

等问题；加大扶贫攻坚力度，使贫困人口由2000年的13.37万人减少到2008年底的5.19万人，农牧区贫困人口全部纳入了低保范围；农牧区义务教育“两免一补”政策全面落实，农牧区合作医疗参合率达到94.51%，多渠道安置城镇各类失业人员；每年投入1 000余万元资金，向卸任村干部、老党员、下岗失业人员、贫困老人和贫困大学生发放生活补助；2008年春节，开展“迎新年、献爱心、送温暖”活动，组织全州党员干部向孤寡老人、孤残儿童捐款22万多元。这些举措得到了广大各族群众的称赞，温暖了民心，密切了党群干群关系。

3. 充分发挥基层组织的作用

以乡(镇)、村(社区)为重点，加大警务室、治保会、调委会、治安联防等基层维稳力量的整合力度，制定了以村为基础、以群众为主体的维稳工作预案，组织村干部、退休老干部、老人和群众组成应急小组。充分发挥民兵在维护稳定中的作用，组织民兵开展了“一兵稳一户、一班稳一村、一连稳一乡”的“一稳一”活动，全州共组织1 185名民兵参与维稳工作，守护重要目标99个、监控重点寺院25座。基本形成了以村党支部为核心、各类基层组织和群众广泛参与的维稳工作新局面。

4. 发挥寺管会作用

把寺管会作为“永不撤走的工作组”进行充实加强，对全州88座藏传佛教寺院的寺管会班子进行了调整，把那些能够贯彻落实党的民族宗教政策、在寺院中享有一定威望、敢说敢管的僧人充实到寺管会班子，并注意发挥其作用。

(四) 加强宣传教育，着力提高僧俗群众的思想认识和法制观念

1. 增强法制宣传教育的严肃性

对存在苗头性问题的寺院和僧侣进行了训诫谈话，向他们讲明了党委、政府对一意孤行、挑头闹事、破坏团结稳定的人和事绝不坐视不理、依法严惩的态度；讲明了对严重扰乱社会秩序的寺院坚决予以关闭的决心；讲明了对在人大、政协担任领导职务的宗教界人士，若参与闹事的就依法免除其职务的严正立场，进一步增强了广大僧人自觉维护稳定的公民意识。

2. 增强法制宣传教育的针对性

省维稳指挥部《关于防止僧侣进行违法活动的法律宣传口径》下发后，州委高度重视，立即将其译成藏文，作为当前寺院法制宣传教育的重要内容，通过召开僧人大会、座谈会，开展谈心活动等方式，层层学习传达，并要求活佛、经师、僧官带头学习，模范遵守，增强了广大僧人自觉遵守法律的守法意识。

3. 增强法制宣传教育的群众性

黄南州各级党组织和党员领导干部进村、进校、入寺、入户，广泛听取农牧民群众的意见建议，面对面开展以宣传民族团结、法律法规、利民惠民政策和解疑释惑为主的谈心教育活动，对增进与群众的了解和沟通，取得了明显成效。宣传部门充分利用广播电视、报刊等宣传媒体，采取多种行之有效的措施，广泛报道党和国家的惠民利民政策，黄南经济社会发展和为民办实事情况，在全社会形成了强大的舆论氛围。

二、几点启示

黄南地区在青海省乃至整个藏区维护社会稳定中有着举足轻重的地位和作用。黄南州维稳工作的实践，给我们以深刻的启示。

(一) 维护社会稳定，必须始终坚持科学发展、改善民生

认真贯彻落实科学发展观，牢牢把握发展与和谐两大主题，围绕增加农牧民收入和生态保护与建设两大任务，加快科学发展、着力改善民生，在稳定中促发展、在发展中保稳定，是确保藏区长治久安的物质基础和根本所在。黄南州广大各族干部群众特别是一批藏族干部群众之所以旗帜鲜明、立场坚定，对少数敌对分子的破坏活动深恶痛绝，就是因为他们享受到了改革发展的成果，不愿看

到今天的稳定局面和幸福生活被极少数别有用心的人所断送。黄南维稳实践表明，必须站在战略高度，分类指导，大力支持黄南州发展有机畜牧业和以热贡文化、坎布拉自然风光为重点的特色旅游业，加快发展、科学发展；必须坚持生态立州，认真组织实施三江源生态保护与建设；必须高度关注民生，切实改善民生，在开发当地资源中更加注重惠及群众，以加快科学发展、切实改善民生的成果来争取民心，维护社会稳定。

（二）维护社会稳定，必须始终坚持依靠群众和组织群众

基层组织是我们党执政的基础，是依靠群众、发动群众、教育群众、组织群众的坚强战斗堡垒，是维护社会稳定的前沿阵地，我们不占领，就会被达赖集团及其代理人所蚕食；我们不守住，党的执政基础就会发生动摇。黄南维稳实践表明，必须始终把加强基层组织建设作为维稳工作的重中之重，结合开展“基层组织建设年”活动，积极探索新形势下基层组织设置形式，合理调配人力、物力、财力，下大力气加强以村“两委”班子为核心，共青团、妇委会以及治保会、调委会并举的基层组织建设，下决心整顿软弱涣散基层组织，注重把那些在大是大非面前头脑清醒、立场坚定，在群众中有威信，能真心实意为群众办实事、谋利益，具有处理复杂问题能力的人充实到基层组织中；必须对那些在大是大非面前立场不坚定、态度暧昧，甚至带头煽动或参与非法活动的基层干部坚决进行调整。通过加强基层组织建设，把各族群众紧密团结在各级党委、政府周围，依靠群众，专群结合，筑牢反对分裂、维护稳定的第一道防线。

（三）维护社会稳定，必须始终坚持依法加强对宗教事务的管理

藏区不稳定的策源地在境外，根子在寺院。“境外影响境内，寺院影响社会”“管好一个活佛，就等于管好一个寺院；管好了寺院，就做好了社会稳定一半的工作”“加强对年轻僧人的管理，是寺院维稳的关键”。黄南维稳实践表明，必须依法加强对宗教事务的

管理，尤其是进一步加强对寺院的管理，切实做到对活佛管理到位、对年轻僧人管理到位、对流动僧人管理到位、对寺院普法宣传到位、对寺院公共服务到位；必须重视培养一批爱国爱教、学识渊博、在僧众中有一定号召力的年轻僧侣，充实到各寺管会中，并注重发挥其作用；必须正确处理管理与服务的关系，不断引导宗教与社会主义社会相适应，确保寺院稳定、社会稳定。

（四）维护社会稳定，必须始终高举民族团结进步的光辉旗帜

民族团结，则事业兴旺；社会稳定，则国泰民安。这是一条颠扑不破的真理。由于境内外极少数敌对势力的挑唆、煽动和少数群众不理智的滋事行为，致使整个藏区的声誉受到了影响，招商引资受阻，一些重点工程未能如期开工，旅游业受到冲击，热贡艺术品销售大幅度下滑，农牧民群众外出务工困难，收入下降，教训极其深刻。黄南维稳实践表明，必须倍加珍惜来之不易的大好局面，倍加珍惜来之不易的幸福生活和各族人民亲如一家的骨肉情感；必须以深入持久地开展民族团结进步创建活动为平台，在总结以往经验的基础上，坚持不懈、大张旗鼓地进行党的民族宗教政策宣传，不断创新活动载体、丰富活动内容、改进活动方式，把开展活动与改善民生结合起来、与开展法制宣传教育结合起来、与解决农牧区存在的实际困难结合起来，使“三个离不开”的思想更加深入人心，不断巩固和发展平等、团结、互助、和谐的民族关系。

（五）维护社会稳定，必须始终重视建立维护稳定工作的长效机制

实现民族地区的长治久安，必须立足当前，着眼长远，统筹兼顾，标本兼治，切实建立健全维护藏区社会稳定的长效机制。黄南维稳实践表明，必须进一步健全完善宣传教育工作机制，改进宣传教育方式方法，占领思想阵地，就黄南而言，当务之急，就是用有线电视取代卫星地面接收器，从而封堵达赖集团的蛊惑煽动；必须加大投入，重视和完善中小学教育、民族教育和职业技能教育的各项

政策措施;必须进一步完善和提高对寺院社会化管理的思路与水平;必须进一步完善社会治安综合治理和矛盾纠纷排查调处的各项制度建设;必须进一步加强基层维稳专门力量建设,完善信息网络工作,建立健全维稳工作经费保障机制,形成科学严密的防控网络;必须加强藏区文化市场建设与管理,注重挖掘和引导藏民族传统文化中的积极因素与中华民族主流文化相适应、相融合;必须进一步加大扶贫攻坚、整村推进、救济救灾力度,提高农村新型合作医疗水平,更加重视藏区大中专毕业生就业问题等长效机制建设。

(六) 维护社会稳定,必须始终坚持加强领导、落实责任

加强领导、健全机构、完善思路、明确要求、落实责任,形成上下联动的组织体系,是下好维稳工作先手棋、把握主动权,确保藏区长治久安的组织保证。黄南维稳实践表明,在维护社会稳定的工作中,必须进一步加强党对宗教工作的领导,坚持分级与属地管理相结合、政府依法管理与寺院自我管理相结合;必须始终坚持加强对维护稳定工作的组织领导,形成党委、政府统一领导,综治维稳部门牵头协调,各部门共同参与,职责、优势互补,工作联动的维护稳定工作协作联运机制;必须明确要求,落实责任,以乡(镇)、村(社区)为重点,加大基层维稳力量的整合力度;必须充分依靠群众,专群结合,大力加强以村党支部为核心的基层组织建设,动员和凝聚全社会力量,形成反分裂反渗透斗争的强大合力。

(2009 年)

青海藏区社会管理问题研究

青海藏区是除西藏以外最大的藏族聚居区，藏区面积占到了全省面积的96%，藏区人口占全省人口的32.65%，在民族、宗教、文化等诸多方面与其他藏区有着极为深厚的历史渊源。随着青海省经济社会的快速发展，社会管理的任务也极其繁重。如何提高藏区社会管理水平，成为摆在各级党委、政府面前的一个新课题。党的十七届五中全会提出，加强社会管理能力建设，创新社会管理机制，切实维护社会和谐稳定，进一步显示出完善社会管理的重要性与紧迫性。本课题对青海藏区近年来创新社会管理的做法进行初步概括，就加强和创新藏区社会管理提出政策建议。

一、青海藏区创新社会管理的实践与探索

近年来，青海藏区同全省乃至全国其他地区一样，也进入了人民内部矛盾凸显、新情况新问题不断出现的时期。面对新形势的挑战，青海藏区六州认真贯彻落实中央和省委、省政府社会管理创新等三项工作的重大决策部署，大胆创新，积极探索，在破解长期制约社会管理工作的一些重点难点问题上创造积累了一些经验，逐步形成了一套贴近藏区实际、具有地方特色的社会管理机制，并取得了一定实效。群众的安全感和满意率逐年上升。主要做法有：

（一）强力推进中心建设，夯实社会管理基础

基层基础工作是综治维稳工作的基石，各地以抓好中央、省委、省政府关于进一步加强和改进综治基层基础工作的有关文件精神、"三项重点工作"的贯彻落实为着力点，全面加强综治维稳中心建设，形成党政领导、综治牵头协调、"综治维稳中心"具体运作、司法部门业务指导、职能部门共同参与、整体联动化解矛盾纠纷的工作机制。玉树"4·14"强烈地震发生后，州委、州政府根据结古地区社会管理形势和特殊的重建工作要求，将结古镇按人口结构和分布比例划分为10个片区，分别成立片区管委会，负责辖区内的灾后重建、民政、人口和计划生育、流动人口管理、文化教育、医疗卫生、社会救济、残疾人事业、劳动和社会保障、环境保护、城市基础建设、消防安全等方面的社会管理工作。在10个片区、39个社区和6个村，分别建立了"综治维稳工作中心(站)"，并从公益性岗位配备了202名专职工作人员，给其余五县的各村解决了221名综治维稳专职工作人员，全面加强了全州基础综治维稳力量。格尔木市按照巩固基层、建设基层、发展基层的要求，先后投入1.4亿元新(改)建市法院、检察院、维稳应急联动指挥中心、基层司法所、派出所、人民法庭等政权基础设施，以工行委为单位，建立了人民法庭；以乡镇（街道)为单位，建立了司法所；以村(社区)和宗教寺院为依托全部设立了警务室，做到一区一警、一村一警、一寺一警。通过派驻联络员、设立办事大厅等形式，有效整合街道(乡镇)人武部、综治办、维稳办、法庭、派出所、司法所、工商所等部门力量，建立了13个规范化综治维稳中心和105个综治维稳工作站，并全部按照"八有六上墙"和"一书二本三单四报五表七册"的标准，使工作中心(站)做到"一个统一"(统一规范网络)、"三个确保"(确保组织健全、确保人员到位、确保工作规范)、"五个落实"(落实领导责任、落实具体目标、落实工作制度、落实经费保障、落实奖惩机制)，形成"四个一"(一个窗口服务群众、一个平台受理反

馈、一个流程办理到底、一个机制监督落实)运作模式,有效解决了社会管理条块分割,职能重叠,工作缺位的问题。同时,一些市县还不断探索新路子,统一招聘有一定工作经验,热心综治事业的综治协管员充实到每个社区,各个村社各调配1名大学生村官,主要从事基层综治维稳工作,提高了社区(村)治保主任工作报酬,落实了相应的职责、制度、设施和工作补贴,实现与综治工作中心整体联动,为加强基层社会管理提供全方位服务。通过综治维稳工作中心(站)建设,基层力量进一步充实,工作合力进一步增强,化解社会矛盾、维护社会治安、整治突出问题等能力得到明显提高。

(二)妥善化解社会矛盾,促进社会和谐稳定

1. 健全"大排查工作机制"

青海省各级党委、政府把矛盾纠纷排查化解工作作为维护藏区社会稳定的有力抓手,作为促进社会和谐的重要政治任务,摆到了更加突出的位置。省委常委会议多次专题研究矛盾纠纷排查化解工作,省委、省政府领导多次作出重要批示。全省各地普遍健全和落实了领导接待日、领导阅批群众来信、定期接待群众来访、带案下访、包案处理信访以及综合协调、排查化解、信息通报、督查督办、回访倒查等制度。按照省委、省政府的统一部署和要求,各地集中时间、集中力量排查化解社会矛盾纠纷,先后组织开展了万名干部下乡、县委书记大接访、"两个排查"(排查化解矛盾纠纷、排查整治治安混乱和突出地区的治安问题)、重信重访专项治理、非正常上访专项治理等活动,各级领导全程参与、亲自接访、亲自调查、亲自督办,使一批矛盾交织深、涉及范围广、社会影响大的疑难问题得到了妥善解决。海西州除坚持实行党政领导信访接待日、"三长一书记"(法院院长、检察长、公安局长、政法委书记)信访接待日制度外,还增加了律师信访接待日、四大班子秘书长信访接待日、有关部门领导信访接待日,推动了信访问题的解决。海北州坚持每年组织州、县党政领导干部带案下访、变上访为下访,深入基层、

现场解决群众诉求，有效化解了许多影响社会和谐稳定的突出问题。一些地方坚持经常排查、全面排查与重点排查相结合，通过建立矛盾纠纷定期排查机制、信息预警机制、应急处置机制，基本形成了梳理、受理、交办、承办、督办等一整套工作规程，为妥善化解各类矛盾纠纷奠定了坚实的工作基础。海南州在矛盾纠纷排查调处工作中，坚持实行定牵头领导、定责任单位、定办结时限和包调处、包跟踪、包反馈的"三定""三包"责任制，并对省州县挂牌督办的案件做到见当事人、见承办人、见案卷材料"三见面"，有效推动了工作落实，取得了明显成效。

2. 构建"大调解"工作体系

藏区六州从健全矛盾纠纷排查调解机制入手，不断完善人民调解、行政调解、司法调解相互衔接配合的"大调解"工作体系。主要围绕医疗纠纷、劳动争议、征地拆迁、食品安全、妇女权益保护等重点领域建立调解机制，州县两级定期召开矛盾纠纷排查调处联席会议，村(社区)矛盾纠纷调解委员会，企事业单位、寺院矛盾纠纷排查调解小组和信息员、调解员充分发挥职能作用，各类矛盾纠纷得到了有效化解。今年1—8月，海南州共排查受理各类矛盾纠纷332件，调处309件，调处成功率为93.07%。玉树州县(玉树县)两级人民法院共调解和判处各类民事纠纷120起，调解率达78%以上;州县司法行政部门共接受法律咨询9 000余人次，提供法律援助188件，有力维护了灾区的社会稳定。"州县联合协调指挥中心"共接待群众260批次，涉及17 280户，64 770人，其中涉及"两政策一规划"落地后上访的183批次，7 000余户，18 090人，占玉树灾区信访总量的70%以上，绝大多数信访问题都得到了妥善处理，赢得了灾区群众的广泛赞誉。

3. 建立社会稳定分析研判和风险评估机制

今年省委、省政府出台了《关于建立重大事项社会稳定风险评估机制的指导意见》，明确了国有、集体企业改制等十个重点领域;

明确了评估科学性等四个方面的主要内容；明确了确定评估事项，制定评估方案等五项基本程序；明确了风险评估的责任主体，各地从决策预防、苗头预警、个案预防、社会治安形势预测等方面对社会稳定形势进行舆情汇集、分析研判和协调处理。黄南州将同仁县热贡文化生态实验保护区建设和尖扎县坎布拉国家级森林公园建设作为社会稳定风险评估试点，制订方案，成立领导机构，并落实责任，对每一个项目认真进行社会稳定风险评估，确保了评估的科学性、合法性、可行性和安全性。

（三）创新防控体系建设，加强社会面管控

按照打防结合、专群结合、三防结合的基本原则和加强人防、巩固物防、提升技防的工作思路，进一步推动辖区各种治安防控措施的提档升级和资源整合，层层构筑严密的社会治安防控体系。

1. 创新动态控制防线建设，加强社会面的动态控制

格尔木市实施“三大”工程，加强“三防”建设。全面推行“网格化”工程。将城区分为26个责任区，每个责任区对应一个防范单元，合理布置公安、武警、治安巡逻队以及楼栋单元长、治安“红袖标”、跟牧护牧和单位内保组织等治安力量，相互策应、相互衔接，实行军警民联控联防。深入开展“篱笆”工程。积极推广“三铁一器”（铁门、铁窗、铁锁、监控器）防范设施，在农村牧区实行“治安中心户长”制，广泛开展“我为他人守一夜，他人为我守一年”的义务治安联防、跟牧护牧、十户联防等联防联治活动。全面实施“天网”“天眼”工程。注重发挥科技在治安防范中的支撑作用，投资4 600余万元，新建了城市应急联动指挥中心，在交通主干道、所有出入口、各大单位、安保重点部位和网吧、商场、宾馆等全部安装视频监控设施，实施所有旅店、宾馆信息联网。建成GPS监控服务中心，为出租汽车、公交车等移动目标安装GPS车辆定位和报警系统，实现技防监控全覆盖、无盲区。几年来，群众安全感逐年提升，对社会治安满意度均达90%以上。

2. 创新严打整治机制,加强社会面的管控效果

(1) 公安机关适时开展打击"两抢一盗""涉黑涉恶"及各种涉众经济犯罪等严打整治斗争,加大对各类违法犯罪活动的打击力度;检法机关提前介入,主动配合公安机关,突出打击重点,依法快捕快诉快审快判,形成高压态势,极大地震慑了违法犯罪分子。黄南州今年组织开展了"三打击、两维护"专项活动(打击黑恶势力、打击和取缔宗派势力和封建部落势力、打击私藏枪支弹药;维护党和政府权威、维护民族团结和社会稳定),截至目前,全州共收缴各类枪支 318 支,各类子弹 1 663 发,消除了治安隐患,大大提高了人民群众的安全感。果洛州坚持主动出击,严密防控,通过各类专项整治活动,不断夯实管理基础,提升管理创新能力,整治了一批治安乱点问题。尤其是在严打整治的凌厉攻势下,涉枪犯罪得到有效遏制,命案侦破率得到明显提升,盗抢销汽车犯罪得到有效治理,群众对社会治安安全感由 2006 年的 79%上升到去年的 92%。

(2) 加强社会治安重点地区排查整治工作。各州县综治部门和公安机关根据省综治委和省公安厅的安排部署,组织和协调相关单位,结合社会治安重点地区排查整治工作,着力于解决影响社会治安的突出问题,采取三级督办制度,落实责任单位、责任人和解决时限,全面部署,精心实施,有效解决了城镇地区交通秩序混乱、网吧经营不规范、文化市场管理混乱等影响社会治安的突出问题,进一步净化了治安环境。

(四) 创新流动人口管理模式,提升流动人口管理服务水平

各州坚持以人为本,更新管理理念,改变管理方式,实现由防范型、控制型管理向人性化、服务型管理的转变。寓管理于服务,使社会管理工作更好地体现全心全意为人民服务的根本宗旨,更加贴近群众的期待和要求,真正把管理就是服务的理念更好地体现到社会管理工作中,全面提升服务管理水平。

1. 加强流动人口服务管理工作

各州重点加强对出租房屋、废品收购点、旅店服务管理,采取签订责任书等形式,实现了“以房管人、以证管人、以业管人”的管理模式,同时依托警务综合平台,将流动人口、暂住人口信息录入警务综合平台,做到了底数清、情况明。

2. 加强刑释解教人员安置帮教工作

对每一名刑释解教人员进行安置的同时,积极落实帮教措施,建立档案,实行一人一档,并及时进行回访谈话,及时掌握思想动态。

3. 强化学校周边治安秩序整顿

认真贯彻落实全国综治维稳工作电视电话会议精神,召开专题会议,就进一步加强学校、幼儿园及周边地区治安秩序整治和安全保卫工作进行了全面安排部署,并层层签订“目标责任书”,采取“五包”措施,开展全方位的学校、幼儿园安全隐患大排查,切实把辖区容易肇事的精神病人、长期缠访闹访无理访人员、对社会严重不满的人员排查出来,建立分类管理机制,逐一落实工作措施,并实行动态管理。公安机关加强了对学校、幼儿园及周边的治安巡逻,特别是针对学生上学、放学等重点时段和周边治安复杂的重点部位,增加巡逻力量,加大巡逻密度,做到在学生上下学往返路上能看到警车、看到警察,提高见警率。教育行政部门要加强组织协调、监督检查,切实解决校园安全管理工作中的实际问题。

(五) 推动“平安寺院”创建活动,建立藏区维稳的长效机制

2008年拉萨“3·14”事件发生后,青海省及时启动应急处置机制,超前部署,果断施策,扎实开展藏区矛盾纠纷排查化解工作,确保了社会大局平稳,为维护奥运会期间全省社会稳定发挥了重要作用。出台了《关于依法加强和改进藏传佛教寺院社会管理的指导意见》,并在64座寺院开展试点;实行条块结合、以块为主、职责明确、协调配合的藏传佛教寺院管理体制。下发了《关于完善和

规范藏传佛教寺院民管会建设的指导意见》，进一步加强民管会建设，使寺院成为教育引导信教群众的重要场所；开展了“平安寺院”建设活动。积极建立和完善县、乡、村三级管理网络，加强藏传佛教寺院管理，引导宗教建设和社会发展相适应。帮助指导藏传佛教寺院建立了各种内部管理规章制度，使内部管理步入正常秩序；将各州的维稳补助经费纳入转移支付，进入以后年度的补助基数，建立了维稳经费保障的长效机制。加强了对宗教界人士的培训教育工作。重点培训藏传佛教知名活佛、高僧，寺院民管会主任、阿卡、尼姑等宗教教职人员，2010 年共培训 9 920 人。在藏区维稳工作中，充分发挥进步寺院和僧侣的作用，加强对社会不稳定因素的排查化解，做到早发现、早报告、早控制、早解决，从源头上避免了大规模群体性事件的发生，确保了藏区稳定。果洛州抽调下派 2 000 多名干部组成 145 个工作组，深入各重点地区和重点寺院开展藏区稳控工作，坚决制止和取缔非法活动，妥善化解了许多影响社会稳定的突出问题。各州不断加强隐蔽战线的斗争，坚决防范和打击境外敌对势力的各种渗透和破坏，加强境外回流、申请回国人员的管理，认真查清历年非法出境人员，密切跟踪掌握其回国后的动向，针对境内外敌对势力和民族分裂势力利用互联网和手机短信进行渗透破坏的问题，加大了对互联网、国际长话及邮件、手机短信等虚拟社会的监管力度，有效控制和封堵了不良信息的传播，依法打击民族分裂活动和利用宗教进行的犯罪活动，全力维护了藏区稳定和国家安全。

二、当前青海省藏区社会管理面临的新趋势与新挑战

(一) 青海省藏区社会矛盾的重要特征

社会管理和公共服务，是政府必须履行的基本职能，在市场经济条件下，一些因市场无法调节而引发的各种利益矛盾和社会冲突，需要政府通过加强社会管理予以矫正；在经济和社会的转型

期，为了保持良好的社会秩序，维护社会稳定，从容应对各种突发事件，处理公共危机，要求政府实施有效的社会管理，维护国家和人民群众的利益。青海藏区是新中国建立后直接跨越到社会主义社会的，社会的发展一直呈现追赶型的态势，这种特殊的发展历史使青海藏区的社会矛盾更加突出和复杂。因此，在青海藏区不仅存在着与其他地区相同的影响社会稳定的普遍性问题，而且由于历史、地域、宗教文化以及民族意识等多种因素的共同作用，近年来，随着经济社会的发展，青海藏区社会矛盾纠纷呈现出多样化、复杂化的特征。

1. 矛盾类型多样化

除传统的民事纠纷外，已涉及生态移民、农村征地、城市拆迁、企业改制、涉法涉诉、劳动保障、草山地界、民族宗教、资源开发等众多领域。

2. 涉及主体多元化

矛盾涉及基本主体由工人、农牧民、居民、退休人员向下岗职工、农民工、个体业主、部分军队退役人员扩大；从直接利益者向无直接利益者扩大；从公民之间、法人之间向公民与法人之间、新经济组织与社会团体之间扩大。

3. 利益冲突激烈化

据统计，涉及补偿、赔偿、工资、福利、经济待遇、生活保障等经济利益问题的矛盾纠纷目前已经占到矛盾纠纷总量的80%以上。矛盾主体一般都有强烈的表达愿望、有明确的诉求目的、有具体的矛盾指向，如果处理不当，很容易使细小问题扩大化、局部问题整体化、单一问题复杂化。

4. 表现形式群体化

据统计，2008 年 1—11 月，全省群众集体访 1 103 批次 27 958 人，分别占接待来访总数的 26.6%和 83.8%，一些公共利益群体呈现出“抱团”的特征和组织化倾向。

5. 引发原因复杂化

既有利益关系的协调问题,也有历史遗留的政策落实问题;既有由于民主不充分、法制不健全引发的矛盾,也有因经济体制不健全、社会管理滞后引发的问题。矛盾原因复杂多样,增添了化解的难度。特别是西方敌对势力和达赖集团利用民族和宗教问题对我国进行"西化"和分裂渗透活动不断加剧,影响藏区社会稳定的矛盾和问题又具有自身的特殊性,使藏区维护社会稳定的形势非常复杂和严峻。

(二) 青海省藏区社会管理方面存在的主要问题

尽管青海省藏区在加强社会建设、创新社会管理方面取得了明显成效,但在统筹经济社会协调发展,统筹社会事业全面进步,提高人民的生活质量方面,还存在薄弱环节和诸多问题,主要表现在:

1. 社会管理理念滞后

在思想观念上,存在重经济建设、轻社会管理,经济建设"一手硬"、社会管理"一手软"的问题。对加强社会建设、创新社会管理这一战略任务认识不足,造成部门在社会管理行为中,存在两种常见的现象:

(1) 经常性工作不到位,造成许多"突击整顿"的短期行为,即:在短期内最大限度地动员权力资源,对某些久治不愈的顽症集中清理整顿,没有形成各部门齐抓共管的经常性管理机制,总是要等到上级检查时,才集中力量治理整顿。

(2) 被动地填补社会管理漏洞,调控社会管理行为,往往是在社会问题产生后,运用强制性的行政权力调控社会行为,维护社会秩序,填补管理漏洞。这种缺乏规范性和系统性的管理方式,往往不计社会管理成本,头疼医头,脚疼医脚,往往只能医表不能治根,使社会管理成效大打折扣。

2. 社会管理手段相对落后

犯罪的流动性、智能型、职业化特征日趋明显,静态、被动、粗放的管控措施已经难以奏效;取消暂住人口管理收费和特种行业审批后,靠行政约束和经济制裁管理流动人口和特种行业的方式已经弱化;社会组织大量涌现,境外非政府组织大量涌入,但相关法律法规滞后,无法可依和有法难依现象比较突出;刑释解教人员、有闹事行凶苗头人员、吸毒人员、网上在逃人员、精神病患者等高危人员的管理需进一步加强;网络等新兴事物衍生的社会问题日益突出,加强新兴媒体管理刻不容缓。互联网迅猛发展,单靠"封、删、堵"方式控制舆情、管理虚拟社会已经不适应形势需要。境内外敌对势力利用节庆活动和敏感时段进行煽动滋事,利用互联网从事分裂渗透破坏活动,国家安全和隐蔽战线斗争形势复杂,青海藏区维稳工作面临的形势依然严峻。

3. 社会管理的基层组织建设上力量薄弱

社区(村)建设中社会自治功能欠缺,存在不善于做群众工作、制度不完善、程序不规范、管理不透明、参与面窄小、认识不清醒等问题,社区(村)管理资源整合力度不够。现有人员知识结构、个人素质参差不齐,管理理念、管理方式和服务水平都难适应新形势、新任务的要求,人少事多,疲于应付。

4. 社会管理机制运行不畅

从外部看,由于与政府有关部门和组织之间缺乏及时有效的沟通渠道和协作机制,没有形成党委、政府统一领导,各部门齐抓共管,全社会共同参与的综合治理格局,结果往往导致公安机关一家东奔西走,孤军奋战,管不胜管。从内部看,政法机关自身的组织结构、警力配置、管理方式不够科学合理,警种之间职能交叉、权责脱节,导致办事效率和质量不高,执法公信力下降,影响警民关系和谐。

5. 社会管理的投入不足

随着社会的发展,一些社会深层次矛盾日益凸显,一些不确定、不稳定、不安定因素时有发生,然而社会管理的各方面投入却捉襟见肘，政法委机构、队伍建设亟待加强。政法委承担的维稳、综治、打击和防范“法轮功”邪教组织等方面的任务日益艰巨繁重，但基层政法委、维稳办、综治办的人员编制紧缺，维稳经费不足。政法委对公检法司的督查、协调、监督力量严重不足，在一定程度上也影响了政法队伍的整体执法水平。

三、加强藏区社会建设，创新社会管理的几点建议

加强社会建设，加强社会管理和公共服务的重点在建设服务型政府，落实科学发展观，要求一个全面履行职能的政府；人民呼唤更加理性、更加关注人的全面发展的服务型政府；需要一个更加关注社会管理和公共服务，具有民主和法治精神的责任政府。对此，我们的社会服务管理亟须及时跟进、有效应对。建议如下：

（一）建立“强政府、大社会”的藏区社会管理新模式

完善社会管理格局，改进社会管理方式，既是加强和创新社会管理的重要内容，又是落实社会管理任务的基本保障。要以建立公民社会为基础，探索“强政府、大社会”的青海藏区社会管理模式。所谓“强政府”，是指党和政府在全社会中处于领导和协调的中心位置，这主要是由于藏区本地的社会组织的培育和发展还有一个较长的过程，社会事业的发展还需要政府公共财政更多的投入，政府必须对社会进行必要的调节和干预；“大社会”的含义则是指政府社会管理的权力来源于人民，公民社会对政府有监督制约作用，同时，社会组织既是社会公共管理的客体，也是社会管理的主体，政府对社会的管理并不是代替社会，而是对社会自身无力解决的利益矛盾和冲突进行仲裁和协调，政府干预的范围不是社会能自行按契约性法规予以管理的领域，而是社会无力自我调节的领域。因此，在藏区推进政府社会管理职能创新的过程，其目标指向就是要形成以党和政府为主导、以社会组织为中介、以社区为基础、公众广泛参与的社会管理的新格局，调动一切有利于社会和谐

的积极因素，形成共建和谐社会的生动局面。

（二）加强基层组织建设，建设好协调利益、化解矛盾、排忧解难的城乡基层组织、社会管理和公共服务系统

（1）全面开展城市社区建设，加强社区管理工作，准确把握街办职能定位，落实好《中华人民共和国城市居民委员会组织法》。要明确街办主要任务是抓好社区管理，制定加强社区建设的发展规划，强化社区管理和公共服务，扶持社区服务实体，壮大社区公共服务志愿者队伍，广泛动员社区单位、居民群众积极参与。从组织管理上，形成以街办为龙头的具有政府职能的行政体系；以群众志愿者队伍组成的志愿者服务体系；以居委会为依托，居民互助为基础的社区服务工作管理体系。从社区管理开始转变观念，把直接面对居民百姓的服务做好。

（2）要积极推进农牧区村委会建设，强化农牧区社会管理，要认真落实《中华人民共和国村民委员会组织法》，完善村民自治制度。要支持村委会协助政府做好社会管理和公共服务，健全农牧区的基层社会管理体制，妥善处理人民内部矛盾，把矛盾和纠纷化解在基层，把可能发生的群体事件解决在基层。

（三）完善风险评估机制，降低社会矛盾冲击

坚持以建立社会稳定风险评估机制为抓手，积极探索维护藏区社会稳定的新途径。在进行重大事项社会稳定风险评估试点的基础上，认真总结经验，以县为单位全面开展社会稳定风险评估，健全机构，明确责任，完善机制，研究建立重大工程、重大项目、重大政策和重大问题的社会影响评估机制，建立重大社会管理体制改革方案论证、听证制度，将社会稳定风险评估作为各类项目审批必要条件，在作重大决策前，广泛征求群众和专家意见，不利于社会和谐稳定的决策宁可不做，增强改革方案举措的科学性和可行性，增强改革决策的透明度和公众参与度，及时充分了解社会发展的可能趋势和影响效应，及时进行预警并提出对策建议，牢牢掌握工作主动权，尽可能地把预测防范和调处化解工作做在事前，变被动预防为主动预防，变事后处置为事前预防，变被动调处为主动化解，切实把社会矛盾对社会稳定的冲击降低到最低程度。

（四）创新体制机制建设，形成部门整体联动加强社会管理合力

1. 加强对流动人口的服务管理

要本着公平对待、服务至上的原则，结合城镇化建设，积极稳妥地推进户籍管理制度改革，放宽中小城市落户条件，从就业、就医、住房、教育等基本民生入手解决人口的无序流动问题，让流动人口真正融入当地生活，变流动为稳定，从而实现社会服务管理的全覆盖。

2. 加强对特殊人群的帮教管理

特殊人群的帮教管理是预防各种违法犯罪和极端事件的关键。要充分发挥基层组织和社会组织的积极作用，对刑释解教人员要加强衔接，解决他们的生活、就业难题，帮助他们融入社会；对社会闲散青少年要以教育为主，帮助他们解决就学、就业问题；对吸毒人员等高危人群，要有相应的管理和应急措施。总之，对特殊人群的帮教管理，要有措施、有方法、有体系，不能放任失控。

3. 加强对社会治安重点地区的整治改造

要和城市规划、地区改造相结合，在硬件上要完善基础设施、改善生活环境，在软件上要健全基层组织、延伸公共服务。

4. 强化对互联网的建设与管理

要把网络舆情作为听民声、察民意的重要渠道，高度重视和评估舆情影响，主动回应社会关切，正确引导网上舆论，维护网上秩序，营造有利于社会稳定的舆论环境。严厉打击网上违法行为以及利用网络实施诈骗、盗窃和黄赌毒等犯罪活动，防止网上非法活动演变为现实社会危害。采取严密防范措施，坚决打击境外敌对势力和达赖集团对藏区意识形态领域的反渗透破坏活动。

（五）加强寺院管理工作，着力提高对寺院的管控能力

要加强寺院实有人口管理。公安机关应在寺院社会管理工作基础上，继续将居住在寺院及其周边地区房屋的僧侣人员全部纳入实有人口管理，严格落实户籍管理制度。坚持“谁主管，谁负责”的原则，落实寺院管理暂住僧侣人员的治安责任，做到人来登记，人走注销；对外来游僧要主动了解，查明情况，劝返原籍。通过寺院实有僧侣人口的调查、案件查处、群众举报、情况信息通报等工作，对发现确定的寺院重点人员应全部列管控制，落实管控措施。要加强寺院及周边租赁房屋管理。寺院派出所、驻寺警务室要坚持“以房管人”的原则，对寺院、僧舍及其周边地区僧侣租赁房屋实行治安管理，全面进行清理登记，建立备案登记和安全检查等管理制度，落实“谁出租，谁负责”的责任制度，切实防范和打击发生在寺院、僧侣出租房屋内的各类违法犯罪活动。要继续加大寺院警务室建设力度。要全力加大寺院所在地派出所和警务室建设，对已经建有派出所的要继续加强，尚未建立的应积极申请组建，切实将公安管理的触角向寺院及周边地区延伸，让民警走进寺院，深入僧侣和信教群众之中，做到零距离管理、近距离服务。要按照“户籍管理入寺院，治安管理入寺院，消防管理入寺院”的工作要求，明确专人，落实责任，入寺开展工作，确保寺院户籍、治安、消防管理工作有人抓、有人管、有人落实。要加强外籍人员管理工作，坚持属地管理的原则，统战、宗教、外事、旅游等有关部门应密切配合，齐抓共管，形成合力，把外籍人员纳入流动人口管理范畴，积极构建覆盖入境、居留、出境全过程的动态综合管理体系，做到底数清、管得住、服务好。尤其要坚决防止外国人以合法的身份进入寺院等重点领域，借机进行非法活动。

（六）进一步加强社会组织管理，着力提高对社会组织的常态监管能力

近年来，藏区陆续出现了一些打着文化和宗教旗号的组织、协

会,有的实质上与“达赖集团”遥相呼应。对经民政部门审核、登记、批准的合法组织,要强化管理,发挥其作用,保障其权益;对未经民政部门审核、登记、批准,打着各类“幌子”,政治意图明显,可能危及社会稳定的政治类、宗教类社会组织,应摸清其底数,纳入视线,充分利用各种执政资源,坚决限制其发展空间;对一些形形色色的境外非政府组织,既保护其正当活动,又依法规范其行为,坚决抵制和防范其对我进行渗透破坏活动;对已触犯法律、危害社会的非法组织,依据国务院《社会团体登记管理条例》和民政部《取缔非民间组织暂行办法》及相关法律法规之规定,在深入调查收集掌握证据的同时,坚决依法予以公开取缔。

(七)完善社会管理法规政策体系,着力强化社会管理的法治基础

加快建设完善社会管理法规政策体系,强化社会管理的法治基础,规范社会管理执法工作。充分发挥人大和政府的主导作用,依托有关职能部门,制定完善各类社会管理法规政策,重点加强和完善社会保障、社会组织和社区建设管理三方面的法规体系。创新地方性社会保障法规条例,加快包括社会救助、社会保险、社会福利、社会优抚和国民保健等在内的法规制度建设。

(八)加强人才培养,全面推进社会工作者队伍建设

以从事专业社会服务和社会管理的社会工作机构为载体,积极吸纳相关社会专业工作人才,切实加强社区管理、社会福利、社会救助、青少年教育等领域的人才配备。加快制定出台相关政策优惠措施,通过提供社会(公益性)工作岗位、试点示范、税收优惠等方式,鼓励民办非企业单位发展和安排就业。建立完善社工专业人员认证制度,建立相应的激励和淘汰机制。以骨干人才为主,积极建设一支志愿者队伍。以推进社会工作者标准化、专业化和职业化为方向,以确定职业规范和从业标准、加强专业培训、制定社会工作者培养规划、培育社会组织开发社会工作岗位、整合社会

工作者队伍为手段，全面推进社会工作者队伍建设。

（九）加大社会管理的投入力度，形成社会建设和管理的长效保障机制

调整优化财政支出结构，加大公共财政对于社会发展等民生领域的投入支持力度，形成社会建设和管理的长效保障机制。深化财政支出管理体制改革，加强财政监督机制，强化实施财政资金使用的专项评估制度，提高财政资金使用效率。加强协调工作，将事关长远、事关重大的政法基层基础建设、技防措施投入和影响政法机构建设运转的体制性、机制性等重大事项列入全省“十二五”规划之中，加强综治、维稳机构和队伍建设。完善收入再分配制度，加大对青海藏区和低收入人群的转移支付力度，完善转移支付相关制度，促进青海藏区和低收入人群享有相应的公共服务，促进社会公平正义。深化省管县财政体制改革，完善各级政府事权财权划分，合理界定各自责任边界，增强基层政府提供公共服务的能力。

（2012 年）

一条致力于文化增收的好路子

——对青海省黄南州热贡龙树画苑的调查

近年来，黄南州依托丰富的民族文化资源，大力发展热贡文化，推动文化产业发展，形成了以唐卡为代表的文化产业集群，孵化出一大批热贡文化企业。这些企业在传承民族文化、推动经济社会发展中发挥了不可替代的作用，表现出旺盛的生命力。日前，笔者深入龙树画苑，就其发展情况开展调查，形成了如下报告。

一、龙树画苑的由来及发展

“龙树画苑”的创办人曲智是热贡唐卡艺术的领衔人物，他和哥哥扎西尖措，并称为“吾屯的两只野牛角”。

曲智兄弟出生于唐卡世家，师从九世班禅的画匠、名画师久美曲宗法师，秉承唐卡绘画传统，深谙各类密续经典及本尊仪轨等。经过数十年的磨炼，两人逐渐成长为技艺娴熟、风格独特的唐卡艺人，其作品精湛细腻而不乏创意，他们被公认为热贡地区的“唐卡王”。

为使唐卡艺术后继有人，也为更多贫困家庭的孩子脱贫致富，曲智打破唐卡“传男不传女、传内不传外”的门户限制，创办了龙树画苑，专门招收贫困家庭中有绘画天赋的孩子，两兄弟一起公开教授唐卡技能。凭借自身深厚的佛教底蕴、精湛的绘画技艺、清净的传承、寂静的性格、执着的坚持,将画苑一办就是几十年,使得这门长期深藏在寺院中的艺术在民间得到发扬传承。

现在的龙树画苑是一家集收藏、展览、培训、制作、销售推介为一体的文化活动场所,是热贡地区发扬和继承热贡艺术传统,培养热贡艺人最多,师资力量最雄厚的机构之一。总占地面积 6 700 平方米,建筑面积 4 200 平方米,固定资产达 1 250 万元。拥有中国工艺美术大师、中国民间美术大师、省级民间美术大师 9 人以及独具特色的热贡传统艺人 40 余人,学员 170 余人。曲智兄弟每天对这些学生进行系统、规范、严格的绘画技艺培训的同时,也让他们学习宗教历史文化、唐卡艺术的精髓以及作为一名热贡艺人的基本职业道德规范,立志将龙树画苑打造成同仁县真正培养高素质热贡艺人的高级学府。

二、龙树画苑在传承文化、推动发展、促进和谐中发挥了积极作用

(一) 凸显地域特色,发展文化产业

曲智所在的家乡吾屯,是青藏高原与黄土高原交汇处,清澈的隆务河水孕育出具有浓郁的藏传佛教风格的"热贡艺术",成就了唐卡、壁画、泥塑、堆锈、建筑彩绘等绚丽多彩的民族传统文化。早在吐蕃四十一世藏王时(即唐穆宗长庆元年,821 年),吐蕃大将丹巴夏顿诚心发愿要为当地民众做惠民利生的事,并派其三个孙子去印度、尼泊尔学习佛法五明及绘画造像等技艺,后传回热贡,并得到继承与发扬。经过一千多年的发展,吾屯村在青海省享有"户户有画师,人人能作画"的美誉,成为绘画艺人聚集的殿堂。

地处青藏高原腹地的黄南州,是多民族、多宗教的欠发达地区,也是多元文化汇聚地,被誉为"安多藏族文化中心"。这里文化资源富集,文化形式多样而独特,尤以热贡艺术为代表的绘画和造型艺术极具竞争力和发展潜力,前景看好。

近年来，州委、州政府不断解放思想、调整发展思路，依托富集的文化资源，转变发展方式，提出做大做强热贡文化产业的发展战略，并多措并举推动落实。

龙树画苑的创办正是契合了“黄南发展的工作重点是以活的形态开展生产性保护，将热贡文化植根于当地民众的‘土壤’中，让千家万户参与创作、生产和经营，使热贡文化产业逐步走上可持续发展的道路”的发展模式。政府的扶持加上自身努力，迅速使热贡文化推向产业发展的道路。目前，黄南州热贡艺人达到 9 000 余人，各类热贡文化企业 100 多家，其中规模以上企业 24 家，热贡艺术品公司 14 家，呈现出一派繁荣景象。

（二）惠及邻里乡亲，促进共同富裕

龙树画苑以“继承和发扬佛教艺术，培养传承人才，创作精品唐卡”为办学宗旨，强调“唐卡庄严且自庄严，利益有情，庄严净土”。多年来，龙树画苑授之以渔，让学生获得安身立命的技能。画苑近 200 名学生学画期间不但不用交一分钱的培训费，还包吃包住。每年曲智兄弟还组织学生出售自己的作品，所得收益全部归绘画者本人所有。如此，不仅传承与发扬了唐卡艺术，而且也利自己，更造福社会。统计数据显示，2013 年黄南州农牧民人均纯收入约 3 600 元，而热贡艺人每人每年平均收入近 2 万元，实现文化产业经营性收入近 2.4 亿元，占全州 GDP 的 5.48%。

（三）传承热贡艺术，弘扬民族文化

曲智兄弟先祖就是 18 世纪的著名唐卡艺人巴完，其家族里中的多杰卡、尕桑次成、才让多杰、普华、赞拉、曼拉、桑杰尖措等都是历代赫赫有名的唐卡艺术大师，也是唐卡艺术的重要传承人。曲智大师说，目前，对于唐卡艺术来说，传承问题是首要问题，当时健在的师父也一直对唐卡绘画技艺的传承忧心忡忡，对曲智报以极大的希望。在曲智看来，散落的学徒并不能系统地将唐卡艺术传承下去，而龙树画苑的建成，必将为延续唐卡艺术，培养热贡艺人起到至关重要的作用。

《热贡文化生态保护区总体规划》是我国第一个批复的文化生态区规划，这一规划的制定和实施为打造以唐卡、雕塑、堆绣、藏戏等为主体的文化产业集群，推动热贡文化走向社会、走进课堂、进入市场提供了有力的政策支持。曲智兄弟一直探索的“画苑＋艺人”的绘画生产经营模式，正是契合了政府的规划模式。他们免费招收唐卡艺术传承的青年，对这些学生进行系统、严格的培训，传授相关历史文化方面的知识和基本的绘画常识，很多成了唐卡艺术传承的生力军。他们在吸收学徒“走进来”学习唐卡绘画技艺的同时，也带着学徒“走出去”，加强对外推介和交流，使热贡文化在外界的知名度和影响力逐步提升。曲智兄弟表示，作为非遗传承人，最大的心愿就是将热贡唐卡艺术发扬光大，走出国门、走向世界，让更多的人通过唐卡艺术了解藏族的历史文化，了解藏区每时每刻发生的变化。

（四）保护文化遗产，构建和谐社会

和谐文化既是和谐社会的重要特征，也是实现社会和谐的精神动力。保护文化遗产既是构建和谐社会的精神支柱，也是构建和谐社会的内在要求、时代需要，更是构建和谐社会的有效途径。曲智兄弟这样的能工巧匠在传授传统工艺的基础上，还肩负着利用非物质文化遗产发展经济，把文化遗产的开发纳入经济社会发展的渠道的重任。合理地保护、管理、开发文化遗产，正确反映和兼顾不同方面群众的利益，妥善协调各方面的利益关系，把文化遗产的保护力度、开发的速度和社会承受度统一起来，确保文化遗产的可持续发展，确保文化遗产开发服务于社会主义物质文明、政治文明和精神文明建设。

三、龙树画苑快速发展的启示

作为全国四大文化生态保护实验区之一，黄南藏族自治州国家级热贡文化生态保护实验区的建设，为黄南州立足实际，锐意进取，以新理念助推热贡文化传承和保护，探索出了独具特色的文化发展“热贡模式”。在此政策支持下的龙树画苑的快速发展对我们的启示有四：

（一）用好实验区这张牌，科学有序地保护与发展热贡文化

2008年8月，继闽南、徽州之后，国家文化部批准设立黄南热贡文化生态保护实验区，成为我国藏区唯一的国家级文化实验区。近几年来，省、州相关部门明确分工，积极筹备，全面开展实验区各项建设工作。下一步准备成立热贡文化研究所，建立顾问制度，并在财税、金融、投资、对口支援、定点扶贫等方面进行大胆实验和创新，龙树画苑正是依托这个环境优势，善抓机遇、巧用政策，不断壮大自己。

（二）坚守并提升文化品位，先造势再夺势

在个人品牌的建设中，曲智兄弟一直秉承的理念是讲求保持原生态性、原真性和具有地方特色的东西，对每副出自自己手上的作品，从选纸、精确比例到作画、碾磨上色都做到了精益求精，而不是为了获得更多收益而粗制滥造或进行大批量的流水线生产。科学的保护、适度的开发，坚守并不断提升质量和品位，使其产品在英国、美国、日本、新加坡、马来西亚等海外国家获得愈来愈多的认可和欢迎。曲智兄弟表示有信心将以唐卡为代表的热贡文化打造成为我国著名的文化品牌。

（三）不因循守旧、墨守成规，对外扩大画苑市场

随着经济发展和市场变化，热贡唐卡界自20世纪90年代以来形成的单纯依靠大师个人名气和家族智慧的作坊式经营的弊端逐渐凸显——原材料日渐枯竭，市场愈发鱼龙混杂，传承陷入困境，仅靠国家少量经济补贴，分散布局、无序发展、冷热不均的困局难以纾解。如何让大师们将精力集中于创新，不再重复自我；如何让大师们潜心授徒，而不再为日益高涨的各类成本以及学徒们的

衣食所担忧;如何改变工艺美术产业重技艺轻设计的现状,将中华传统文化的精髓与当下的审美需求融为一体。曲智兄弟早早地认识到了传统技艺存在的这些窘境,为了对外宣传、开拓市场,龙树画苑积极与北京的传播公司、艺术馆建立合作关系。不仅为自己赢得了丰厚的经济利益,也使画苑的名气蜚声海外。

(四)大力发展热贡文化产业,转变经济增长方式,加快农牧民增收

当今文化与经济的日益交融,在为经济发展提供强大的精神动力的同时,文化的经济功能明显增强,经济的文化含量不断提高,对促进经济增长的贡献越来越大。通过市场化的运作将丰富的热贡文化资源转化为文化产品——唐卡,将千变万化的市场同区域特有的文化资源连接起来,更广泛地吸收农牧区劳动力参与到热贡文化资源的开发中来,这样不仅使农牧民群众开拓出了文化脱贫、文化致富的新路子,也带动更多的群众走上小康路,从整体上加快了脱贫致富奔小康的步伐。

(2014 年)

果洛、黄南两州八县宣传思想文化工作调研报告

为深入了解掌握果洛、黄南两州八县宣传思想文化工作，助推民族团结进步先进区创建、“平安与振兴工程”和“三基”建设重大决策部署的贯彻落实，9 月 16 日至 23 日，省委宣传部调研组通过实地考察、座谈交流等形式，对果洛州及玛沁、达日、班玛、久治县，黄南州及河南、泽库、同仁、尖扎县的宣传思想文化工作进行了专题调研。

通过调研，我们感到，近年来果洛、黄南及所属八县紧紧围绕省委、省政府工作大局，突出工作主题，理论武装、舆论引导、地域文化品牌打造、精神文明创建、外宣工作整体水平稳步提升，形成了各具特色、各有亮点的宣传思想文化工作格局，有力凝聚了社会正能量，为培育和践行社会主义核心价值观，维护藏区经济社会发展与和谐稳定大局，扎实推进“三区”建设、“平安与振兴工程”和“三基”建设，提供了有力的思想保证、精神动力、舆论支持和文化条件。在肯定成绩的同时，我们也深感当前果洛、黄南及所属八县宣传思想文化工作仍存在一些亟待解决的问题，必须切实加以解决。

一、两州八县宣传思想文化工作存在的主要问题

近年来，中央和省委对加强基层宣传思想文化工作高度重视，

从政策、编制、经费、阵地等方面予以倾斜，为宣传思想文化工作的开展创造了积极条件。调研中，深刻的感受是省级层面贯彻落实中央和省委决策部署的态度坚决、措施有力、成效明显，但州县两级宣传思想文化工作存在工作力度和成效层层减弱现象，仍存在不适应甚至滞后于全省“三区”建设形势要求的问题和矛盾，特别是乡（镇）、村宣传思想文化基础非常薄弱，问题突出，如不彻底解决，势必影响基层宣传思想文化工作的整体成效，影响“平安与振兴工程”和“三基”建设的顺利进行。当前，果洛、黄南及所属八县宣传思想文化工作存在以下六个方面的主要问题：

（一）思想认识有误区

一些领导干部对意识形态工作规律性、特殊性把握不够。有的对宣传思想文化工作的基础性、长期性、艰巨性缺乏正确认知；有的认为宣传思想文化工作费钱费力见效慢，不像抓经济工作立竿见影起效快；有的认为宣传思想文化工作成绩难“量化”，难有大作为；有的认为宣传思想文化工作是宣传部门的事，与己无关。

（二）基层组织建设较薄弱

（1）编制上，两州所属八县宣传部编制为3—6人，工作力量十分薄弱，而同级政法、统战等部门在原有编制较多的基础上近年来又有较大增幅；大部分乡（镇）无宣传专干编制；班玛、久治、泽库“两馆”无编制。

（2）机构设置上，网络管理、涉藏外宣、突发应急宣传等一些应加强的机构未设立。泽库县至今尚未设立文明办。

（3）人员配置上，就县一级而言，人员严重缺乏。如玛沁编制5人，实有3人，人员得不到及时补充；就乡（镇）而言，人员更换频繁且兼职较多，宣传专干80%以上“一人多岗多用”，党的意识形态工作在乡（镇）被严重削弱。

（三）基础工作有差距

（1）工作部署上，被动配合、一般宣传多，自主策划组织活动少，“规定动作”多，结合实际的“自选动作”少。

(2) 工作方式上，沿用传统方法多，创新手段少，广播电视节目覆盖不广，对新兴媒体缺乏有效监管，关注媒体“露脸”多，对理论武装、社会宣传、舆论引导、文化建设等工作整体谋划不够。

(3) 阵地建设上，公共文化基础整体薄弱、分布不均，只是“网状”未成“网络”。部分县级“两馆”没有很好地发挥服务群众的功能，如班玛县图书馆、红军纪念馆规模小、展品有限。

(四) 基本能力有欠缺

善策划、有创意、懂管理的复合型人才匮乏，站着能讲、坐下能写、出门能协调的汉藏双语人才更少。一般干部、乡(镇)宣传专干难得有机会参加培训，实际工作主要靠“传帮带”。新鲜血液补充难，新招人员“飞鸽”多、“永久”少，当地青年通过“公考”进入队伍难，临聘人员待遇低、流动快。

(五) 经费投入有限

由于缺乏对宣传思想文化工作经费投入的硬性规定，除正常的办公经费外，没有预算外的工作经费和可以直接支配的专项经费；绝大部分县级宣传部门办公经费每年不足 5 万元，乡(镇)无宣传经费。村级文化活动场所因缺乏运转经费，活动难以经常开展。

(六) 体制机制需完善

(1) 评价机制与实际工作成效不匹配。对宣传思想文化工作的目标任务、工作成果缺乏科学严格的评价体系和评判标准，缺乏可量化的指标数据，难以真正有效推动工作。

(2) 机构设置存在“两张皮”。如黄南州热贡文化生态保护实验区管委会和州文化体制改革领导小组，工作性质和内容相同或相近，但分属不同的领导负责，形成不了工作合力。

(3) 缺乏完善的“进退流转”机制。基层宣传思想工作队伍系统内循环现象比较严重，一些人员长期沉淀，工作激情减退，职业能力枯竭。需要的人进不来，不适应工作的出不去。

(4) 缺乏科学的激励机制。部分领导干部对宣传岗位政策、人才、基础保障倾斜的力度不大,制度和生活上缺少人文关怀。

二、加强两州八县宣传思想文化工作的对策建议

加强基层宣传思想文化工作,要坚持重心下移、力量下沉,政策向基层倾斜、资源向基层投放,着力解决思想认识偏差以及基层组织建设、宣传阵地建设、能力素质建设、经费保障、体制机制等困难和问题。

(一) 着力构建大宣传格局

(1) 理念上要深化。各级党委政府要树立一把手抓意识形态和大宣传的工作理念,加强对宣传思想文化工作的领导,把准方向,配强队伍,整合资源,建好阵地,切实把党管宣传、党管意识形态的要求落到实处。

(2) 确保领导干部和班子强起来。加强宣传部门领导班子配备,把政治素质高、大局意识强,负责任、敢担当的行家里手选拔到领导岗位上来,不断增强宣传部门的策划力、协调力,让宣传部门活起来,让宣传工作强起来。

(3) 注重统筹协作。宣传思想文化战线要彻底破除各自为政的观念,在加强与其他行业、部门合作的同时,统筹协调各方力量,实现工作共融、资源共享、发展共赢。

(4) 发挥群团组织、各类社会组织和“三老”人员作用,组建一支以党政宣传干部为骨干,党员干部和积极分子参与的专群结合的基层宣传思想工作队伍。

(二) 加强基层组织建设

(1) 在州级成立互联网信息管理机构,人员编制为 2—4 人。在县级明确网络管理负责人。省州给予必要的资金、设备、技术、人才支持。

(2) 落实好中央六部委《关于加强地方县级和城乡基层宣传

文化队伍建设的若干意见》(中宣发[2010]14号)和青海省《实施意见》(青宣发[2011]3号),中央办公厅《关于加强乡镇干部队伍建设的若干意见》(中办发[2014]14号)精神,适时增加并明确县级宣传部、乡(镇)宣传文化专干人员编制。加强县级文化执法力量。建议县委宣传部人员编制为7—9人,乡(镇)宣传文化专干编制单设1人,可兼任文化站站长。

(3) 建议省委依据有关政策,下发文件明确规定:乡(镇)必须单设宣传专干,并进入党委班子,享受同等待遇。村级设立宣传委员,享受村干部待遇。

(4) 建议地方党委政府要加强宣传思想文化系统人员的统一调配,采取整合资源、灵活用工,聘请义务宣传员和专业技术人才,延伸网格员工作职责,招录大学生村官等方式,弥补县、乡(镇)、村宣传力量的不足。

(三) 加强宣传阵地建设

(1) 加强公共文化阵地建设,完善支持公共文化服务的相关政策,吸引和鼓励社会力量投资兴办公共文化实体,建设公共文化设施,提供公共文化服务,形成政府投入为主、社会力量积极参与的稳定的公共文化服务投入机制。加大文物和非物质文化遗产保护、管理和利用力度,对优秀民间艺术传承人给予一定资助。

(2) 加强爱国主义教育基地建设,支持班玛县做好红军沟、红军纪念馆文物的收集整理展陈工作。

(3) 建立好广播电视“村村通”工程的维护管理体制和长效机制。在州设立管理中心、乡(镇)设立维护管理站、村设立管护员。州、乡(镇)管理人员可由电视台人员兼职,村管护员可由网格员兼任。省广电系统要加快“村村通”等工程的实施进度,同时预留部分经费为后续服务提供支持和保障。

(4) 加强乡村文化站(室)的规范化建设和管理,将其归口县文化部门管理,人员安排、工资待遇由县文化或宣传部门调配、管理。

（四）加强能力素质建设

（1）加强培训。由省委宣传部牵头制定培训计划，重点加强新闻发言人、新闻工作者、理论宣讲骨干、网评员、舆情信息员等培训。建立省内大专院校、科研机构对口协作机制，加强州县“智库”建设。

（2）改进青海省乡镇公务员考录工作。加大汉藏双语人员招录力度，对招人难、留人难的边远乡镇，适当降低准入门槛，加大当地青年学生的招收力度。

（3）加大双向挂职力度。省直宣传思想系统每年要选派业务骨干和条件较好的县区宣传干部到州县级宣传部门挂职锻炼，并长期坚持。安排州县、乡（镇）、村宣传干部（委员）到省、州、县宣传思想文化部门跟班学习。

（4）建立宣传思想文化志愿者队伍。鼓励和支持老干部、专家、文艺工作者、大中专院校学生和热心公益事业的人员为基层提供志愿文化服务，建设一支长期、活跃、相对稳定的志愿者队伍，省级有关部门给予一定的支持。

（五）切实提供经费保障

（1）按照中宣发[2010]14 号和青宣发[2011]3 号文件的要求，建议省财政每年拿出 500 万元设立宣传专项资金并纳入财政预算，用于基层宣传干部的培训、宣传资料（图书、音像、宣传片）的编译、编印，支持州县宣传部门开展活动。

（2）建议地方党委政府从“平安与振兴工程”专项资金中每年投入 30 万—50 万元，用于弥补宣传经费短缺。

（3）加大扶持力度。贯彻落实《关于加快果洛州经济社会发展的意见》的精神（青发[2013]4 号），推动省直宣传文化系统对口支援果洛。青海电视台、青海日报社要加强对黄南、果洛州电视台，《黄南报》《果洛报》的技术、人员培训，做好对口支援工作。巩固好“冬行青南”等活动并形成制度长期执行。

(六) 理顺体制机制

(1) 制定宣传思想文化考核评价机制,从行政推动、载体建设、机制建立、成效评估等方面予以量化,纳入年度目标责任考核范畴。省级宣传部门组建督查组每年对州县一级贯彻落实政策和工作任务完成情况进行检查。

(2) 按照文化体制改革要求,对一些机构予以精简,建议将州级文化、广电部门合并。黄南州热贡文化生态保护实验区管委会和文化体制改革领导小组两块牌子、一套人马,组长由常委、宣传部长兼任,加强领导力量。

(3) 建议参照黄南州热贡文化生态保护实验区管委会的设置,果洛州成立格萨尔文化(果洛)生态保护实验区管委会,进一步加强领导和协调,建立健全保障机制,制定保护规划和实施方案,落实好各项保护措施。

(4) 加大民族语文化产品的供给力度。坚持开展好“三下乡”等公益文化活动。积极组织编译一些群众易于接受、理解的民族语材料。

(2014 年)

关于涉藏维稳宣传工作的调研报告

中央第五次西藏工作座谈会特别是党的十八大以来，全省宣传思想文化战线深刻把握中央关于“治国必治边，治边先稳藏”的战略思想，坚决贯彻“依法治藏、长期建藏、争取人心、夯实基础”的工作要求，紧紧围绕青海省藏区长治久安和跨越式发展两大目标，立足实际、探索规律，严把导向、主动作为，认真抓好理论普及引领、思想教育引导、舆论斗争、文化建设等重点工作，打好“攻心战”、争夺“话语权”，为藏区发展稳定提供了精神动力、舆论支持和文化条件。

一、加强涉藏维稳宣传的主要做法及成效

（一）深入开展理论引领，藏区思想意识“迷雾”得到廓清

面对西方敌对势力和达赖集团分裂渗透活动有增无减的态势，深挖藏区干部群众思想认识层面存在的突出问题，加强理论引领、思想教育和舆论引导。

（1）深入推进中国特色社会主义理论体系宣传普及，编写出版了《百姓理论 ABC——七个为什么》《百姓理论 ABC——七个怎么办》《十个讲清楚》《涉藏维稳思想教育引导要点》等 10 余种面向基层、通俗易懂的藏汉双语宣传宣讲材料，帮助藏区干部群众澄清了模糊认识、明辨了理论是非。

(2) 在媒体开设《热点为什么》《理论面对面》《百姓点题，专家解答》等专题专栏，制作播出《学习十八大建设新青海——纵横谈》等专题访谈节目，进一步把干部群众的思想和行动统一到中央和省委的决策部署上来。

(3) 开展以“树立正确的是非观”为主要内容的集中宣传报道，旗帜鲜明地阐述党和政府的原则立场，深入揭批达赖集团和藏独势力分裂渗透破坏的图谋，有效地正了公众视听。

(二) 深入开展社会主义核心价值观教育引导，藏区各族群众追求文明和谐的凝聚力明显增强

立足藏区人们思想观念、文化习俗的特殊差异，坚持用社会主义核心价值观引领社会风尚，不断培育文明和谐的社会环境。

(1) 通过开展民族团结之花、“青海好人”等评选活动，大力宣传全国道德模范和青海省各行各业涌现的先进典型，在藏区社会兴起了学习先进、崇德向善的热潮。

(2) 以“文明青海”建设为龙头，扎实推进“三大创建”“十星级农(牧)户”等群众性精神文明创建活动，解决了农牧区文明创建中的突出问题。

(3) 组织开展公益广告创作展示，在各级媒体开设《道德论坛》《身边好人》等栏目，制作播出专题片《文明青海建设巡礼》，组织开展“祝福祖国”公益短信、经典诵读、爱国歌曲大家唱等活动，在藏区营造了崇尚文明、崇尚道德、崇尚和谐的良好氛围。

(三) 深入开展文化惠民工程，藏区公共文化服务体系建设明显完善

依托文化名省战略，扎实推进藏区公共文化服务体系建设。

(1) 大力实施文化信息资源共享、农牧区电影放映、农(牧)家书屋、寺院书屋等文化惠民工程，加强藏区广播电视“村村通”和“户户通”建设，强化藏语广播电视节目的译制播出，加大少数民族语言图书的翻译出版，开设了中国藏族网通、省政府藏文门户网、青海藏语手机报，有效解决了藏区群众了解信息难的问题。

（2）加强藏区文化阵地建设，藏区州、县、乡、村四级公共文化服务网络体系建设得到不断完善，基本实现了藏区农牧区县县有综合文化活动中心，乡乡有文化站，村村有文化室的目标。

（3）深入挖掘整合少数民族特色文化资源，着力打造以民族手工艺品制作、民俗风情体验、民族歌舞演艺为主的特色文化产业体系，建立了海南州藏文化产业创意园等一批文化产业园区，增强了藏区文化软实力和竞争力。

（四）深入开展长效机制建设，藏区维稳的思想基础和群众基础明显夯实

与省维稳办共同出台了《关于推进涉藏维稳宣传教育工作常态化的意见》，进一步推动舆论宣传教育、社会宣传教育、广播电视管理、互联网管理、文化市场监管、干部培训工作常态化、长效化。

（1）开展发展稳定的宣传教育。大力宣传中央、省委、省政府支援藏区发展的政策举措，藏区经济社会发展的辉煌成就和巨大变化。

（2）开展民族团结的宣传教育。围绕“民族团结进步先进区”、青甘川三省交界地区平安与振兴工程、“平安青海”和“平安寺院”等主题创建活动，深入宣传阐释维护祖国统一、民族团结的重大意义以及党的民族理论、民族政策和民族区域自治制度，揭露达赖集团利用宗教挑拨民族关系、破坏民族团结的险恶用心。

（3）开展社会主义法治的宣传教育。以僧人、农牧民、学生、公职人员为重点，组织深入学习《宪法》《民族区域自治法》《反分裂国家法》等法律法规。开展法律“六进”活动，举办培训班、讲座、案例教育、现身说法等加强法治宣传教育，使广大干部群众自觉做知法守法的公民。

（五）深入开展网上舆论斗争，互联网网络空间明显明朗

1. 高度重视网上舆论引导工作，严密防范和遏制网上攻击、渗透行为

（1）加强网络涉藏信息监控，加大对论坛、博客等的舆情监测，持续监控国内外网络舆情走向和热点问题，提高了重大舆情信息预警和处置能力。会同公安、安全、通管等部门及时处置网上不良信息，确保网络信息传播秩序健康平稳。

（2）强化网上舆论引导，协调国家互联网信息办公室、各级政府门户网站转发反映青海藏区经济社会发展的评论文章，形成了网上宣传青海藏区的强大声势。用藏汉两种语言文字，积极转发省内平面媒体刊发的涉藏报道，及时传达党和政府的声音。

（3）创建青新藏语手机报，用藏语言文字、图片等形式加强藏区经济社会发展、民族宗教政策、法律法规等方面的宣传，大力营造于我有利的思想舆论环境。

2. 实践表明，青海省涉藏维稳宣传在推进藏区发展与稳定工作中发挥了重要作用，牢牢掌握了藏区反分裂反渗透斗争的主动权，一些经验和启示弥足珍贵，值得总结

（1）必须坚持高举旗帜，保持一致。宣传思想文化工作要统一思想、凝聚力量，要时刻保持清醒头脑、坚定立场，高举中国特色社会主义伟大旗帜，始终与中央保持一致、与省委保持一致，牢固树立新的文化发展理念，才能推动宣传思想文化事业沿着正确方向又好又快发展。

（2）必须坚持围绕中心，服务大局。要始终同全党全国和全省的工作大局紧密联系在一起，牢牢把握大局，始终坚持以经济建设为中心，服从服务于改革发展稳定的大局，才能不断提高宣传思想文化工作的水平和能力。

（3）必须坚持以人为本，落实“三贴近”。以人为本是宣传思想文化工作的根本宗旨，“三贴近”是加强和改进宣传思想文化工

作的重要原则。只有坚持以人为本,才能拥有广泛的群众基础;只有坚持“三贴近”,才能倾听群众的心声,使宣传思想文化工作生动和鲜活,富有生命力。

(4) 必须坚持改革创新,与时俱进。宣传思想文化工作要解放思想、与时俱进,只有不断创新内容形式、创新体制机制、创新方法手段,努力体现时代性、把握规律性、富于创造性,才能最大限度发挥宣传思想文化工作的优势和作用。

(5) 必须坚持守土负责,强化管理。宣传文化事业的健康发展,必须坚持守土有责、守土负责、守土尽责,牢固树立一手抓繁荣、一手抓管理,以管理促繁荣促发展的理念,努力做到科学管理、依法管理、有效管理,才能坚守阵地、稳固阵地。

(6) 必须坚持党的领导,加强队伍建设。坚持党对宣传思想文化工作的领导,不断强化各级党委认真抓、主动抓的意识,齐心协力构建大宣传格局。要坚持党管干部、党管人才的原则,推动宣传思想文化工作健康发展。

二、当前涉藏意识形态领域影响稳定的突出问题

由于自然、地理、历史等各方面客观条件的制约,相比其他地区,藏区宣传文化工作开展难度大,任务重,制约因素多,问题也突出。主要表现为“五个特殊”和“五个不足”。

(一)“五个特殊”

1. 经济环境特殊

青海藏区经济发展起点很低,生产力水平十分落后,贫困面大、贫困程度深,自我发展能力严重不足,80%以上的财政支出依赖国家财政转移支付。

2. 社会环境特殊

由于社会环境特殊,一些地方的情况比较复杂,宣传思想文化工作的开展存在不少阻力。

3. 思想意识环境特殊

青海省世居的各少数民族几乎全民信教，藏区群众受教育程度普遍较低，思想传统保守。

4. 地理环境特殊

藏区大多自然条件严酷，地理位置偏僻，信息闭塞，加之地广人稀，交通不便，宣传思想文化工作点多线长面广，服务半径大、工作成本高、效果不易显，统筹兼顾、协调发展的难度很大。

5. 外部环境特殊

青海是西方敌对势力与我争夺人心的主阵地，是达赖集团分裂渗透的最前沿。长期以来，他们对藏区的干扰破坏一刻都没有停止，宣传文化战线面临的任务十分艰巨。

(二)“五个不足”

1. 思想认识不足

一些地区和部门，特别是个别党政领导对宣传思想文化工作的重要性、紧迫性认识不足，重经济工作、轻宣传思想文化工作的思想意识还不同程度地存在。

2. 手段方法不足

个别地区的宣传文化部门和少数干部在工作上满足于“差不多”“装门面”“两张皮”。工作习惯沿用传统的思维方法，手段方法老套，遇事常常是老办法不顶用、新办法不会用，硬办法不敢用、软办法不管用。

3. 经费投入不足

由于藏区经济社会发展滞后，长期以来在宣传思想文化基础建设方面的历史欠账较多，藏区各级地方政府苦于财力有限，除了保证机构正常运转外，难以拿出充足的资金投入到宣传思想文化领域的重大项目。

4. 高素质人才不足

懂策划、有创意、善经营、会管理的复合型人才严重匮乏，具备双语能力的专门人才更是凤毛麟角，宣传内容难以入脑入心，宣传效果大打折扣。

5. 机制保障不足

有些地区缺乏强有力的经济政策、行政措施，有些地区缺少有效的激励和约束机制，一些地方党委对宣传思想文化工作的目标任务、工作效果缺乏科学严格的评价体系和评判标准。

三、进一步加强涉藏维稳宣传的对策建议

（一）切实把藏区宣传思想文化工作摆在重要位置

（1）各级党委政府要牢固树立“不抓不行”“非抓不可”的观念，深入研究藏区思想意识领域的新情况、新问题，准确研判形势，及时发现和解决倾向性、苗头性问题。

（2）要经常加强宣传思想工作指导和督促，把其纳入地区经济社会发展的总体规划，纳入领导干部考评体系，与经济社会发展重大工作同部署、同实施、同考核。

（3）要积极协调有关部门、人民团体强化对宣传思想文化工作的支持、协作力度，增强宣传思想文化工作的整体合力。

（二）创新藏区宣传思想文化工作方式手段

（1）根据城乡、行业差别，运用多种手段和形式开展宣传思想文化工作，攻坚克难，大胆突破，不断推动整个面上的工作。

（2）充分发挥互联网宣传主阵地的作用，进一步完善舆情管控和引导机制，壮大专业人才队伍和网军队伍，强化网上舆论引导，形成网上正面宣传强势。

（3）继续坚持党的群众路线和方法，坚持“三贴近”“三深入”，及时发现、培养和宣传具有时代特色、民族特点的先进典型，充分发挥典型的示范带动和辐射作用。

（三）夯实藏区宣传思想文化工作的基础条件

（1）切实建立完善宣传思想文化经费投入保障机制，使其与

地区经济增长速度保持同比例增加，保障文化阵地建设、重点宣传任务落实、重大宣传活动开展等工作的支出。

(2) 切实加大文化建设投入力度，加大少数民族语言文字出版项目、文化遗产保护传承和开发利用的资金补助力度，建立藏区基层公共文化机构运转经费保障机制。

(3) 进一步加快藏区文化发展步伐。重点实施文化扶贫工程、藏区公共文化服务体系建设工程、民族语影视译制和出版工程、藏区文化遗产保护工程以及藏区广播电视建设工程。

(四) 加强藏区宣传思想文化工作人才队伍建设

(1) 加大藏区干部特别是基层干部的培训力度，建立完善分层分类、分工负责的培训机制，重点加强新闻发言人、新闻工作者、理论宣讲骨干、文化志愿者、网评员、舆情信息员的培训。

(2) 认真贯彻落实中宣部等六部委联合下发的《关于加强县级和城乡基层宣传文化队伍建设的若干意见》，不断强化藏区县、乡、村三级宣传文化队伍力量配备。

(3) 进一步加强人才培养力度，加大藏区“四个一批”人才培养的经费支持、选拔力度和政策倾斜。

(五) 加快完善藏区宣传文化工作的体制机制

(1) 建立健全党委统一领导、党委宣传部门指导协调、党政各部门各负其责、社会各方面齐抓共管的领导体制，建立联席会议制度，定期研究宣传思想文化领域的重大问题。

(2) 改革现行的管理体制，理顺各级宣传部门与宣传文化系统单位的干部交流使用机制，加大宣传文化系统人员交流力度。

(3) 对宣传思想文化工作设立科学的考核评价体系，量化细化任务指标，健全常态化工作机制，切实保证宣传思想文化工作长流水、不断线。

(六) 对中央有关部门支持青海省藏区宣传工作的建议

(1) 建议中央媒体进一步加强对青海藏区的关注，全面客观地宣传青海改革发展成就，增进外界对青海的认知了解。

（2）建议中央宣传部、中央统战部等部门加大对青海涉藏外宣的支持，在开展对外文化交流、涉藏外宣点建设、涉藏影视作品制作方面予以扶助，拓展青海藏区对外交流的窗口。

（3）建议中宣部加强对青海藏区宣传工作的支持，设立藏区宣传思想工作专项资金，对藏区宣传干部的培训、藏区宣传文化项目、重大文化活动予以帮扶。

（4）建议中央财政加大对藏区文化基础设施建设的转移支付力度，对藏区基层文化机构运转经费予以倾斜，确保州、县、乡三级公益性文化事业单位、专业艺术团体保持有效运转。

（5）建议国家有关部门设立藏语广播电视发展、民族语影视译制出版、少数民族文化遗产保护传承等专项资金，不断促进藏区少数民族文化更好发展。

（2014 年）

西宁市居家、社区、机构养老服务融合发展研究

中共十八大报告明确提出，要“积极应对人口老龄化，大力发展老龄服务事业和产业”。2014 年，国务院出台《关于加快养老服务业的若干意见》，对养老服务业发展目标、任务和举措进行全面部署，养老事业面临前所未有的机遇。“十二五”期间，西宁市养老事业取得长足发展，但仍存在不少困难和问题，如何推进居家、社区、机构养老服务融合发展，更好地满足日益增长的养老需求，已成为当前西宁市养老事业面临的紧迫而严峻的课题。

一、西宁市居家、社区、机构养老服务融合发展的实践探索

面对人口老龄化的挑战，西宁市立足本地，服务全省，建立健全服务政策措施，加快基础设施建设，提升老年人福利服务和优待水平，着力构建与人口老龄化进程相适应、与经济社会发展相协调的社会养老服务体系，在推进居家、社区、机构养老服务融合发展方面做出了积极探索，并取得了初步成效。

(一) 服务政策措施不断健全

2010 年，西宁市制定了西宁市社会养老服务体系建设“十二五”发展规划，为养老服务发展提供了规划依据。为规范社区居家养老服务中心运营管理，2012 年，西宁市政府印发了《西宁市社区

老年日间照料中心运行管理办法》，规范社区居家养老服务中心运营管理，规定各区县政府每年对每个日间照料中心投入运营经费不低于 2 万元，基本解决了社区日间照料中心水、电、暖等基础运营经费。为破解养老难题，拓展养老消费需求，西宁市政府出台了《西宁市加快发展养老服务业的实施意见》，从确立总体思路和发展目标、明确主要任务、扶持政策、加强组织领导等四个方面，为当前和今后一段时间内加快发展养老服务业做出制度性安排。此外，西宁市政府制定《西宁市政府向社会力量购买养老服务工作方案》，鼓励政府机构以外的、具备一定条件的、能够提供养老服务的社会组织、机构、企业等社会力量以及依法在工商管理或行业主管部门登记成立的企业、机构等，以居家养老、机构养老等多种方式设立养老服务机构，政府部门将对其进行补贴。

（二）基础设施建设力度不断加大

养老服务基础设施是社会养老服务体系建设的重要支撑。近年来，西宁市先后筹措建设资金 4 亿多元，加大养老服务基础设施建设力度，建成各类老年福利设施 413 个，机构养老床位 5 450 余张。按照西宁市养老服务业“十二五”规划，全市新建 2 个养老服务示范基地、6 个县级福利中心；新建民办养老机构 4 家，筹建 2 家；城镇社区设立了 115 个社区老年日间照料中心，就近为老年人提供生活照料、康复护理、精神慰藉、文化娱乐等多种形式的服务。政府在农村牧区新建和改扩建乡镇敬老院 20 所，集中供养五保对象及农村有养老服务需求的老年人。同时，西宁市还建成 2 所老年大学、52 个社区综合服务中心、13 个社区卫生服务中心以及 107 个社区卫生服务站、658 间老年活动室。各社区共设置 527 条体育健身路径，安装了 5 550 余件健身器械，建设了 76 个门球场。这些设施和设备的建设，有效改善了西宁市养老服务的硬件环境，加快了养老服务体系建设的步伐。

(三) 养老服务模式不断创新

自 2004 年起,西宁市就积极开展社会化居家养老服务的探索,初步构建了以社区为依托的社会化居家养老服务体系。在解决农村老人养老的问题上,结合本地特色大胆创新,积极探索以"村级主办、互助服务、社会参与、政府扶持"为主要内容的农村养老服务新模式。全市先后建成 264 个农村互助幸福院,整合农村互助幸福院和乐龄工程项目资源,形成了互助养老与农村敬老院有力互补的新模式。西宁市政府下发《西宁市政府向社会力量购买养老服务工作方案》,落实补贴资金 683.72 万元,率先在全省创新开展了以特殊困难老人为重点的居家养老服务、社区日间照料服务、民办养老机构和三县公建民营养老机构供养老年人服务为主的政府向社会力量购买养老服务工作,为 5 877 名低保、五保及重点优抚对象提供居家养老和社区老年日间照料服务。建立敬老院运营经费星级奖补机制,解决敬老院运行保障的实际困难,落实养老机构用电、用水、用气等优惠政策。为解决特殊困难老人养老的问题探索了一条新路,初步实现了老年人养老制度由保障特殊老人向普惠所有老人的普惠型转变。

(四) 养老服务能力不断提高

围绕解决老年群体衣食住医等困难问题,西宁市着力优化养老服务资源配置,强化社会救助体系建设,将全市 2 万多名生活困难老人纳入城乡低保和五保供养范围,实行分类施保、重点救助,逐年提升基本生活保障水平,年发放救助保障金 4 370 万元。对符合条件的城乡低保对象中的 60 岁以上老人全部纳入大病医疗救助范围,享受代缴参保、参合、门诊救助、大病救助和二次救助,农村五保老人和城镇三无老人住院费用报销比例达到 100%,城乡低保老人住院费用报销比例达到 90%。在重点做好"三无"老人权益保障的同时,在公办福利院开办面向全体老人的养老机构,设立专业精神护理院,并在养老机构内设立清真食堂、礼拜厅等服务场所，充分尊重民族习俗，实现了公共资源从重点保障到所有老人享有的转变。落实高龄补贴制度，连续三次提高高龄补贴，全市13.4万老年人从中受益。落实老年人优待政策，及时为城市老年人发放老年优待证，让老年人免费享受市内乘车、游园和参观公共文化设施等优待政策。在农村开展"家庭赡养协议书"签订工作，明确赡养人的法定责任和社会责任，有效地维护了老年人的合法权益。

二、西宁市居家、社区、机构养老服务融合发展的困境

西宁市在居家、社区、机构养老服务融合发展方面，虽然取得了一定的成绩，积累了一些经验，但就总体而言，西宁市的养老服务事业还处在初步探索阶段，与经济社会发展新形势和养老服务需求相比，仍然存在着诸多问题。

(一) 政策面面俱到但没有重点突破

"十二五"期间，政府对老年服务的政策支持力度空前，从国家到地方均出台了一系列的政策法规，出台的政策呈现出发布频度密集、涉及范围广泛、部门合作密切等特点，看似面面俱到，但却缺乏针对性，没有找到真正解决问题的突破口。在养老问题上，最为困难的群体是失能老人，而其中又以完全失能老人为甚。据调查，全省失能半失能的老年人口4.12万人，占老年人总数的6.5%。同时，就"居家为基础，社区为依托，机构为支撑"的养老服务体系框架和结构层次而言，居家养老主要针对健康或轻微失能老人，社区养老主要针对部分失能老人，机构养老主要针对特殊困难老年人（农村五保、城镇"三无"、重点优抚对象、经济困难的高龄、失能老人），以便为他们提供"全天候、全方位"的专业性长期照护服务。但养老服务的工作实践却出现了偏差——富裕的老年人追求"高大上"的机构养老，而特殊困难老年人就只能将就着宅在家中度过晚年。从这个意义上说，针对特殊困难老年人的养老服务建设意

义重大，应该成为发展养老服务事业的突破口。

（二）服务需求巨大但供给总量不足

据统计，截至 2014 年底，西宁市拥有机构养老床位 5 450 张，每千名老年人拥有养老床位仅 18 张，距离实现每千名老年人拥有养老床位 30 张的全国水平还有一定差距。另一方面，西宁市总人口为 229.07 万人，其中 60 岁以上老年人口 29.89 万人，占全市人口总数的 13.04%，而同一时期全省老年人口比重为 11.21%，西宁市老年人口比重高出全省比重近 2 个百分点。全省各市、州老年人集中到西宁养老，老年人聚集养老的“洼地效应”十分明显，西宁市面临“输入性”养老服务压力。同时，全市 65 岁以上老年人口 21.31 万人，占老年人口总数的 71.29%，失能老人 5.058 万人，高龄老年人 13.65 万人，空巢老年人 14.33 万人，贫困和低收入老年人 3.37 万人，总体呈现失能老人、高龄老人、空巢老人、贫困老人比例高等特点。随着老年人口比重的逐年增加，服务供给总量仍然滞后于人口老龄化发展所带来的巨大的社会养老需求。另外，受经费、场地、人员等因素制约，社区所能提供的老年服务项目少、档次低，远远不能满足广大老人全方位、多层次、个性化的服务需求。

（三）盲目增加床位但使用效率不高

“十二五”期间，老年服务机构床位数的增长成为政府养老服务事业建设的一个重要的考核指标。规划要求的指标是每千名老年人拥有养老床位 30 张，按照西宁市 29.89 万老年人计算，需建成机构养老床位 8 967 张，按照西宁市已拥有机构养老床位 5 450 张计算，已经完成 60.8%。床位数虽不断增加，但对于大多数老年人而言，养老服务机构高昂的养老费用令他们望而却步，所以床位利用率却在不断下降。据统计，青海省正常运营的养老机构床位利用率仅为 49.5%。由此说明，只重视增加老年服务床位而不注重床位的有效利用的工作思路存在问题，其结果就是床位数和空床率同时快速增加。成本偏高的“集中营式”的“包养”服务并非老年人所能接受。政府增加养老资金投入，但大多数老年人却并不能因此受惠。如果立足社区、按需提供养老服务，养老服务的成本就会大大降低，老年人的需求就能得到满足，且其消费能力亦会被激发。

三、推进西宁市居家、社区、机构养老服务融合发展的建议

推进居家、社区、机构养老服务融合发展是一项系统工程，必须有政府、社会、家庭（个人）的共同参与，有效整合各方面的资源和力量，不断推进政府购买养老服务、吸引社会力量参与养老服务、鼓励居家养老、树立“文化养老”发展理念，才能实现社会养老服务体系建设的可持续健康发展。

（一）以解决特殊困难老年人养老问题为突破口，推进政府购买养老服务

大力推进西宁市政府购买养老服务试点工作，运用政策引导和扶持社会力量参与养老服务，探索建立政府购买、企业承担、社会监督、老人享受的居家养老服务模式，不断满足大多数老年人居家养老的服务需求。政府应按照购买养老服务的程序、支付标准，优先保障特殊困难老年人的基本养老服务需求，推动购买居家养老、社区养老服务，以社区为依托，以专业化服务为依靠，整合社区各种服务资源，为年满 70 周岁、生活不能自理且在市区内无子女照顾的低保、重点优抚对象、“三无”（五保）、高龄失能老人等有居家养老需求的老年人提供家政服务、生活照料、代办事务、呼叫等事项，解决助餐、助洁、助医等服务。

（二）多元化投入推进养老服务设施建设，加大养老服务供给力度

加大政府财政性资金投入，吸引社会力量投入养老服务体系建设，尽快实现每千名老年人拥有养老床位 30 张的建设目标。政

府应支持社会力量建设一批符合规划和老年人需求的养老服务设施：支持机关、企事业单位将所属的度假村、培训中心、招待所、疗养院等转型为养老机构；支持民间资本运用互联网、物联网、云计算等技术手段，对接老年人服务需求和各类社会主体服务供给，发展面向养老机构的远程医疗服务、老年电子商务，为老年人提供紧急呼叫、家政预约、健康咨询、物品代购、服务缴费等服务项目。

此外，依托现代网络科学技术，推进养老服务信息平台建设。将所有老年人的个人基本信息录入平台内，逐步实现对老年人信息的动态管理。以平台为基础建立24小时不间断无偿服务的应急救援服务网络，为高龄老人、患病老人等符合一定条件的老年人配备免费“一键通”电话。如果老人遇到危急情况，可拨打电话求助，工作人员将从信息平台上准确定位老人的所在地，以便在第一时间给予帮助。

(三) 从重机构养老转向以居家养老为重点，走出空置率困局

在充分调研的基础上，根据本地人口结构情况、老年人的需求情况及其变化趋势，对养老服务设施进行全面规划，并以此作为促进养老服务业健康发展的基本依据，避免养老服务设施建设与本地老年人的实际需求脱节。各种调查表明，西宁市的老年人普遍偏好居家养老，只有失能老人、高龄老人才是机构养老的重点对象。因此，新时期的养老服务业发展应当以尽可能满足老年人居家养老的需求为政策目标，这就要求养老服务业必须真正立足社区，通过发达的社区服务设施来满足绝大多数老年人的服务需求，而相关政策支持与资源配置均应当符合这一取向。养老服务业应确立不同年龄段老年人的需求满足指标，同时明确养老机构主要面向高龄或失能老人开放，且对其的收住率不应低于一定标准。政府还应进一步完善政策支持体系，实现养老服务业效益最大化，利用社区的闲置房屋改建养老设施，以便就近提供老年服务，并节约土地资源；限制大规模的养老机构建设，优先扶持立足社区的养

老服务连锁店；分类分层配置资源，确保公共资源保障失能老人、高龄老人的服务供给，调动市场与社会力量满足低龄、健康老年人的服务需求。

（四）加强老年人精神文化建设，树立“文化养老”发展新理念

打破“解决温饱便是养老”的传统模式，创新思路，从文化、教育、旅游、体育、休闲、保健等多个方面着手规划，满足老年人物质生活和精神生活的双重服务需求。加强各级老年文艺团体、老年体协组织建设，鼓励基层成立群众性老年文体组织。大力发展老年教育，动员全省社会力量承办各类老年大学、老年学校及社团组织，全面完善老年人网络教育制度，将老年教育纳入终身教育体系。结合城市布局规划，西宁市政府应打造建设一批休闲娱乐、文化教育、生态文明“三位一体”的养老服务文化园区，如主题公园、博物馆、休闲广场、体育馆等。积极引导开发非营利组织加快建设符合老年人需求和特点的老年文化服务中心，如健身房、图书阅览室、乒乓球室、棋牌室、老年舞厅等，创立集老年人生活照料、娱乐休闲、精神慰藉、文化活动为一体的老年幸福之家，为老年人建立起丰富的文化活动场所。要加大中央政府对乡、镇等基层组织的财政倾斜和政策扶持力度，组织开展老年人心理健康教育和心理疏导等服务，鼓励有条件的社区建立老年人心理关爱站，重点满足病残、空巢、高龄、临终老年人的心理服务需求。

（2015 年）

青海省推进“省管县”体制可行性研究报告

党的十七大以来，中央提出推进省直接管理县（市）的体制，进一步扩大县级政府社会管理和经济管理权限。十七届三中全会强调，要“推进省直接管理县（市）财政体制改革……有条件的地方可依法探索省直接管理县（市）体制”。2009 年 8 月，财政部明确要求到 2012 年底前，力争全国除民族自治地区外，全面推进“省直管县”财政体制改革。推进“省直管县”体制改革已成为必然趋势。

一、“省管县”问题的由来及改革实践

近年来，由于县域经济发展的现状和面临的挑战，县域经济结构性矛盾突出，发展后劲乏力，县域内事权与财权不统一，财力与责任不对等等问题，导致省以下财政体制花样繁多，缺少逐级集中财力的制度制约，因而由此引发了对“省直管县”问题的关注。20 世纪 80 年代初，随着农村经济实力的增强，城乡一体化进程逐步加快，一些发达地区纷纷撤地设市，建立市管县的体制，成为我国地方行政体制的主要形式。市管县体制是当时特定条件下的产物，省级的决策客观上需要一个中间环节来传达。

设立市管县的目的就是城乡合治、以城带乡，实现城乡经济社

会共同发展。由于地级市的大多数中心城市起点低，城市基础弱，加上地级市所管辖的县数量较多，因此市不能有效辐射并带动所辖县，这是地级市中产生“弱市强县”现象的根源。20 世纪 80 年代，由于改革的重点在农村，市的中心工作相应也放在农村，尽可能对县进行政策和财力倾斜，市县的关系总体比较融洽，在培育壮大中心城市、打破行政分割、推动城乡融合等方面发挥了一定积极作用，没有出现非常严重的市县争利的问题。进入 20 世纪 90 年代，随着城市改革的逐步深化，市的精力也更多地转向城市建设和国有企业改制、脱困等工作。由于地级市自身实力有限，不仅无力对县域经济进行带动，还越来越多地出现了与县争利的现象。随着市场经济的发展，这种适应计划经济体制的行政体系，因层级多、成本高、效率低，难以在有效配置县域经济社会发展急需资源方面进一步发挥积极作用，导致县级政府统筹县域经济社会和城乡发展的能力弱化，不利于落实县级政府的自主权，不利于调动县级政府的积极性、主动性和创造性。市管县体制已不能适应经济社会发展的需要，必须进行改革。

党的十七大以来，围绕推进省直接管理县(市)的体制改革，在全国 24 个省的 818 个县(市)陆续进行了“省直管县”财政体制改革试点，有 8 个省对 219 个县进行了“扩权强县”的改革试点。虽然各省(直辖市)改革的范围、力度、重点有所区别，但综合来看，具体做法主要有以下几个方面：一是“扩权强县”。把地级市的某些经济和社会管理权限直接下放给某些重点县，在经济和社会管理方面形成了近似于“省直管县”的模式。二是改革财政管理体制。实行由省直接对县的管理体制，加强省级财政对县级财政的统筹。三是改革干部管理体制。对县委的主要领导的提拔任用由省委直管，提高县委主要领导的职级和组织人事管理规格。各地的探索实践取得了初步成效，主要表现为：行政审批环节进一步减少，县级政府的自主权得到扩大，调动了县域经济社会发展的积极性；省对试点县实行全省统一的分税制财政管理体制，减少了政府层级，降低了行政成本，财政运行质量逐步提升，增强了省级财政的直接调控能力，缓解了县乡财政困难；信息更加畅通，责权更加统一，试点县政府运行效率逐步提高；试点县经济实力明显增强，提升了县域经济在全省国民经济中的地位，增强了县级政府统筹城乡发展的能力。

由于“省直管县”体制还处在探索阶段，缺乏统一部署，改革配套措施不够完备，也出现了一些新情况新问题，主要表现在：行政与财政体制不配套，需要与可能的矛盾依然存在，信息反馈失真，监管滞后，一些历史遗留问题难以解决；城市之间出现“马太效应”，比较发达的城市因甩掉落后县包袱而“锦上添花”，而比较落后的城市则因失去发达县而“雪上加霜”；改革大多以财政体制为切入点，市、县财政收支不合理，财权与事权不匹配的矛盾得到缓解，但从长远来看，仅靠财政改革单兵突进，不向人事管理权、经济社会管理权等更广泛的领域拓展，“省直管县”体制最终仍不能实现统筹城乡发展的目的。

二、青海省推进“省直管县”财政体制改革试点工作情况

（一）主要做法

2007年，省政府办公厅印发《关于开展省管县财政管理体制改革试点工作意见》，按照“先易后难”的原则，青海省分初始阶段、逐步深化阶段、全面推进三个阶段，在西宁市和海东地区的9个县开展了“补助管理型”省管县财政管理体制改革试点。

在第一阶段，选择试点县，对转移支付补助资金先行试点。即省对县的转移支付补助资金，包括一般性转移支付和激励性转移支付，在充分征求市（地）财政部门意见的基础上，由省财政统一计算，直接分配到县，但资金的拨付、监管仍由市（地）财政部门负责。

在第二阶段，进一步将工资性转移支付、结算补助等资金实行

省直管县。即将工资性转移支付、农村税费改革转移支付、结算补助等资金实行省直管县，但资金仍从市（地）财政部门调度。同时将一般性转移支付和激励性转移支付由省直接计算、核实到县。如将西宁市家电下乡专项资金 2 900 万元、住房租赁补贴资金 1 364 万元、农村义务教育公用经费保障资金 717 万元等部分专项资金直接下达到了各县（区）。

在第三阶段，所有补助资金包括专项资金的核定和拨付等全部实现省直管县。即在总结改革试点经验的基础上，将省对县的所有补助资金包括专项资金的核定和拨付等实现省直管县的目标，并力争在财政体制调整等方面有新突破。同时，通过"以会代训"的形式，对试点县财政人员进行政策和业务指导，以保障改革措施的贯彻落实。

（二）取得的初步成效

推行省管县财政管理体制试点工作后，改革带来的积极效应日益显现。主要体现在：

（1）省以下财政分配关系进一步规范。省对县的各项转移支付补助由省财政直接核定，资金分配方法更趋统一和规范，透明度有效增强，县级财政支持经济发展、加强财政管理的积极性得到充分调动。

（2）试点县财政资金运行效率得到提高。信息、项目、财政资金和管理实现了从省直接通达到试点县后，减少了中间管理层次，加快了财政资金的周转速度，降低了财政管理运行成本，提高了财政资金使用效率。同时，信息传递过程中的政策曲解和工作延误现象，截留指标、资金、项目和资金沉淀等现象大幅减少。

（3）试点县可用财力大幅增加。省财政每年安排新增转移支付资金，相应增加省对县的定额补助基数，以增加县可用财力，缓解县级财政困难，保证了县乡机构正常运转和干部职工工资的及时足额发放。同时，县级政府得以拿出财力支持县域经济和社会事业发展。西宁、海东的 9 个试点县财力都得到了提升。如 2008 年西宁四区三县可用财力比上年增长了 27.4%。

(4) 提高了财政管理工作效率。实行省直管县后,省对县的财政政策可以直接传达、落实到县,县一级的财政情况和问题也可以迅速反映到省,财政管理信息上下通达,管理措施直接到位,管理效率得到提高,也有利于省财政全面、及时地了解和掌握县级财政运行中的突出困难和问题,便于在制定和实施对下的帮扶政策时统筹考虑,有针对性地及时加以解决。

(5) 民生和重点支出得到保障。通过省管县财政体制改革,省制定的保障民生支出政策在试点县得到了有效贯彻落实。

(6) 促进了试点县自身建设。省管县财政体制试点工作对县级政府管理能力提出了更高、更严的要求。为加强试点县自身建设,省级相关部门加大了对试点县干部的专业培训力度,从技术上、业务上给予了更多、更直接的指导帮助,试点县的人员素质得到了明显提高。为适应试点工作需要,2007 年以来,试点县相继出台了一系列如财政财务管理等方面的制度或办法,各项经济管理水平趋向精细、科学和规范,办事效率有所提高。

(三) 存在的问题

在财政"省管县"、行政仍然"市管县"的情况下,青海省"省直管县"财政体制改革试点工作进行了一些初步的探索,也发现了一些需要解决的问题。主要表现在:

(1) 县级财权与事权不匹配,支出范围不够明确。改革中,由于县级财政的支出范围不够明确,特别是县级财政在本不宽裕的情况下,还承担着一些公共服务责任,加剧了基层政府的财政困难。如青海省大多数县用于教育的支出占全县财政支出的一半,使得县级财政无力兼顾县域内的经济建设和其他社会建设,也使得农村基础教育长期投入不足,发展缓慢。

(2) 财政管理体制有待进一步理顺。2004 年体制改革时,增值税打破隶属关系实现共享，但金融、保险、邮电等营业税和省级企业所得税40%部分并没有打破隶属关系进行共享，不利于调动县级政府培植财源、发展地方经济的积极性。

（3）财政内部工作不够顺畅。省财政直接对县财政部署有关工作，同时又要求市（地）财政对县部署安排工作，常常出现日常财政工作衔接和协调不畅问题。由于资金结算、指标核对、数据报送等各种操作规程还没有形成统一、有效的模式，特别是一些报表统计口径经常变化，影响了报表、材料的报送质量。

（4）干部业务水平、管理能力、信息化操作能力、依法行政能力等综合能力还不能完全适应改革的需要。

三、推进青海省“省直管县”改革的几点思考

“省管县”改革是一项综合性强、涉及面广的系统工程。青海省是欠发达地区，有着迥异于兄弟省区的基本省情，推进“省管县”体制改革，必须坚持从实际出发，采取“试点先行，稳步推进”的原则，在现有“省管县”财政体制改革试点县中，选择几个不同类型的县进行综合改革试点，探索路子，总结经验，积极稳妥，逐步推进。为此，要处理好以下几个问题：

（一）推进“省直管县”改革试点不宜采取统一模式，搞“一刀切”

要坚持因地制宜，分类管理，区别对待，根据当地经济发展水平、基础设施状况、行政管理模式等不同情况，确定改革模式、步骤和进度。要坚持协调推进、共同发展，充分调动各方发展积极性，增强县域发展活力，提高中心城市发展能力，强化省级调控功能，推动市县共同发展。坚持科学规范、合理有序，在保证市（地）、县既得利益，尊重实际情况的前提下，按照分税制财政体制的要求，妥善处理收支划分、基数划转等问题，进一步理顺省以下政府间事权划分及财政分配关系，确保改革的平稳过渡和顺利运行。要坚持积极稳妥、循序渐进，进一步明确省县两方职责，省级政府要通

过改革，进一步明确管理权限、简化管理程序和依法下放权力，以增强县级政府的行政管理职能。县级政府对依法有权管理的事项，应当积极履行管理职责。

（二）建设公共财政，加快建立向县域和农牧区倾斜的公共财政管理体制

本着“多予少取、放水养鱼”的原则，进一步完善省对试点县的财政管理体制，建立激励发展的财政体制和运行机制。通过公共财政体制改革和制度创新，充分调动社会资金投向县域和“三农”，建立财政支农投入稳定增长机制，完善提高农牧业综合生产能力的财税政策，建立提高农牧民整体素质的长效保障机制。探索建立农牧区社会保障制度，支持扶贫制度建设和制度创新。加大省级财政转移支付的力度，提高县级政府提供公共服务的财政保障能力。建立新农村建设政策引导机制，完善支农资金监督管理制度。通过税收制度的改革和税收科目分成比例的调整，逐步增加县域税收分成比例。

（三）下放经济社会管理权限，加快与财政体制改革相适应的其他改革进程

进一步加快与财政体制改革相适应的行政体制、经济管理等领域的改革进程，逐步实现行政、财政、人事、计划、项目审批等由省直接管理。同时，根据实际，向试点县下放经济社会管理权限。将相应的行政管理权下放给试点县，对发展比较好的试点县扩权的步子可以更大些。

（四）进行金融创新，积极探索有利于县域经济和农牧区发展的金融体制改革

大力推进县域和农牧区金融改革。在积极争取国有金融机构支持力度的同时，巩固和发展农村信用社改革试点成果，进一步完善治理结构和运行机制，协调制定县域内地方金融机构在保证资金安全的前提下，将一定比例的新增存款投放当地，支持县域经济

发展管理办法。在保证资本金充足、严格金融监管和建立合理有效的退出机制的前提下，鼓励试点县设立多种所有制的县域金融机构，允许社会参股。抓紧制定大力培育由自然人、企业法人或社团法人发起的小额贷款组织的管理办法，鼓励落实小额信贷模式的推广。引导农户发展资金互助组织，规范民间借贷行为。稳步推进农牧业政策性保险试点工作，加快发展多种形式、多种渠道的农牧业保险。通过建立担保基金或担保机构等办法，解决县域中小企业贷款抵押担保难问题，有条件的试点县政府可给予适当扶持。

四、对推进青海省“省直管县”改革试点的几点建议

(一) 进一步完善财政体制

(1) 合理划分省、市(地)、县公共产品供给范围，明确省、市、试点县财政的支出责任。

(2) 适时调整省以下财政体制。研究选择与县域经济发展关系密切的部分税种，适度调整县级分成比例，对今后新开征的物业税、环境保护税等税种，在确定省与市、试点县收入划分比例时，适度向县级倾斜，增强县级可用财力。

(3) 建立县级基本财力保障机制，加大对财力特别困难的试点县的支持力度。

(4) 完善激励性转移支付制度，进一步完善财政激励约束考核办法，适当提高省对试点县激励奖励补助资金比例，引导和激励县级政府大力发展县域经济。

(5) 优化调整转移支付结构，对转移支付进行归并和整合，使县级政府能根据本地实际统筹安排资金，集中力量解决发展中的突出问题。

(二) 积极探索行政管理体制改革

积极推进“省直管县”改革，必须根据当地经济发展水平、基础

设施状况、行政管理模式等有关条件，确定改革模式、步骤和进度。目前国内普遍认为，省直接管理县（市）数量以 40 个左右为宜，而青海省仅有 42 个县（市），基本符合省直接管理县的幅度。由于民族自治地区暂不推进省直管县改革，因此，青海省推进省直管县改革的范围目前只有西宁和海东的 9 个县。青海省推进省直管县改革，应大胆探索，大力推进扩权强县改革，加大推进“撤县建市”力度，对具备建市条件的如大通、湟中、乐都、民和等县，设立县级市，以提升县域经济的发展后劲。

（三）扩大试点县级政府的自主权

在保持现有行政区划不变的前提下，通过扩大试点县经济管理权限等政策措施，赋予试点县与市（地）相同的部分经济管理权限，为县域经济更好更快发展提供广阔空间，创造加快科学发展的体制机制环境和条件。要逐步做到除国家法律法规有明确规定的以外，原需经所在市（地）审批、审核或管理的，变为由县自行审批、管理，报市（地）备案。赋予县与市相同的计划直接上报、财政审计直接管理、税收管理权部分调整、项目直接申报、用地直接报批、资质直接认证、部分价格管理权限下放、统计直接监测发布等方面的管理权限。今后省赋予所在市的经济管理权限，除国家法律法规有明确规定的，试点县可直接享有。为保持市（地）管理的完整性，试点县在报省审批和自行审批的同时抄送所在市（地）。同时，要按照责权统一的原则，对县在赋予相应管理权限的同时，也要承担与管辖范围内经济和社会事业发展的各项职责。

（四）积极稳妥地推进干部人事、统计、计划、项目审批等配套改革

试点县可结合行政机构改革，合理配置人力资源，防止机构和人员的重新反弹。严格控制人员编制，对新增机构、编制和财政供养人员，必须报经省级编制、人事管理部门批准。县委书记的选拔

任用权由市(地)收归省委管理,其选拔任用按程序报经省委常委会审议;对于试点县有较大贡献的主要领导干部可适当提高其行政级别。理顺省、市(地)、县三个层面事权与财权划分和经济社会管理体制,在改革财政、行政、人事体制的基础之上,探索改革统计、计划、项目审批管理等方面管理体制,解决体制改革不配套的问题。

(五) 加强省级职能部门管理

针对“省管县”改革使省级部门的管理事务的内容、数量和规模加大,难度增加的实际,要制定出台操作性强、措施综合配套的“省管县”改革试点规划和实施方案,明确省级、市级部门放权的具体事项和监管办法,建立激励、督查、协调、交流、考核机制,不断改进省级部门管理方式和方法,提高管理质量、管理水平和管理能力,并在产业布局、经济结构调整、投资和项目安排、事业经费补助等方面,择优加大对试点县的支持力度,激发和调动县级政府积极性。

(六) 进一步强化监督、考核和培训工作

(1) 省在合理确定试点县目标任务的基础上,要加大对试点县的考核、监督力度。建立分月、按季及时发布考核情况工作制度,加大对目标执行情况的跟踪和监控,全省统计数据中将试点县的相关数据单独反映,制定试点工作目标管理办法和奖惩激励机制,以加强对试点县的监管和考核。

(2) 加大市(地)对县的监督职责。把试点县的工作进展、经济社会发展情况以及所在市(地)支持试点县的政策举措,纳入省委、省政府对市(地)的目标考核内容。

(3) 省财政进一步健全和完善对各县控制和精简财政供养人员的考核奖罚制度。

(4) 省级部门加大对试点县的业务培训力度,通过举办专门的培训班、讲座等形式,分期分批地进行培训,提高试点县干部职工的素质和业务水平，并要求市级（地）部门尽快帮助和带领县级部门到省级对口部门做好汇报和对口衔接工作，以适应推进“省管县”试点工作需要。

（2009 年）

后　记

青海是一个远离滚滚红尘、浮躁喧嚣世界的人间天堂。这里地域辽阔、资源富集、山川壮美、民风淳朴，民族文化源远流长。

不辞长作青海人。1985年大学毕业从江淮大地来到青藏高原，一晃30余载。30年来，热爱青海，建设青海，奉献青海，干一行，爱一行，钻一行，参与过省上一些重要文件的起草，主持过一些重大课题的研究，笔耕不辍，聚沙成塔，得以成就小书。

借本书付梓之际，感谢老领导、老同事及家人对我的提携、帮助和支持，感谢青海广播电视大学省级人文社会科学重点研究基地的资助，感谢基地成员及上海大学出版社编审人员等为本书的出版所付出的辛勤劳动。

杨自沿

2017年5月